12のタイプから人の強みが一瞬でわかる 魔法のスイッチ

MAGICAL SWITCH

マツダミヒロ 著

鈴木克彦 監修

きずな出版

あなたは

どの魔法使い？

「いますぐ知りたい！」という方は、P40〜へ！

「あなたは、魔法使いです」

　突然こんなことをいわれたら、ビックリするかもしれません。

　しかし、あなたはすでに一人前の立派な魔法使いです。
　呪文を唱えるわけでもなければ、何か特別な修行を積む必要もない。
いま、あなたがこうして存在しているだけで、あなたは自由に魔法
を使いこなすことができる、世界でたった1人の魔法使いなのです。

　このようにいうと、

「いやいや、私が魔法なんて使えるわけない！」
「魔法が使えたら、もっといい人生になっているはず」

　そんな声が聞こえてきそうです。

　たしかに、あなたが魔法使いなら、すべてあなたの思いどおりの
人生を歩んでいるはずです。しかし、多くの人が、自分が望んだ人
生を歩んでいるとはいいがたい。
　それはなぜでしょうか？

「魔法」とは、あなたが本来もっている力のことをいいます。

それを「才能」や「強み」と呼んだり、「自分らしさ」と呼んだりすることもあります。

　しかし、誰もがもっているにもかかわらず、90パーセント以上の人が自分の魔法に気づいていません。それどころか、自分が魔法使いであることすら知りません。

　自分の魔法がどんなものか知ることができれば、無理をしたり、がんばったりしなくても、自然といい成果が出ます。

　なぜなら、魔法はエネルギーを循環させることができるからです。

　だから、疲れることもなく、空振りすることもなく、自然にいい方向へと導いてもらえるのです。

　そして、あなたのなかに眠る魔法を発動させるためには、押さなければならないスイッチがあります。

　それが、「魔法のスイッチ」です。

　そのスイッチを押すためには、まずは自分という魔法使いがどんな「素質」をもって生まれ、どんなキャラクターであるかを知ることが大前提になります。

　そして、その素質やキャラクターに合わせた質問を投げかけることで、あなたのモチベーションを発動させます。

　つまり、スイッチとは「質問」のこと。そして、あなたの魔法を引き出すために投げかけるのが、「魔法の質問」です。

　魔法使いは全部で12人います。

そして、誰もがいずれかの魔法使いのタイプに属しています。

　まずは、あなたがどの魔法使いなのかを知り、あなたという魔法使いに合った質問に答えることで、

- **自分の本当の性格とは？**
- **自分はどんなことが得意なのか？**
- **自分はどんなことが苦手なのか？**
- **自分はどんなことをしたら心地いいのか？**

という、あなたの「素質」が見えてきます。

　それを知ると、次第にあなたの言動すべてが変化しはじめます。それこそが、あなたが魔法使いとして歩みはじめた証しです。

　また家族や友人、上司や部下、パートナーがどの魔法使いなのか、どんな素質をもって生まれたのかを知ることができれば、

- **相手が心の底からうれしいと思うこと**
- **相手が心の底からしてほしいと思うこと**
- **相手が心の底から嫌だと思うこと**

などが手に取るように理解できるようになります。

　相手の素質を知ることは、コミュニケーションにおいて絶大な力を発揮します。

　つまり、この魔法のスイッチは、ビジネスや恋愛、子育て、人材育成など、さまざまなシーンにおいて役に立つ最強のツールなのです。

魔法のスイッチを知ることで、人生が豊かになる

ごあいさつが遅れました。
質問家のマツダミヒロと申します。

20代のころは、毎日アグレッシブに活動をしていました。
しかし、がんばればがんばるほど、うまくいきませんでした。
ビジネス書を読んだり、成功している起業家のセミナーに参加したりしましたが、それで学んだことを実践すればするほどうまくいかず、できない自分を責めながら苦しい日々を送っていたのです。

しかし、自分の魔法（素質）を知ってからは、ガムシャラにがんばることも努力することもなく、自分に合ったやり方で、望んだとおりの成果を得ることができるようになりました。

この本を手に取ってくださった方のなかには、以前の私のように、がんばっても成果が出ないと自分を責め、悩んでいる方も多いのではないでしょうか。

しかし、人は誰もが魔法というギフトをもらい、生まれてきたのです。
私はそのギフトを最大限に生かすことができる「魔法のスイッチ」で、悩んでいる人たちを救い、1人でも多くの方がその人らしく生きていける世の中をつくりたいと考えています。

自分が無理をし過ぎることなく、本来の自分の素の姿に背くことなく、自分らしく生き、自分らしく働き、自分らしいライフスタイルを送る。

　そうすれば、あなたの世界がかならず自然と好転していくと信じています。

　それでは、シンプルでありながら、あなたの生き方を変えてくれるすばらしい魔法の世界を、どうぞお楽しみください。

マツダミヒロ

12のタイプから人の強みが一瞬でわかる　「魔法のスイッチ」

Prologue 004

CHAPTER 1

「魔法のスイッチ」で、
本当の自分らしさを知る

自分の魔法(素質)を知ると、すべてがうまくいく 016
　社長の立場をクビになって、気がついたこと

魔法使いは、全部で12人 019
　誰もが、それぞれ自分の魔法をもっている

「魔法のスイッチ」は、膨大な研究結果をもとに生まれた 021
　「態度類型学」継承の第一人者との出会い

12のタイプに分けることで、自分のよさがわかる 023
　成功者のマネをしてもうまくいかない理由

「関わり方」を変えれば、どんな相手でも最高の相性に 025
　「相性」ではなく「関わり方」を教えてくれるもの

「魔法のスイッチ」はあらゆるシーンで役に立つ 027
　「魔法のスイッチ」が役に立つ具体的な4つのシーン

魔法のスイッチで人生が変わった!
Case1 **不登校の息子が深めてくれた、家族のきずな** 032
　家族が互いのよさを理解し合えるようになった

魔法のスイッチで人生が変わった!
Case2 **「最悪の会社」から「最高の会社」へ** 035
　職場の複雑な人間関係にも効く

魔法のスイッチで人生が変わった!
Case3 **自分の「弱み」は「強み」だった** 037
　「自分の強み」を知ると、働き方が劇的に変わる

CONTENTS

CHAPTER **2**

魔法使いは
3つのグループに分けられる

あなたはどの魔法使い？ 040
　　自分がどの魔法使いか調べる方法

「ホスピタリティ」の魔法使いとは？ 042
　　「ホスピタリティ」の魔法使いとのつき合い方~まとめ~

「叶える」の魔法使いとは？ 047
　　「叶える」の魔法使いとのつき合い方~まとめ~

「アイディア」の魔法使いとは？ 052
　　「アイディア」の魔法使いとのつき合い方~まとめ~

CHAPTER **3**

「12人の魔法使い」を徹底解説

ハーモニーを生み出す魔法使い「ハーミー」 058
　　「ハーミー」のトリセツ

気配り上手で人に好かれる魔法使い「キック」 061
　　「キック」のトリセツ

自然体で本質を極める魔法使い「ナチュール」 064
　　「ナチュール」のトリセツ

影の実力者である魔法使い「フィック」 067
　　「フィック」のトリセツ

新しく道を切り開く魔法使い「ピオニー」 070
　「ピオニー」のトリセツ

ロマンを現実にする魔法使い「ロミー」 073
　「ロミー」のトリセツ

オンリーワンでナンバーワンの魔法使い「オーリー」 076
　「オーリー」のトリセツ

バランスよく何でもできる魔法使い「イクオル」 079
　「イクオル」のトリセツ

可能性にチャレンジする魔法使い「エイト」 082
　「エイト」のトリセツ

隠れた努力でプロフェッショナルになる
魔法使い「ガンバーニ」 085
　「ガンバーニ」のトリセツ

直感とヒラメキの魔法使い「キラメール」 088
　「キラメール」のトリセツ

ゆるがない心で完璧に仕上げる魔法使い「パフェキ」 091
　「パフェキ」のトリセツ

LAST CHAPTER

ケーススタディから「魔法のスイッチ」の使いこなし方を学ぶ

ケーススタディその1「職場の人間関係」

職場の人間関係Scene1「殺伐とした職場の雰囲気を改善したい」 097
職場の人間関係Scene2「上司と部下の相性が悪い」 099
職場の人間関係Scene3「アルバイトのスタッフが働いてくれない」 101

CONTENTS

ケーススタディその2「子どもとの接し方」

子どもとの接し方Scene1「反抗期の息子との関わり方」 104

子どもとの接し方Scene2「なわとびがうまく跳べない息子」 106

子どもとの接し方Scene3「児童のテストの点が悪かったとき」 108

子どもとの接し方Scene4「他の子と違う娘にイラっと……」 110

子どもとの接し方Scene5「褒めても褒めても伝わらない……」 112

ケーススタディその3「フリーランスや起業家の人たち」

フリーランスや起業家の人たちScene1
「自信がもてず、起業する勇気がない」 115

フリーランスや起業家の人たちScene2
「起業したはいいが、スタッフをまとめられない」 117

ケーススタディその4「恋愛・パートナーシップ」

恋愛・パートナーシップScene1
「宇宙人のような旦那さん……」 120

恋愛・パートナーシップScene2
「『アイディア』のグループの旦那さんをもつ、2組のご夫婦」 122

恋愛・パートナーシップScene3
「助け合いたい奥さんとマイペースな旦那さん」 124

あとがき 126

巻末資料　生年月日早見表（1938〜2025） 129

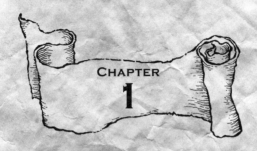

「魔法のスイッチ」で、本当の自分らしさを知る

「自分を好きになりたい」
そう思ったとき、
自分の強みほど頼りになるものはありません。
そして、誰もがみな
この世に生まれた瞬間から
自分を好きになるための
強みをもっているです。

MAGICAL
SWITCH

自分の魔法（素質）を知ると、すべてがうまくいく

「あなたの強みは何ですか？」

　そう質問されたとき、あなたはすぐに答えることができますか？

　講座などでこの質問をすると、残念ながら90パーセント以上の方が「わからない」と答えます。

　人は意外と、自分のことを理解していません。

　他人からの相談にはいくらでもアドバイスできるのに、自分のこととなると一気に自信がなくなってしまう。そんな人のほうが多いのかもしれません。

　だからこそ、たとえば仕事で少しでもうまくいかないことがあると、

「自分が悪かったのかも」

「努力が足りなかった」

　と、自分を責めてしまいがちです。

　これはビジネスに限った話ではなく、人間関係でも同じことがいえます。自分がどんなふうに人と関わればいいのか、自分が自然体でいられるのはどんな環境にいるときか、などがわかっておらず、悩んでいる人が非常に多いです。

　プロローグで少し触れましたが、私自身も20代のころは、自分が何者なのかを知らず、ただガムシャラに突っ走り、転んでは立ち上がり、また走り出すという仕事のやり方をしていました。
「この仕事が自分に合っているのか？」
「このままでいいのか？」
　そんなことを考える暇もなく、ただただ目の前の仕事を必死にこなすだけの日々を送っていたのです。

社長の立場をクビになって、気がついたこと

　そのころの私は、経営者として忙しく働いていました。
　ビジネスでもっとも大事なことは、「目標を達成すること」と思っていました。
　そのためにビジネス書を読みあさり、セミナーに通い、目標達成のためのさまざまなノウハウを仕事に取り入れていましたが、思うような成果は出ませんでした。
　理想と現実のギャップに苦しみながら、「まだまだ自分のがんばりが足りない」と思い、さらに努力をしました。しかし、それでもなお満足する成果を得ることができなかったのです。

　そんなある日、会社の株主から「社長、あなたクビだよ」といわれ、会社を辞めることになってしまいました。
　30歳を目前にし、社長の立場にもかかわらず、突然のクビ。
　それまで趣味ももたず、仕事一筋で生きていたため、「何もかも失った」という失望感を抱き、途方に暮れました。

お金もない、仕事もない、夢もない。そんな最悪の状態のなかでしたが、唯一他の人よりもっていたものが「時間」でした。

「もて余すほどあるこの時間を、どう使う？」

　苦し紛れではありましたが、前向きに、自分自身にそう問いかけてみたのです。すると、不思議とすんなり答えることができました。
「自分は何がしたい？」
「本当にそれがしたい？」
「そうするにはどうしたらいい？」
　そんなことを次々と自分に問いかけていくうちに、自分が本当に進みたい方向が見えてきたのです。
　いま思えば、このときはじめて、「質問すれば答えが出る」といういたってシンプルなメソッドに触れることができたのだと思います。

　それ以降、「質問力」というものに惹かれ、質問力のすばらしさを知り、多くの協力者の知恵をお借りしながら、この「魔法のスイッチ」が生まれました。

　この本を読んでくださる方のなかには、自分が何をすればうまくいくのかわからず、悩んでいる方も多いと思います。
　しかし、あなたは悪くありません。
あなた自身がもつ魔法に気づいていないだけなのです。

　魔法のスイッチを知れば、あなたは悩み、迷うことがなくなります。まわりの環境に流されることもなく、自分が心地よくいられる場所や物事を自然と選べる力を手にすることができます。

魔法使いは、全部で12人

　人はみな、魔法使いとして生まれてきました。

　そして、誰もが次の12人の魔法使いのいずれかのタイプに属しています。

- ハーモニーを生み出す魔法使い
- 気配り上手で人に好かれる魔法使い
- 自然体で本質を極める魔法使い
- 影の実力者である魔法使い
- 新しく道を切り開く魔法使い
- ロマンを現実にする魔法使い
- オンリーワンでナンバーワンの魔法使い
- バランスよく何でもできる魔法使い
- 可能性にチャレンジする魔法使い
- 隠れた努力でプロフェッショナルになる魔法使い
- 直感とヒラメキの魔法使い
- ゆるがない心で完璧に仕上げる魔法使い

　あなたがどのタイプの魔法使いかは、P40以降で見ていただけるようになっています。

誰もが、それぞれ自分の魔法をもっている

　12人の魔法使いは、それぞれ8つの大きな性質をもっています（各魔法使いの性質について、くわしくはCHAPTER3）。

　しかし、自分が該当する魔法使いの性質はかならずしもすべて、自分に当てはまっていると感じられるわけではありません。

　自覚している性格とつながらないものもあるかもしれませんが、統計学上は、そのような傾向・共通点があるということは確かな事実です。

　植物にたとえると、同じ土に種を植え、芽が出ても、その芽がどのように育っていくかはその後の環境によりまったく異なります。

　しかし、その種が「ヒマワリなのか、チューリップなのか、桜なのか」という答えは、確実に存在します。

　人間でいえば、双子で生まれたとしても、まったく同じ性質をもっているとは思えませんし、同じ人生を歩むとも考えにくいのと同じようなことです。

　つまり、あなたがこの世に生まれた瞬間から、すでにあなたを形成するための根本的な素質が存在するということです。

　そして、その生まれもった素質を知れるということが、この魔法のスイッチ最大の特徴です。

「魔法のスイッチ」は、膨大な研究結果をもとに生まれた

　魔法のスイッチは2020年にリリースしましたが、これは新しくつくったメソッドではありません。

　魔法のスイッチの源になるものは、人間科学研究所の長谷川博一先生が「態度類型学」として発表されたものがベースになっています。50年にわたって追跡調査、体系化がされた、膨大な研究をもとに成り立っています。

　約1万8000人、900社を超える調査と、そこからさらに9万人以上のデータを調査研究して得られた結果を使わせていただいた上に、魔法のスイッチは完成したのです。

「態度類型学」継承の第一人者との出会い

　そして、その膨大な研究データやライセンスをもっているのが、本書の監修者でもある、鈴木克彦さんです。

　15年以上前、鈴木さんの講義に感銘を受け、そこから鈴木さんと親交を深め、いまやビジネスパートナーとして、鈴木さんの全面

協力のもと魔法のスイッチを立ち上げるに至りました。

　鈴木さんは、長谷川先生が体系化した「態度類型学」を継承している、日本での第一人者です。
　鈴木さんの講義を受け、私自身もそのときはじめて、

「自分にも、生まれながらにもっている強みがあるのか。いまの自分でいいんだ」

ということを教えていただきました。

　こうした私自身の経験をきっかけに、多大なサンプルとデータ、多くの方の協力を得て、この魔法のスイッチが生まれました。
　そして、いまこうしてあなたに届けられることを、とてもうれしく思います。

12のタイプに分けることで、 自分のよさがわかる

あなたがもって生まれた素質は、変えることができません。

そしてそれは、あなたというキャラクターをつくる価値観や考え方、決断の基礎となっています。

もっとも大事なことは、まずはその素質が何なのかを知ること。

そして、その素質を「最大限に生かす」ことです。

人は12タイプの魔法使いに分けられると伝えましたが、ただ単純に人を12のタイプに仕分けしたというわけではありません。

1万人いたら1万人の素質があるのは当然のこと。

ですが、12のタイプに仕分けることで、その人自身が自分のよさを発見しやすくなり、より自分らしく活動するきっかけをつくることができるというメリットがあるのです。

成功者のマネをしてもうまくいかない理由

以前の私も、自分に生まれもった素質があることすら知りませんでした。「自分の強みは、自分の努力でつくるもの。自分の強みが見つからないということは、自分の努力や勉強が足りないからだ」

と、信じていたのです。

　だからこそ、セミナーに足を運んだり、本を読んだりして、自分の強みを手に入れようとしていました。

　セミナーなどで成功者と呼ばれる人たちに、「こうすべきだ」といわれれば、誰でもそのとおりに実行しようと努力します。

　しかし、教えられたとおりにやっても、うまくいかない。

　それどころか、やればやるほどつらくなり、むしろ自分の心の弱さや弱点がさらに浮き彫りになってしまったのです。

　もちろん、そういった成功者を否定するわけではありません。

　その人は、その人だから成功したのであり、そのやり方は絶対に正しかったといい切れます。

　しかし、その成功者は「その人に合った、その人の素質を生かしたやり方」だから成功したのであり、違う素質をもっているあなたがその人と同じやり方をしても、成功するはずがないのです。

　人はそれぞれ性格が違いますし、価値観も違う。

　何かを成し遂げたいと思ったときにどうアプローチをすればいいかも、それぞれ違って当たり前です。であれば、いかに自分の素質に合ったやり方でできるかが重要となります。

　まずは、あなた自身の強みや素質を知りましょう。

　そして、それをあなたの目標や夢へ向かうスイッチとして活用してほしいと思います。

　また、いまはまだ自分がどんな人間なのかわからないという人も、この本で自分がどのタイプなのかを知ることで、「こんな生き方が自分らしいんだな」と気づくことができます。

　すると、自然とそれに合わせた選択ができるようになるのです。

「関わり方」を変えれば、どんな相手でも最高の相性に

「相手をよろこばせようとしたのに、いまいちよろこんでもらえなかった」という経験はありませんか？

また、「怒らせるつもりでいったわけじゃないのに、なぜか相手の逆鱗に触れてしまった！」なんてこともありますよね。

このように、なぜか思いが噛み合わない相手とは、あなたとその相手がもっている魔法（素質）が異なる可能性が高いだけで、あなたが悪いわけでも、相手が悪いわけでもありません。

しかし、そんなすれ違いを避けるためにも、相手の素質を知っておくことが大事です。

魔法のスイッチは、自分だけではなく、あなたのまわりの人たちがどんな素質をもっているかも簡単に調べることができます。

相手の素質を知っておけば、相手を心からよろこばせることができますし、怒らせたり、悲しませたりすることもありません。

「相性」ではなく「関わり方」を教えてくれるもの

　また、魔法のスイッチにはよくある占いとは違い、「魔法使い同士の相性」というものは一切ありません。

　なぜなら、その人がもつ素質を理解し、その相手に合った関わり方をすれば、どんな相手とでもいい関係を築けるからです。

　つまり、どんな相手とであれ最高の関係性を手に入れることができる点が、占いとは違う、魔法のスイッチの利点というわけです。

　とくに、ビジネスや人間関係、恋愛や子育てといったシーンでは、自分の意見を押しつけるようなコミュニケーションの仕方では、相手といい関係を築くことはむずかしいです。

　しかし、相手の素質を知っておけば、相手に不快な気持ちを与えることも、強要することもなく、相手を心地よくしながらやる気を引き出すことができます。

　まさに魔法使いのように、相手との関係性やコミュニケーションをあなた自身で操ることができてしまうのです。

「魔法のスイッチ」は
あらゆるシーンで役に立つ

　P16で述べたように、90パーセント以上の方が自分の強みを理解していませんが、仮に自分の強みを答えられたとしても、その強みを100パーセント生かせているのかというと、そうとはいえません。
**　じつは、自分がもっている力を発揮している人はほとんどいないといっても、いい過ぎではないのです。**
　であれば、なおさら、どんな人でも魔法のスイッチの効果を実感していただけることでしょう。

　あなたが本来もっている力を発揮するために投げかけるのが「魔法の質問」ですが、その質問はそれぞれの魔法使いによってまったく異なります。
　その魔法使いだけに効果を発揮する質問があり、その質問を別の魔法使いにしても効果は発揮されず、むしろ逆効果になることもあります。

**　つまり、万人受けする質問をすればいいのではなく、「いかに、その人に最適な質問をするか」が大事なのです。**
　それを証明するかのごとく、魔法のスイッチはあらゆる人間関係で効果を発揮します。

4つのシーン別に、くわしくお話ししていきましょう。

「魔法のスイッチ」が役に立つ具体的な4つのシーン

（1）職場の人間関係で悩んでいるとき

　人が会社を辞めるときの一番の原因は、人間関係だそうです。

　いくらいい会社に入って、やりたい仕事ができていようとも、人間関係がうまくいかないとモチベーションは上がらず、あなたの力を発揮することができません。

　また、いくら企画力、プレゼン力があったとしても、職場の人たちと良好な関係を築くことができなければ、あなたの評価は上がらないでしょう。

　そんなときこそ、職場で顔を合わせる人の素質を知りましょう。

　あなたが経営者やリーダーであれば、

「どうすれば部下やスタッフのモチベーションが上がるのか」
「どう伝えれば、動いてくれるのか」

　また、あなたに上司や先輩がいるのなら、

「上司はどんなことを望んでいるのか」
「どんな人とチームを組めば自分の力を生かせるのか」

　そういったことがわかると、いままでうまくいかなかった理由やうまくいくための解決策が自然と浮かんできます。

　あなたがみんなの素質を把握するだけで、あなただけでなく、ま

わりの人も心地よく仕事をすることができます。チームプレイとしても最大限のパフォーマンスが発揮できるようになります。

（2） 子どもの能力を引き出したいとき

親であれば「自分の子どもには、もっともっと、もっている能力を十分に発揮してもらいたい！」と思うのは自然なことでしょう。

しかし、どんなことをすれば、どんな言葉をかければ、子どもの能力を発揮できるか理解している人はほとんどいません。

たとえば、同じわが子でも、長男と次男では性格がまったく違うこともあるでしょう。

正義感が強く慎重派の長男と、世渡り上手で甘えん坊の次男。

2人に同じことを伝えても、受け取り方はまったく違います。

つまり、違う素質をもった2人の捉え方や考え方は異なるため、同じ育て方や言葉がけをしても、2人が同じように能力を発揮するとは考えにくいのです。

だからこそ、子ども1人ひとりがもつ素質、強みを知っておくことが大事です。

そして、その子に合った強みを引き出すための質問をしてあげる。そうすることで、その子は、その子なりの最適な方法で能力を発揮できるようになっていきます。

これは自分の子どもだけに限った話ではありません。

もしあなたが、幼稚園や学校、塾や習いごとの先生など、子どもに関わる仕事をしているのであれば、1人ひとりの個性を知っておく必要があります。

そして、その子に合った質問で能力を引き出すことに取り組んで

みてください。かならず、魔法のスイッチの効果を感じていただけるでしょう。

（3）起業家やフリーランスが自分の強みを知りたいとき

「会社を辞めて独立したい」
「起業・副業をしたい」
「新しいことをはじめたい」

　そう思っても、何をしたらいいかわからないと悩んでいる方も少なくありません。

　また、自分のキャリアや資格、特技を生かしたサービスや商品を売ろうとしても、似たようなサービスをしている人が他にいるために、「これじゃあ、集客なんてできないんじゃないか？」と不安になり、行動できずにいるという人も多いのではないでしょうか。

　しかし、同じようなサービスであっても、そこにあなたらしさをプラスすれば、それが他者との差別化になり、オリジナルのサービス、商品を生み出すことができます。

　そんなときこそ役に立つのが、この魔法のスイッチです。

　前述したとおり、人は自分の強みを理解していません。たとえ理解していると思う人でも、それを100パーセント生かし切れてはいないのです。

　だからこそ、まずは自分の強みを知りましょう。

　そして、その強みを生かしたサービス、商品づくりを意識してみてください。

　そうすれば、同じようなサービス、商品であっても、かならずオリジナリティあふれるものを生み出すことができます。

（4）恋愛・パートナーシップがうまくいかないとき

つき合いたての恋人同士や、長年連れ添った夫婦であっても、

「なぜ私のことをわかってくれないんだろう？」

「相手が何を考えているのかまったくわからない」

と、思うことは多々あるでしょう。

このように、恋愛・パートナーシップで悩む人は多く、その悩みはいくつになっても消えることはありません。

しかし、その原因の多くは、

「自分の本質」

「相手の本質」

「相手との関係性」

の3つを知ることですべて解消することができます。

そして、魔法のスイッチを使えば、それらを簡単に知ることができます。

自分と相手の本質を理解し、相手との関係性を知れば、いままで悩んでいた理由が理解できるでしょう。

恋愛は決して1人でできるものではありません。いい関係を築くことは、あなただけではなく、相手にとっても幸せなこと。

大切な人を幸せにしたいと思うなら、まずはあなたから相手を知り、寄り添いましょう。

相手に合わせた関わり方ができれば、いまよりもっといいコミュニケーションが生まれ、良好な関係を築くことができます。

さて、ここまでにご紹介した4つのシーンをさらにイメージしていただくために、ここからは実際に「魔法のスイッチで人生が変わった」という方の事例を、いくつか簡単にお話しします。

【Case1】
魔法のスイッチで人生が変わった！
不登校の息子が深めてくれた、家族のきずな

　不登校の息子さんをもつAさんは、もともと話が上手なタイプではありませんでした。いつも、息子さんと旦那さんから、
「ママのいっていることは、よくわからない」
「主語と述語をきちんと説明して！」
　といわれ、「伝わらないなら、もういい！」と怒鳴り、家族にさえ話をすることが嫌になることもあったそうです。

　しかし、魔法のスイッチに出合い、自分と家族の素質を知ってから、「少しだけ、ひとことでいいから言葉を足して話すこと」に意識を向けました。
　すると、心を閉ざしていた息子さんの対応が少しずつ変化していくことに気づいたのです。

家族が互いのよさを理解し合えるようになった

　そんなある日、息子さんが魔法のスイッチに興味を示し、Aさんに話しかけてきました。
　Aさんはすぐに、魔法のスイッチについて息子さんに説明をしま

した。

息子さんは、母親であるAさんと自分の素質の違いを知ると、「なるほど、これからお母さんにはこんなふうに話せばいいんだね」といい、笑顔を見せてくれたのです。

それからというもの、Aさんと息子さんが話すときは、お互いの素質を意識した会話をするようになり、思わず笑いが起こるようになりました。

Aさんとの会話により、息子さん自身にも大きな変化がありました。

いままでは誰に対しても敏感でうまく話せなかった息子さんが、自分と同じ魔法使いを見つけると、延々と話をするくらいおしゃべり好きになったのです。

息子さんとの関係性が変化したことで、Aさんは旦那さんとの関係性もガラッと変わりました。

旦那さんはもともと無口で、人の会話に割り込んでくるようなタイプではありませんでした。

不登校のことに関しても、父親である旦那さんが息子さんを立ち直らせようとみずから諭すようなことはしなかったそうです。

そんな態度に対してAさんは、

「息子のこと、心配じゃないの？」
「父親なんだから、もっと息子を説得して」
「あなたがしっかりしてくれないと困る！」

と心のなかで思っていたそうです。

　しかし、魔法のスイッチで旦那さんの素質を知ると、旦那さんの行動を理解することができたといいます。
　いままでは、旦那さんの悪いところばかりが気になっていましたが、旦那さんの素質を知ることで、「息子に対する態度にも彼なりの意味があったんだな」と納得することができたのです。
　そうと気づいてからは、旦那さんの行動に対して、モヤモヤしたりイライラしたりすることが自然と消えていきました。
　それ以降、Aさん一家はお互いのよさを理解し、生かし合いながら、仲よく過ごしており、息子さん自身もまた不登校を乗り越え、新しく学校へチャレンジしているそうです。

　当時のことを振り返って、Aさんはこういいます。

「いい関係性を築くためには、相手を変えようとしてはダメ。まずは自分を知り、相手を知ること。そうすれば、かならずみんながラクになります」

　魔法のスイッチにより、不登校だった息子さんが家族のきずなを深めてくれ、いまでは家族水入らず、楽しい毎日を過ごしているそうです。

魔法のスイッチで人生が変わった！【Case2】

「最悪の会社」から
「最高の会社」へ

Bさんは、仕事でさまざまな悩みを抱えていました。

「職場の仲間と噛み合わない」
「コミュニケーションがうまくとれない」
「部下や後輩が指示どおりに動かない、指示が伝わらない」

かといって誰にも相談できず、1人で抱え込み、日ごとに自己肯定感が下がるという、つらい毎日を送っていました。

会社に行くことすら嫌になり、「こうなったら仕事を辞めるしかない」と決意していたとき、この魔法のスイッチと出合ったのです。

職場の複雑な人間関係にも効く

そして、職場の人たちがそれぞれどのタイプの魔法使いなのかを知ると、いままで彼らとうまくいかなかった理由に納得できたといいます。

さらに、それぞれがもつ素質や強み、視点、言葉の伝わり方を把握し、「なるほど、彼らが考えていることは自分とは違うんだ」と痛感しました。

　すると、それが自然と行動や言葉になって表れ、気づいたら彼らとの関係性が短期間でガラリと変化していたのです。

　Bさん自身も内省するべき点に気づき、そのことをみんなと共有しました。
　すると、みんなが「お互いの違いを知れば、自分が自分らしくそのままでいいという認識のもとで、よりいい関係性が生まれる」ということに気づいたそうです。
　それ以降、辞める寸前だった最悪の会社が、いまでは最高の会社に変化したのです。

　Bさんは当時のことを、「魔法のスイッチのおかげで、みんなが自分の人生を『自分らしく』生きることができた」と話してくれました。

魔法のスイッチで人生が変わった! 【Case3】
自分の「弱み」は「強み」 だった

　現在、フリーランスで大活躍しているCさん。

　数年前、会社勤めをしていたときは、自分の強みが何なのかわからず悩み、迷走していたといいます。

　幼いころから、まわりのペースに合わせることが苦手だったCさんは、社会人になっても、みんなから「不器用」とか、「いうことを聞かない」などと、誤解されることが多かったとか。

　また、同時進行で何かをすることがとても苦手だったので、「仕事ができない人」という烙印を押され、肩身が狭い思いをしていました。

　そんな過去があったからこそ、「自分には得意なことなどない。何をやってもできない人なんだ」と思い込んでいたのです。

「自分の強み」を知ると、働き方が劇的に変わる

　しかし、魔法のスイッチに出合ったことで、「こんな自分にも強みがあったんだ」と気づくことができたといいます。

　Cさんの強みは、「審美眼があること」と「本質を求め、とこと

ん究極を目指すこと」でした。

人を見る目があり、自分が納得いくまでこだわることができる人。それを知って、「なるほど、こだわりが強いぶん、まわりと協調することができずにいたのか」と気づきました。

つまり、自分が弱みだと思っていたことは、むしろ強みであると知ったのです。

それを知ったことにより、いままで自分がしてきたことがなぜうまくいかなかったのかを理解することができたといいます。

その後は、自分の強みを生かせる仕事を見つけ、いまはフリーランスとして楽しく働いているそうです。

当時のことをCさんは、こういいます。

「会社を辞めることは勇気がいりました。しかし、フリーランスというビジネススタイルは自分にとても合っていると実感しています。自分の強みを自分自身が理解しているというだけで、自信をもつことができるんですよね。すると、不思議と笑顔になり、まわりに温かい仲間が増え、いまでは自分がいかに人間関係に恵まれているかを実感しています」

Cさんは、魔法のスイッチに出合い、「仕事ができない人」という烙印を押されていた過去の自分からようやく解放され、やっと自分を取り戻せたと、うれしそうに話をしてくれました。

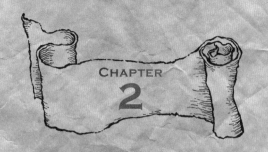

魔法使いは
3つのグループに
分けられる

さて、いよいよ

あなた自身がどの魔法使いなのか

調べてみましょう。

魔法使いは3つのグループに分かれます。

それぞれのグループに合った

関わり方も学びましょう。

あなたはどの魔法使い?

前章で、魔法使いは12人いるとお伝えしました。

12人の魔法使いは、次の3つのグループに分かれます。

「ホスピタリティ」の魔法使い

ハーミー

キック

ナチュール

フィック

「叶える」の魔法使い

ピオニー

ロミー

オーリー

イクオル

「アイディア」の魔法使い

エイト

ガンバーニ

キラメール

パフェキ

自分がどの魔法使いか調べる方法

ではさっそく、あなたがどの魔法使いなのか調べてみましょう。

❶ おもちのスマートフォンからサクッと調べる

下記のQRコードを読み取り、生年月日を入れるだけ！

❷ QRコードが使えない方は…

本書巻末（P129～）の生年月日早見表より、当てはまる
生年月日をご覧ください。

　では、ここからはそれぞれの魔法使いについて、個別に説明して
いきましょう。

「ホスピタリティ」の
魔法使いとは?

「ホスピタリティ」の魔法使い

ハーミー

キック

ナチュール

フィック

【「ホスピタリティ」のグループの性質】

　人の気持ちや人とのつながりを大切にします。そして、相手や仲間との信頼関係を深めることを大事にし、自分のこだわりをもち、情報を得ながら新しい方向性へと関心を深めるという素質をもっています。

　弱点としては、話が長い、人に気を遣い過ぎる、無駄が多い、相手が嫌な人だとがんばれない、相手に嫌われることが怖い、といった素質があります。

【「ホスピタリティ」の人を褒めるときは】

　ホスピタリティのグループの人たちは、結果よりもプロセスを褒めてほしいと思っています。

　結果を出すためにどれだけがんばったか、どれだけ努力したかをていねいに見てあげることが大事であり、そこを褒めることによって、心から「褒めてもらった！」と感じます。

　逆にいえば、プロセスに触れず結果だけを見て「すごいね！」といわれてもまったくうれしいとは感じません。むしろ、「結果が出たときだけ褒められても……」と思ってしまいがちです。

　たとえば、ホスピタリティのグループの子どもが、希望していた学校に合格したという場合。
「合格おめでとう。よかったね！」だけではなく、「この１年間、テレビやネットを見るのも我慢してがんばったね。夏休みもどこにも行かないで１人で勉強していたよね。その努力が実を結んだね」と、合格までのプロセスに焦点を絞って褒めてあげると、非常にう

れしいと感じます。

　また、このグループの部下が仕事でいい成績を収めたという場合も、結果だけに焦点を当てて褒めるのではなく、「忙しい時期に、終業後も１人で資料を集めながら、何度も書類をつくり直したりしていたよね。苦労が報われてよかったね」のように、結果までのプロセスを言葉にして褒めてあげると、「この人は私を見てくれている」と思い、さらにがんばろうという気持ちになります。

　ホスピタリティのグループは日々成長している自分が好きです。
　そのため、努力し成長している姿を他の人から認められたり、褒められたりするとさらにやる気を出し、自然とがんばることができます。

【「ホスピタリティ」のグループの人を叱るときは】
　ホスピタリティのグループの人はつねに自分よりも人の気持ちを気にかけます。自分の満足よりも相手の満足を優先させる素質をもっているので、叱る場合も人の気持ちを一緒に考えることを意識するといいでしょう。

「こういうことをしたら、相手はどう思うかな？」
「こういうふうにしたら、みんなはどう感じるだろう？」

　というように、プロセスと感情を結びつけて話をすると、「悪いことをしてしまった」「自分は間違っていたのかもしれない」と、みずからの力で気づき内省します。

　また、このグループの家族やパートナーに対し、どうしても納得できないことがあった場合は、「信じられない」「許せない！」のように感情的になっても、相手には何に対して怒っているのかが伝わりづらいです。

　こういう場合は、「あなたが××だったから、私は△△と感じ、とても悲しかった」のように、過程と感情をリンクさせながら冷静に言葉にすることを意識しましょう。すると、相手はあなたが怒っている理由をすんなり理解することができます。

　相手の気持ちを大事にするホスピタリティのグループの人は、優しい人が多いです。

　このグループの人を叱るというシーンでは、「あなたがそうしたことで、私はこう思った」というように、プロセスと感情の部分に焦点を当てて伝えることがポイントです。

　そうすることで、あなたが伝えたいことをスムーズに理解してくれるでしょう。

【「ホスピタリティ」のグループの人に教えるときは】

　ホスピタリティのグループの人は、情報を得たいという素質があるがゆえ、「なぜ？」や「どうして？」が好きです。

　あらゆる物事に対して、「なぜ○○なんだろう？」とか、「これはどうしてこうなってしまったのか？」という思考へと向かいます。

　つまり、「なぜ、どうして」を明確にしないと、心から理解したとは感じられません。

　このグループの人に何かを教えたいという場合は、結果だけを教えても、その理由を伝えなければ理解してもらうことができません。

となると、教えるべきことを最初からていねいに「起承転結のストーリーで言葉にすること」が非常に重要です。

　たとえば、ビジネスシーンにおいて、このグループの部下にあなたが何かを教える場合。
　ただ見本となるものを見せて、「これと同じようにやってみて」といっても、相手は要点をつかむことができません。
「ここを××すると、△△となり見やすくなるからマネしてみて」
「これは××だから、△△とするとイメージしやすくなるからやってみて」
　というように、理由となる部分を伝えながら、具体的に説明をしてあげるとすんなりと理解してくれます。

　このグループの人はあらゆることに対してプロセスを重視します。
　それゆえ、あなたが何かを教えたとき、「わかった」といわれても、それは心から理解したわけではありません。
　このグループの人が本当に心から理解した場合は、「なるほど」と口にします。その違いを覚えておきましょう。

「ホスピタリティ」の魔法使いとの
つき合い方〜まとめ〜

【褒め方】結果より、プロセスを褒める
【叱り方】プロセスと感情を結びつけて叱る
【教え方】「なぜ、どうして」を明確にして教える

「叶える」の
魔法使いとは?

「叶える」の魔法使い

ピオニー

ロミー

オーリー

イクオル

【「叶える」のグループの性質】

　目標が明確であるがゆえ、つねに目的意識をもっています。何より自分のペースを大事にし、邪魔をされることが嫌いです。

　何かを活用するのが好きで、無駄を省くのが得意。あらゆることを事実ベースで考え、結果にフォーカスすることを重視しています。

　弱点としては融通が利かない、冷たく感じる、無理することが多い、ペースを乱されることを嫌う、近づきにくい、言葉が足りない、結果さえ出ればいいと思っている、といった素質が挙げられます。

【「叶える」のグループの人を褒めるときは】

　叶えるグループの人は褒められるというよりも、「評価されたい」と思っています。褒められたら褒められたでうれしいのですが、事実ベースで褒められたいのです。

　基本的にお世辞が嫌いなので、表向きだけで「すごいね」といわれても心には響きません。

　評価を求めるこのグループの人を褒めるときは、事実を伝えつつ、客観的な評価のあとに、ワンポイントアドバイスをしてあげましょう。

　たとえば、事実ベースで褒め、やる気が出たあとに「もっとあなたが成長するために、次回は××するといいよ」のように、オリジナルのワンポイントアドバイスを追加してあげると、メラメラとやる気に燃えはじめます。

　叶えるのグループの子どもがテストでいい点を取った場合、ホスピタリティのグループのように「毎日がんばった甲斐があったね」

などと、プロセスを褒められてもうれしくありません。

このグループの子どもに対しては、「テストで100点を取ったの
って、クラスで3人しかいなかったんだね！」と、事実をベースに
褒めてあげると非常によろこびます。

また、このグループの子どもが料理をつくってくれたという場合
も、「おいしいね！」だけではなくて、「すごくおいしいけど、ここ
をもうちょっと○○すると100点の味になると思うから、また食べ
させてね」と伝えると、「なるほど、次はそうしてみよう！」とグ
ンとやる気が出ます。

子どもだけでなく、部下、後輩などを褒める場合も同じことがい
えます。

要するに、このグループの人は客観的な数字など、事実・結果に
基づいて褒めてあげることが重要です。

【「叶える」のグループの人を叱るときは】

叶えるのグループの人を叱りたいときは、感情的になってはいけ
ません。

このグループの人は、相手が感情的になっているとわかったら、
無意識に相手をシャットアウトし、聞く耳をもたなくなるからです。

であれば、褒めるときと同じように、客観的な数字などの事実に
対して叱ることを意識すると、すんなりと理解し、反省します。

たとえば、このグループの子どもの成績が落ちたという場合、
「前回のテストの平均点より10点も下がってしまったね。次は、平
均点より5点多く取れるようにがんばろうね」など、具体的な数字

を盛り込みながら冷静に話をすることを意識しましょう。

　子どもだけでなく、家族、旦那さんやパートナーに何かいいたいことがあるときも、決して感情的になってはいけません。親しい間柄であればあるほど、どうしても感情が出やすくなりがちですが、ここはなるべく冷静に伝えましょう。

　職場の部下や後輩が大きなミスをしてしまったという場合も同じです。
　心のなかでは、「何をやっているんだ！」と思っても、それを感情的に態度に出してはいけません。ミスをしたことで生じた損害やまわりへの影響など、具体的な出来事や数字などを用いながら叱るようにしましょう。

【「叶える」のグループの人に教えるときは】
　このグループの人に何かを教える場合は、結果から逆算して教えることがもっとも効率的で、理解してもらいやすいです。
　まず結果を伝え、「これが○○なのは、××だから」というように、逆順で説明するとすんなりと理解してくれます。

　そのためにもっとも効果的なのは「事例で説明する」ことです。
　このグループの人は基本的に「具体的に何をどうするのか」といわれないと理解することができません。
　たとえば、「これって何か違うよね？」といっても、このグループの人は理解できません。口先では「そうですね」といったとしても、心のなかでは、「何がどう違うのか、はっきりいってくれないとわからない」と思っています。

つまり、このグループの人は抽象的な言葉で伝えられても理解しづらいのです。

だからこそ、事例で説明することが大事です。

たとえば、「○○を××のように直すと、もっとよくなる」とか、「こういう場合は、○○を××すると△△になるからおすすめ」のように、何をどうするのかを明確にしながら教えるといいでしょう。

そして、このグループの人が心から理解したときは「納得しました」と口にするはずです。

「わかりました」とか「なるほど」というときは、意外と理解していない場合が多いことを覚えておきましょう。

「叶える」の魔法使いとの
つき合い方～まとめ～

【褒め方】褒めるより、評価をする
【叱り方】感情ではなく、事実に対して叱る
【教え方】結果を見せ、事例で伝える

「アイディア」の
魔法使いとは?

「アイディア」の魔法使い

エイト

ガンバーニ

キラメール

パフェキ

【「アイディア」のグループの性質】

　直感、感性を大事にします。

　すぐに行動に移すフットワークの軽さをもち、自分を特別扱いしてもらえるとモチベーションが上がります。全体的な流れを見ることができ、可能性を感じることに興味をもち、ワクワクすることを重視します。

　弱点としては計画性がなく、感情が顔に出やすい点。誰かに指示をされても、そのとおりにやることができない点や、話が飛んだり、報告をすることが苦手な点も挙げられます。

【「アイディア」のグループの人を褒めるときは】

　アイディアのグループの人を褒めるときは、とにかくおおげさに褒めることがポイントです。

　他のグループの人のように、プロセスや結果に対して触れる必要はありません。

　とにかくリアクションを大きく、「めっちゃすっごいね！」「最高だね！」とオーバーに褒めてあげることで、「褒められてる！　うれしい」と感じます。

　褒められることに疑問をもたず、褒められれば褒められるほどやる気が出るのも、このグループの人の特徴です。

　たとえば、あなたが他のグループで、後輩や部下がアイディアのグループの場合、あなたは相手をおおげさに褒めることを無意識に躊躇しています。なぜなら、自分がそのようにされてもうれしくないからです。

しかし、そういう場合こそ、おおげさに褒めてみてください。
　相手は非常によろこび、さらにがんばろうとモチベーションがグンと上がるでしょう。あなたはそれを実感するはずです。

　子ども相手でも同じことがいえます。アイディアのグループの子どもは、褒められれば褒められるほどやる気を出します。あなたが他のグループであればなおさら、褒められることに対しての反応が異なることを実感するでしょう。

　そして、このグループの人は褒められることで自己肯定感がアップします。どんなことがあっても否定するようなニュアンスの言葉は出さず、前向きに捉え、褒めてあげる。そうすることで、かならず伸びていきます。

【「アイディア」のグループの人を叱るときは】

　アイディアのグループの人は、ネチネチと長い時間をかけて叱られることが嫌いです。
　このグループの人はイメージを広げることが得意です。あなたが怒っているという印象を短時間にスパッと植えつけイメージを広げさせるために、最初にガツンと雷を落とすという叱り方がもっとも効果的です。

　家族やパートナーに対して叱るといった場合も、まずは、「怒っている」というインパクトを与えましょう。
　すると、相手はそこからの流れを瞬間的にイメージすることができ、ベクトルをつかみ、自分がしてしまったこと、反省すべきことが自然と見えてきます。

　ビジネスシーンにおいても、同じです。アイディアのグループの部下や後輩をあなたが叱らなければならない場合、ダラダラと時間をかけて叱るのはタブーです。

　こういう場合は、はじめにズバッとひと言でいいたいことを伝えましょう。ことこまかにダラダラと叱らなくても、最初のインパクトがあればたいがいのことは伝わります。そして、相手はみずから反省します。

【「アイディア」のグループの人に教えるときは】

　アイディアのグループの人は、長い時間をかけるのではなく、要点を短時間で教えるほうがより効率的に物事を吸収します。

　このタイプは、話を「あんなときはどうなんだろう？」「こんなときはどうなんだろう？」と、想像をしながら聞いています。要点が掴めてくると理解ができるので、同じことを何度もいってあげる準備をしてあげてください。

　話を聞いていないから何度もいうのではなく、いろいろなケースを考えてしまっているから結果として聞けていないのです。同じことを何度もいわれることで、要点を覚えていきます。

　また、このグループの人は基本的に、「がんばっている姿を人に見られたくない、陰でこっそりとがんばりたい」という精神性をもっています。

　つまり、自分がやりたいことに関しては、誰に何をいわれようと、みずからがんばることができます。

　ですから、あなたが何かを教える場合も、「あなたがいったから

仕方なくやらなければいけない」と思わせてはいけません。スパッとイメージだけを伝えてください。

このグループの人は、イメージが湧いてから内容を具体的にしていくという思考回路をもっており、おおよそのイメージを伝えることで、やるべき方向へと思考をもっていくことができるのです。

また、このタイプは計画を立ててきちんとこなしていくというタイプではありません。
そのため、長期的なプランを立てることを提案したり、計画的に教えたりするのもやめましょう。何かを教えるときは、要点を短く簡潔にまとめること。長い話をダラダラしながら説明をしても意味がありません。

「アイディア」の魔法使いとの
つき合い方～まとめ～

【褒め方】とにかくおおげさに褒める
【叱り方】最初に、雷を落とす
【教え方】要点を短く、簡潔に教える

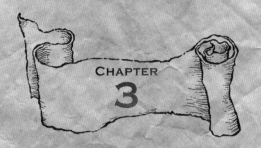

「12人の魔法使い」を徹底解説

ここからは、
12人の魔法使いのそれぞれの性質を
くわしく解説します。
自分の魔法使いだけでなく、
あなたの身近な人が
どんな性質をもっているのかも
合わせてチェックしましょう。

魔法使い「ハーミー」
ハーモニーを生み出す

【「ハーミー」を構成する魔法の素】
（☆がついているものがもっともメインとなる素質です。以下同）

ハーモニー★	世話好き
スタートダッシュ	日々向上
最先端	協調
スマート	公平

「ハーミー」のトリセツ

【「ハーミー」の特徴】

　ハーミーは「ハーモニー」を大切にします。フェアプレイが好きで、みんなを公平に扱いたいという精神があります。

　面倒見がよく、世話好きで、目の前に困っている人がいるとすぐに手を差し伸べていくという精神性を備えています。

　新しいものが大好きですが、とくに「新しい情報」を入手することが好きです。最先端の情報を取り入れたり、流行りのアイテムをいち早く手に入れたりしながら、一番前を進んでいきたいとつねに思っています。

　しかし、スタートダッシュが大事であるがゆえ、出遅れると一気にやる気が失せてしまいます。

　また、「昨日よりも今日、今日よりも明日」と日々向上し、成長しているときの自分が大好きです。その姿を他者から認められるとさらにやる気を出し、自然とがんばれる性格です。

　ハーモニーというだけあって協調性もありますが、「自分が先陣をきってみんなの意見をまとめる」という協調性ではありません。「私はこれがやりたいから、これで進んでいいよね」と、人に同意を求め、まわりに賛同されたうえで、みんなを公平に分け隔てなく扱うという意味での協調性をもっています。

また、いつもスマートで、格好悪いことが大嫌いです。だからこそ、このタイプを人前で叱ることはしてはいけません。そんなことをしたら、反省を促すどころか自尊心を傷つけてしまい逆効果です。

【「ハーミー」に効果的な6つの質問】

　「ハーミー」の人には、次の6つの質問をすると、より深い信頼関係が築けます。

「ハーミー」の魔法の質問

1 「どんなハーモニーが好きですか？」
2 「人と関わるとき、大切にしていることは何ですか？」
3 「どんな人たちとハーモニーを奏でたいですか？」
4 「どんなルールがあれば、チームのよさが生きると思いますか？」
5 「調和するために何ができますか？」
6 「日々向上していくために、どんなふうに最初の1歩を踏み出しますか？」

　まず、人と関わるうえでどんなことを大切にしているのかを考えてもらいます。なぜなら、それが自分の軸になるからです。
　1人ではハーモニーはつくれないので、どんな人たちとであれば、ハーモニーを奏でられるのか、そのスタンスやルールを明確にしてもらい、その方々とどんなふうに調和をしていくか考えれば、よりいい関係性をつくることができます。
　向上することを考えたほうが行動につながりやすいので、最後にそれを考えてもらいます。

気配り上手で
人に好かれる魔法使い
「キック」

【「キック」を構成する魔法の素】

客観的★	気配り
仲間	情報収集
信用	助け合い
スピリチュアル	観察力

「キック」のトリセツ

【「キック」の特徴】

　キックは、気配り上手。自然とまわりを気遣い、場づくり、空気づくりをすることに長けています。そして、あらゆることに対し客観的な視点をもち、まわりに対してもそうですが、つねにもう１人の自分が自分を見ている感覚をもっており、それゆえに正しい判断ができます。

　客観的であるがゆえ、観察力も鋭く、人に対しての気遣いや気配りができるという点はキックの大きな特徴であり、12タイプのなかでもっとも仲間意識が強く、抜けがけをしたり、ズルをしたりするのが大嫌いです。

　基本的に情報収集が好きですが、新しい情報を得るのが得意なハーミーとは異なり、キックは自分が納得するまで掘り下げて情報を得ることが好きです。

　また、人との間の信用を一番重んじるタイプであり、軽々しく約束するのが好きではありません。なぜなら、守れないのが嫌だからです。じっくりと考えたうえで約束し、きちんと守ることでそれを信用に変え、人の輪をつくっていくのがキックの成功のパターンです。

　さらに、このタイプは12タイプのなかでもっともボランティア好きでもあります。困っている人を見ると放っておけず、たとえ自分が困っているとしても、助けに飛んでいくようなタイプです。

　普段からスピリチュアル的な感覚をもって自らのことを客観的に見ていますが、相手から頼られると、助け合い精神に弱く、判断力

を失ってしまうという場合もあります。

【「キック」に効果的な6つの質問】

「キック」の人には、次の6つの質問をすると、より深い信頼関係
が築けます。

1 「普段、どんなことが気になりますか？」
2 「されてうれしかった気配りは何ですか？」
3 「どうしたら、あの人によろこばれると思いますか？」
4 「みんなの和を保つために必要なことは何ですか？」
5 「どんな人とチームを組みたいですか？」
6 「あなたの客観的な視点を必要としているのは誰ですか？」

「キック」の魔法の質問

　ちょっとしたことでも気にかけることができるので、普段から何
となく気になること、思っていたことを思い出してもらいます。な
ぜなら、そのことが人のためになることが多いからです。

　気配りをするのも得意ですが、いままで自分がされた気配りを思
い出してもらうことで、さらに気配り力もアップします。

　人のために何かをしたい、という思いが強いので、人がよろこん
でくれることを考えてもらうと力が出ます。

　チームでの活動も得意なので、チームメンバーのそれぞれの強み
を生かしてもらうことを考えて、さらにどんなチームメンバーが理
想かも考えてもらいます。

　最後に、人に気を配るのは上手なのですが、自分へのケアを忘れ
がちです。意図的に時間をとって、自分への気配りも忘れないよう
にします。

自然体で本質を極める魔法使い「ナチュール」

【「ナチュール」を構成する魔法の素】

自然体★	安心
正直	本質
愛情	付加価値
甘え上手	革新

「ナチュール」のトリセツ

【「ナチュール」の特徴】

　ナチュールは、いつも自然体で飾らずにいられる関係性を好みます。無理するのが好きではなく、心の安心安全が第一なので、緊張するようなシーンが嫌いです。

　しかし、安心という環境がなくなり、「これはヤバい」という状況になると、むしろモチベーションが上がることがあります。

　つまり、計画的に物事をやるというより、「そろそろ本気でやらなきゃ」となったときに火がつくタイプです。

　いつも自分に正直でいたいし、相手にも正直でいてほしいと思っているため、ウソをつかれると非常に傷つきます。最終的にはどんなことでも受け入れますが、ウソだけはつかないでほしいと心底願っています。

　基本的に本質を追求するタイプであるのも大きな特徴です。

　何かひとつ買うときも、商品の裏のラベルをチェックするのはこのタイプが多く、「何が入っているんだろう？　何でできているんだろう？」と考え、とことんこだわりをもちます。

　また、自分自身や物事に対して至らない点を見つけ、そこから何かを見出していくのが非常に上手です。つまり、物事に付加価値をつけるのが得意であり、「こうすればこんなこともできる」と、慎重に本質を見極めながら、革新を起こします。

いつも甘え上手で、赤ちゃんのように愛情を注がれることを望み、愛情を注がれていることによって安心を得ます。

　たまに怒ったり、キレたりすることもありますが、それは「この人、どこで怒るかな？」「この人にはどこまで甘えていいのかな？」という本質を見極めたいがゆえ、試しているだけなので、悪気があるわけではないようです。

【「ナチュール」に効果的な６つの質問】

「ナチュール」の人には、次の６つの質問をすると、より深い信頼関係が築けます。

「ナチュール」の魔法の質問	
	1 「現状は、自分らしいですか？」
	2 「より自然体でいるために、何をやめますか？」
	3 「リラックスするために何をしますか？」
	4 「自然でいられる環境は、どんな場ですか？」
	5 「無理してしまうのは、どんなときですか？」
	6 「より自然体でいるために、何をしますか？」

　自然体でいることが大切なので、現状をチェックします。

　そして、それを阻害しているものに気づいてもらい、手放すことを気づかせる質問をします。

　安心できる環境も大切なので、その環境づくりをしてもらうための質問や、ついがんばってしまいがちなので、どんなときにそうなってしまうか、事前に知ることができたらなおベストです。

　そして、自然体でい続けるための自分のルールを決めてもらいます。

影の実力者である
魔法使い「フィック」

【「フィック」を構成する魔法の素】

影の実力者★	経験
審美眼	満を持して
こだわる	実績
本物	究極

「フィック」のトリセツ

【「フィック」の特徴】

　影の実力者フィックは、何より経験や実績を大事にします。

　フィックは12タイプのなかでもっとも人を見る目がある魔法使いです。誰かに教えてもらわなくても、勝手に相手のことが見えてしまう力をもっており、「この人はこういう人、あの人はああいう人」と、簡単に人を見抜くことに長けています。

　あらゆることに対して「いい経験をしたい」と望んでいるがゆえ、実績がある人たちに対して弱腰になってしまうという現実があります。なぜなら、実績がある人はいい経験をしてきているからであり、そこに対して多少の劣等感を抱いているからです。

　また、このタイプは出番が来るまでは決して自分からは出て行きません。たとえば、カラオケに行っても、我先にと前に出て歌う方はほとんどいないでしょう。だからこそ、「自分の出番をつくってくれる人」のことを好みます。

　控えめですが、ここぞというところでは目立ちたいという面ももっています。満を持して臨むときのために、普段からいい経験と実績を積んでいるような努力家のタイプです。

　こだわりの強さは12タイプのなかでもナンバーワンです。

　究極まで専門性を突き詰めることができるため、ビジネスシーンなどで商品力を磨きたいといった場合に、このタイプに相談をする

と非常に大きな力になってくれます。

　本物を極めるという精神性はどのタイプよりも強く、実績や経験を積みながら出番を待っているその姿は、まさに影の実力者といえます。

【「フィック」に効果的な6つの質問】

「フィック」の人には、次の6つの質問をすると、より深い信頼関係が築けます。

1「どんな経験をしたいですか？」
2「どんな経験がある人と一緒に活動したいですか？」
3「支えたい人は誰ですか？」
4「どんな人と一緒にいると心穏やかになりますか？」
5「あなたの実力を誰に認められたいですか？」
6「人の役に立つために大切にしているこだわりは何ですか？」

「フィック」の
魔法の質問

　実績や経験を大事にしたい素質があるので、自分自身がこれからどんな経験をしていきたいかを考えてもらいます。

　また、一緒に活動する人の経験も大事なので、どんな経験をしている人を大切にしたいかも意識してもらいます。

　誰かを支える影の実力者でもあるので、支えたい人は誰なのかを明確にします。

　また、これから将来、どんな人に影響を与えたいかを考えてもらうことで、それが今後の目標や指針のひとつになります。

　そして、具体的にどんな行動で人をよろこばせるか、その一歩を考えてもらいます。

新しく道を切り開く
魔法使い「ピオニー」

【「ピオニー」を構成する魔法の素】

フロンティア精神★	敗者復活
WIN-WIN	即断即決
時間効率	フレンドリー
やんちゃ	再構築

「ピオニー」のトリセツ

【「ピオニー」の特徴】

　ピオニーは、フロンティア精神をもち、新しいことを切り開く開拓者タイプです。

　誰もやったことがないことを切り開いていくのが好きですが、失敗したあとに復活のチャンスを与えたほうがモチベーションが上がるので、このタイプにとって、敗者復活の機会はとても重要です。

　また、自分のWINと相手のWINを考える傾向があります。どちらか一方が勝つというのは好きではなく、自分が勝ったうえで相手も勝てる道筋をちゃんと考えてあげようとします。

　しかし、「みんながよくなるほうがいい」ではなくて、あくまで１対１の関係であること。目の前の人とのWIN-WINな関係を好みます。

　即断即決するタイプであり、決められない条件がない限り、あらゆることに対して決めるのが早いです。その理由は、効率のよさを大事にしており、無駄なことに時間を費やすことが嫌いだからです。

　そして、いまの環境をどうしたら短期間でもっとよくできるのかという再構築のプランを考えることに頭が働きます。短期決戦で結果が出るやり方を見つけるのが上手で、別のいい方をすると、長期的な思考はありません。

そして、このタイプも緊張感のなかにいることは好きではなく、お互いをニックネームで呼び合えるフレンドリーな関係性を好みます。要するにフランクな関係が好きなのです。

　また、いくつになっても子どものようなやんちゃな気持ちをもっているので、欲しいものは絶対に欲しいと考えます。そのためにパワーを発揮できるタイプです。

【「ピオニー」に効果的な６つの質問】

　「ピオニー」の人には、次の６つの質問をすると、より深い信頼関係が築けます。

「ピオニー」の魔法の質問	
	１　「どんな道を切り開いていきたいですか？」
	２　「未開拓のところは、どこですか？」
	３　「どんな世界を見てみたいですか？」
	４　「どうしたら時間を有効に使えますか？」
	５　「切り開いた道の先には何がありますか？」
	６　「次の機会にもっとうまくやりたいことは何ですか？」

　いままでにどんな開拓をしてきたのかを振り返ってもらいます。自分の過去を振り返ることで、自分が切り開いてきたのはどんなことなのかに気づくことができるはずです。

　未開拓の分野や取り組んでみたい分野を発見すると、自分のモチベーションアップにもつながります。

　そして、その先にどんな世界があるかも想像してもらいます。

　それを踏まえて、あらためてどのような道を切り開いていくか決めてもらい、最初の一歩の行動を導きます。

ロマンを現実にする魔法使い「ロミー」

【「ロミー」を構成する魔法の素】

ロマン★	健康志向
情報を活かす	長期的
実現力	セルフコントロール
家族が大切	整理整頓

「ロミー」のトリセツ

【「ロミー」の特徴】

　ロミーはロマンを現実にする魔法使いであり、12タイプのなかでもっとも夢やロマンを追い求めるロマンチストなタイプです。

　このタイプは、何が何でも夢を実現する力をもっており、夢で終わらせないためにあらゆることを長いスパンで考え、最後に勝てばいいと思っています。

　また、生まれた瞬間から人生を長期的に捉えています。これは「長生きしたい」と考えているわけではなく、生まれたときから長く生きることを前提に考えているという意味です。そのため、無意識のうちに健康志向になっており、セルフコントロールも上手です。

　健康志向であるため、不衛生なものが大嫌いです。そのため、身の回りの整理整頓がとても得意。少しでも置き場所が違うとか、整っていないとかが嫌で、片付いていないとモチベーションが下がります。

　そして、情報を集め、活用する名人でもあります。

　何でもかんでも情報を収集するのではなく、「情報を生かす、活用する」ことが得意なのもロミーの大きな特徴です。目的がない情報は集めたりしません。

　そして、家族を何よりも大事にします。

　身内意識が強く、「この人は身内なのか、そうじゃないのか」は、このタイプにとって非常に大きな差として捉えられます。

【「ロミー」に効果的な６つの質問】

　「ロミー」の人には、次の６つの質問をすると、より深い信頼関係が築けます。

１　「どんなことにロマンを感じますか？」

２　「すべての人の願いを叶える力があるとしたら、欲しいですか？」

３　「理想を現実にするために何をしますか？」

４　「時間をかけても取り組みたいことは何ですか？」

５　「100年後、どんな世界になっていたら幸せですか？」

６　「誰と未来をつくっていきたいですか？」

　まずは自分が何に魅力を感じるかを考えてもらい、自分の原動力となっている物事を知ってもらいます。

　社会やまわりの人たちのことを考えてもらうことで、自分のなかに眠っている力を知るきっかけをつくります。

　理想だけで終わってしまうのではなく、現実にする力をもっているため、何に取り組むかを見つけてもらいます。

　長期的な視野に立つことが得意なので、それを活かし、最後は誰とともに歩みたいかを考えてもらいます。

オンリーワンで
ナンバーワンの
魔法使い「オーリー」

【「オーリー」を構成する魔法の素】

オンリーワン★ 独自性

マイペース 一貫性

ユニーク 作戦を練る

知略 1人時間

「オーリー」のトリセツ

【「オーリー」の特徴】

　オーリーは、オンリーワンでありナンバーワンという精神をもち、人と違っていることに価値を見出します。このタイプへの褒め言葉は、「変わってるね」です。

　独自性をもち、マイペースであるため、自分のペースを乱されることが大嫌いです。ビジネスシーンなどでまわりの人が忙しそうにしていても、それに流されずマイペースを貫きます。

　また、人の報告を聞きながら、段階的に計画を変更していくために頭を使うのが得意ですが、つねに一貫性を失ってはいけないと思っています。

「報告をもらいながら」が大事なので、たとえば上司にあたる人がオーリーなら、報告をしてこない部下の評価は下がります。

　人と違うことをするという意味でもとてもユニークな発想のもち主ですが、そういった強みも、1人の時間がないと発揮することができません。

　電気でたとえると、人といるときのオーリーはものすごい勢いで放電している状態です。しかし、1人の時間をもつことで充電されます。要するに、1人だけの誰にも邪魔されない時間がないと、オーリーらしさが奪われてしまうのです。

【「オーリー」に効果的な６つの質問】

「オーリー」の人には、次の６つの質問をすると、より深い信頼関係が築けます。

１　「自由にしていいと言われたら、どんなことをしてみたいですか？」
２　「あなたならどんな違いをつくりますか？」
３　「ちょっとだけ自慢したいことは何ですか？」
４　「あなたにしかできないことは何だと思いますか？」
５　「あなたが目指すオンリーワンだと思う人はどんな人ですか？」
６　「あなたの個性をどんなところで発揮したいですか？」

　自分なりのオンリーワンの定義をしてもらいます。なぜなら、自分では当たり前過ぎてオンリーワンだと気づいていないことがあるからです。

　人との違いを見つけたり、過去を振り返って自分なりにがんばったと自慢できることを思い出したりしてもらい、そこから、自分にしかできないことを発見してもらいます。

　また、この先の自分の参考にするために、あこがれの人を見つけ、そして自分がどんな場所で個性を発揮したいかを考えてもらいます。

バランスよく何でもできる魔法使い「イクオル」

【「イクオル」を構成する魔法の素】

バランス★	誠心誠意
カタチにする	貢献
義理人情	全体
負けない	自由平等

「イクオル」のトリセツ

【「イクオル」の特徴】

　イクオルは、バランスよく、何でもそつなくこなせる魔法使いです。そのため、「何かひとつに特出しよう」とか「得意なものをひとつつくろう」とは思わず、すべてにおいて満遍なくバランスよくできるほうが価値が高いと感じます。通知表でいうとオール4くらいが気持ちいいと感じるタイプです。

　そして、ひとつのことをいっても理解できませんが、全体像を把握できるように説明すればすんなりと理解することができます。また、何でもカタチにするのが得意であり、たいていのことは実現できる力をもっているのもイクオルの強みです。

　12タイプのなかでもっとも貢献することが好きで、人の役に立ちたいという精神性をもっています。そのため、誠意を見せてくれる人を好み、自分も誠意を見せたいとつねに思っています。

　口の利き方が悪い人が大嫌いで、ケンカをしても相手を負かそうとはしません。「正論をいい、引かない、負けない、一歩も動かない」というケンカの仕方をし、自分が正しいと思っているときは絶対に動きません。
　義理人情が好きで、誰に対しても自由平等です。隣の成功者も社長も、目の前で寝転がっている路上生活者も、イクオルから見れば

同じ人間。どんな相手でも同じ扱いができます。

　誰の前でも堂々としているので、目上の人からは生意気だと思われることもありますが、立場の弱い人にも対等に関わるため、好感をもたれます。

【「イクオル」に効果的な6つの質問】

「イクオル」の人には、次の6つの質問をすると、より深い信頼関係が築けます。

> 1　「バランスの取れた人生とは、どんなものですか？」
> 2　「どんな1日の過ごし方が理想ですか？」
> 3　「バランスが崩れるときはどんなときですか？」
> 4　「バランスを取るために心がけていることは何ですか？」
> 5　「あなたがいま、人の役に立てることは何ですか？」
> 6　「何をカタチにしていきますか？」

「イクオル」の魔法の質問

　バランスが大事なので、バランスの取れた人生とはどんなものなのかを考えてもらい、あらためて「バランスよく」ということを意識してもらいます。

　1日の生活もバランスが取れていたほうがパフォーマンスを発揮できるので、理想的な生活について考えてもらいます。

　偏るとバランスが崩れてしまうので、その原因を見つけることで予防策を考えてもらいます。

　何をカタチにするかが明確になればやる気や行動につながります。

可能性に
チャレンジする
魔法使い「エイト」

【「エイト」を構成する魔法の素】

可能性★	チャレンジ
推理力	国際感覚
白黒はっきり	大志
多角化	冒険心

「エイト」のトリセツ

【「エイト」の特徴】

　エイトは、12タイプのなかでもっとも可能性にチャレンジする魔法使いです。失敗を恐れず、何度でも挑戦する精神をもっています。

　エイトのタイプの成功者に聞くと、「成功の秘訣は、成功するまでやり続けることだ」と声をそろえます。それがこのタイプならではの成功の仕方です。

　推理力が非常によく働き、何かの情報を聞きながら、推理を展開していく腕前は天下一品です。

　そして、このタイプには国境という概念があまりありません。「明日、アメリカに行かない？」というと、「いいよ、予定あいてるから」と平気でいえるタイプです。隣の県に行くように隣の国に行けるフットワークの軽さと、物事をグローバルに見て活動できる力があるので、この国際感覚を磨くとさらに飛躍します。

　基本的には、竹を割ったような性格であり、「白か黒か」「敵か味方か」が、はっきりしています。

　このタイプに敵だと思われたら、挽回するのが非常に大変ですので、出会ったときにすぐ「私はあなたの味方ですよ」といっておくことをおすすめします。

大志を抱き、冒険心もあるため、物事を多方面、多分野にわたり広げていくことが得意です。しかし、それを具体的にカタチにしていくことは苦手なので、そこをサポートする人が必要です。

【「エイト」に効果的な6つの質問】

「エイト」の人には、次の6つの質問をすると、より深い信頼関係が築けます。

「エイト」の魔法の質問

1　「ワクワクすることは何ですか？」
2　「何でもできるとしたら、どんなチャレンジをしたいですか？」
3　「可能性を阻むものは何ですか？」
4　「自分にはどんな可能性があると思いますか？」
5　「あなたのアイディアを叶えてくれるのは誰ですか？」
6　「すぐにできるチャレンジは何ですか？」

　ワクワクすることがエネルギーの源なので、まずはそれを発見してもらいます。
　可能性とチャレンジも自分を動かす力になるので、枠を外して考えてもらい、それを邪魔するものを見つけ、取り除きます。
　自分自身にはどんな力があるのか見つけてもらうことで、自分が知らなかった自分に出会えるはずです。
　1人ではうまくいかないときに力になってくれる、仲間やパートナーを見つけてもらいます。するとアイディアがさらに生きてきます。
　最後に、すぐにチャレンジできる小さな一歩を考えてもらうことで、行動が進んでいきます。

隠れた努力でプロフェッショナルになる魔法使い「ガンバーニ」

【「ガンバーニ」を構成する魔法の素】

隠れた努力★	創意工夫
プロ集団	プロフェッショナル
すぐ行動	吸収力
問題提起	記憶力

「ガンバーニ」のトリセツ

【「ガンバーニ」の特徴】

　表向きの努力ではなく「隠れた努力」というところが、ガンバーニの特徴です。

　アイディアのグループは、自分ががんばっている姿を人に見せるのは好きではありませんが、なかでもこのガンバーニのタイプには隠れてこっそりと努力をする人がとても多いです。

　いまある問題点を見つけ、「これを改善すればもっといいものができる」「これはここを工夫し改良しよう」とする力がピカイチです。

　しかし、未来に対しては頭がなかなかうまく働きません。だから、いまあるもので創意工夫をしながら隠れて努力をするのです。

　趣味でやっていることですら、プロフェッショナルになるぐらい凝り性で、自分のまわりにいる人たちもプロ級でないと嫌です。つまり、中途半端な人とはつながりをもてません。

　つねに行動していないと嫌なタイプであり、じっとしていると不安を感じてしまいます。動いている間にいろいろなものを吸収する力があり、人がやっていることを、教わってもいないのに見て盗む天才でもあります。だから、教えられなくても自分のものにすることができます。何度も練習しながら自分のものにできてしまうのが、ガンバーニの大きな特徴のひとつです。

　「明日がないかもしれない」という精神性をもっており、未来に頭

が働かないぶん、過去の記憶力が優れています。

　すぐ行動できるのも「明日がないかもしれない」という意識の表れなので、今日を一生懸命生きていくことが将来幸せになる方法だと思っています。「今日できることは今日のうちにやっておかないと」と無意識に思い行動します。

【「ガンバーニ」に効果的な６つの質問】

「ガンバーニ」の人には、次の６つの質問をすると、より深い信頼関係が築けます。

１「どんな人がプロフェッショナルですか？」
２「どうしても実現したいことは何ですか？」
３「人に見せたくない、どんな努力をしていますか？」
４「認めてほしいことは何ですか？」
５「どんなプロチームをつくりたいですか？」
６「今日のうちにやっておいたほうがいいと思うことは何ですか？」

「ガンバーニ」の魔法の質問

　プロフェッショナルの定義をしてもらうことで、自分がどんな人に惹かれるのか、どんな人を目指したいのかを明確にし、自分が実現したいことを見つけます。

　努力を見せることは好きではないですが、努力をしていること自体に気づいていない場合もあるので、そこに気づいてもらい、自分でそれを認められる状態をつくります。

　自分だけでなく仲間もプロフェッショナルのほうがやる気が出るので、どんなプロフェッショナル集団が理想かを考えてもらいます。

　明日のことより今日のことが大事なので、まず今日何をするかを考えてもらうことで、物事が進んでいきます。

直感とヒラメキの魔法使い「キラメール」

【「キラメール」を構成する魔法の素】

ヒラメキ★	感性豊か
変幻自在	鋭い直感
アイディア	無から有
誇り	自由

「キラメール」のトリセツ

【「キラメール」の特徴】

　キラメールは、ヒラメキに関しては12タイプのなかでピカイチです。ただ、ひらめくというよりも、つねに何かしらイメージが働いている魔法使いであり、非常に感性が豊かで、どんな感性の相手でも受け入れることができます。

　つまり、自分のスタイルが確立されていないため、どんな環境、どんな相手であれ合わせることができる、変幻自在な素質をもっているといえます。

　鋭い直感を生かし、無から有を生み出すことがとても上手です。人が考えないようなところに目をつけるアイディアマンでもあります。

　誇りをもてる仕事をしたいという意識が根底にあります。

　自分のことだけでなく、家族のことも誇りに思っていたいと考えており、この「誇り」というのがキラメールにとってモチベーションにつながります。

　別のいい方をすると、成功するにしても、大手を振って歩けないようなやり方ではしたくないと考えています。つまり、堂々と生きたいというのが最終的な目的になることが多く、そのための誇りが必要なのです。

　とにかくいつも自由でいたいという精神性があり、縛られるのが大嫌いです。このタイプを縛るようなことをしたら、すぐに逃げら

れてしまいます。カタにはめられると輝きを失ってしまい、自分ら
しさを生かすことができなくなってしまいます。

【「キラメール」に効果的な6つの質問】

「キラメール」の人には、次の6つの質問をすると、より深い信頼
関係が築けます。

<table>
<tr><td rowspan="6">「キラメール」の
魔法の質問</td><td>1 「何でも自由にできるとしたら、何をやりたいですか？」</td></tr>
<tr><td>2 「どんなときにヒラメキますか？」</td></tr>
<tr><td>3 「ヒラメキをアイディアに変えるためにはどうしたらいいですか？」</td></tr>
<tr><td>4 「アイディアを実現するために何が（誰の力が）必要ですか？」</td></tr>
<tr><td>5 「直感をさらに磨くためにできることは何ですか？」</td></tr>
<tr><td>6 「より自由になるためにはどうしたらいいですか？」</td></tr>
</table>

　制限されると素質が発揮できないので、より自由をイメージして
もらい、心を開いてもらいます。
　自分の強みである「ヒラメキ」がどんなときに起きるかを知って
もらい、その機会を増やします。
　ただのヒラメキを、何かにつながるアイディアにすると考えても
らうことで、より力を発揮できます。
　さらにそのアイディアをカタチにするには、自分だけではできな
いかもしれないので、何が必要かも考えてもらいます。
　直感が大切なので、それを磨くためにできることを考えてもらい、
自分らしい瞬間を増やしていきます。
　一歩目の行動は自由に考えてもらうと、さらなる行動につながり
やすいです。

ゆるがない心で完璧に仕上げる魔法使い「パフェキ」

【「パフェキ」を構成する魔法の素】

完璧★	分析力
プレゼン力	実行力
謙遜	ステータス
礼儀礼節	意思が固い

「パフェキ」のトリセツ

【「パフェキ」の特徴】

　パフェキは、ゆるがない心で完璧に仕上げる魔法使いです。

　つねに百点満点を目指したい、完璧に仕上げたいという精神性があり、そのための分析力もピカイチです。

　発言に説得力があるため、プレゼンも上手であり、完璧に仕上げるための実行力もあります。要するに仕事ができるタイプですが、まわりから一目置かれているというステータスをもつことで、さらに強みに拍車がかかります。

　すべての物事に対してパーフェクトを目指すと思われがちですが、そうではありません。自分がこだわっているところ、目指しているところに関してだけは、こまかく分析し、固い意志をもち、やり抜く力をもっています。

　このタイプは、12タイプのなかでもっとも褒められたいと思っていますが、実際に褒められるとかならず「そんなことないです」と謙遜します。

　でもこれは、「もっと褒めて」という意味も込められているので、いくら相手が謙遜してもさらに褒めてあげることが大切です。

　また、礼儀や挨拶といった礼節を大切にしています。

　「すべては礼儀から始まる」といった、武士道のようなしっかりし

た考え方をもっているのも、このタイプの特徴です。

【「パフェキ」に効果的な６つの質問】

「パフェキ」の人には、次の６つの質問をすると、より深い信頼関係が築けます。

> 1 「完璧という言葉に、どんなイメージをもっていますか？」
> 2 「これから取り組みたいものは何ですか？」
> 3 「完璧にするために、足りないものは何ですか？」
> 4 「あなたの完璧力に何をプラスしたら、さらに夢を大きく実現できますか？」
> 5 「あなたの完璧さが発揮できる場所はどこですか？」
> 6 「何から実行しますか？」

「パフェキ」の魔法の質問

　完璧が強みではあるものの、自分ではあまりにも当たり前過ぎて意識していない場合もあるので、「完璧とはどういうことか？」を考えてもらいます。

　また、これから取り組みたい目標や活動を考えてもらい、それに足りないものを見つけてもらいます。なぜなら、足りないものが見つかれば、自然と完璧に近づけようと行動できるからです。

　自分の次のステップとして、どんな力や要素があれば、さらにステップアップできるのかを考えてもらうことで、視点が広がります。

　そして、自分の力が発揮できる場所にいないと、せっかくの素質がもったいないので、それはどこかを考えてもらいます。完璧を目指して、ついつい仕事を抱え込むクセがあるので要注意です。

ケーススタディから
「魔法のスイッチ」の
使いこなし方を学ぶ

どんな魔法使いがいて、

あなたがどの魔法使いなのか、

理解していただけたでしょうか。

さて、ここからは、

どの魔法使いに対し、どう接したことで、どう変わったか、

さまざまな事例をご紹介します。

「職場の人間関係」

「人間関係でもっとも気を遣う場所は？」と聞くと、「職場」と答える人が非常に多いです。

職場は1日の大半を過ごす場所。だからこそ、上手にコミュニケーションを図り、スムーズに仕事をしたいと誰もが望んでいます。

しかし実際はトラブルが起こりやすく、人間関係で悩みを抱えている人が多いというのが実情ではないでしょうか。

魔法のスイッチを活用すれば、相手に合わせた関わり方を知ることができます。

相手が心地いいと感じるコミュニケーションを意識すれば、人間関係のトラブルを改善できるだけではなく、仕事へのモチベーションさえもアップさせることができます。

ここではそんなビジネスシーンにおいて、魔法のスイッチをどう活用し、状況がどう変わったか、さまざまな実例を紹介します。

職場の人間関係　　　**Scene1**

「殺伐とした職場の 雰囲気を改善したい」

　Aさん（「叶える」のグループ）の部署にはいつも重い空気が流れていました。

　派閥があるわけでも、仲が悪いわけでもないのに、なぜかいい雰囲気とはいえませんでした。
　そこでAさんは部署にいる全員の魔法使いを調べてみると、24人のうちほとんどがAさんと同じ「叶える」のグループの魔法使いとわかりました。

「叶える」のグループの魔法使いは、同じ方向に向かっている場合は目標を達成しやすいですが、自分のペースでやりたい人が多く、自分の意見を曲げてまで他人と合わせることが苦手です。
　そこで、Aさんは気配りや配慮のできる「ホスピタリティ」のグループの魔法使いと、明るい雰囲気をつくり出せる「アイディア」のグループの魔法使いを新しく人員として迎え入れてみました。

　すると、「ホスピタリティ」の魔法使い特有の優しい気配りと、「アイディア」の魔法使いがもつやわらかい雰囲気により部署全体に新風が吹き込まれ、ギスギスとしていた職場が一変。部署全体が

明るく穏やかな雰囲気になり、以前より伸び伸びと仕事ができるようになったそうです。

解説

　同じグループの魔法使いで、似たような素質や強みをもっているからといって、仲よく楽しく仕事ができるわけではありません。

　会社という組織のなかでは、さまざまな視点からの意見や個々の知恵を必要としますが、みんなの個性をバランスよくまとめることも重要です。

　この事例のように、「叶える」のグループの人たちの強みを生かすために、他のグループの人を新しい人員として迎え入れたことは「バランスを取る」という意味で非常に効果的でした。

　職場の雰囲気がよくなれば、個々のパフォーマンスはかならず上がります。それはつまり、会社全体の業績アップにもつながるのです。

　Scene2

「上司と部下の相性が悪い」

Bさん（「叶える」のグループ・ロミー）は、部下の男性（「アイディア」のグループ・エイト）について悩んでいました。

決して仲が悪いわけではないのですが、お互いの動きが読めず、ギクシャクしていたそうです。

Bさんにくわしく話を聞くと、「既存顧客のフォローをきちんとしてほしいと何度伝えても、そこをおろそかにしている」とのこと。

そこでBさんに、「部下（『アイディア』のグループ・エイト）の強みである『チャレンジ精神』や『冒険心』をかき立てるような仕事をふってはどうか？」と提案しました。

その後、Bさんは彼をそれまでやったことのないプロジェクトに参加させてみたり、新規顧客の担当にしたりと、彼の強みが生かせそうな仕事を依頼してみたそうです。

すると、目の色が変わり、頼んでもいないことまで率先してみずからやるようになったとのこと。

日に日にやる気と成果を出すようになった彼を見ているうちに、B

さんは彼との関係性が自然と改善されていくのを実感したそうです。

解説

　自分の強みさえわからない人が多いのに、部下の得手不得手を明確に把握している上司など、ほとんどいないといってもいい過ぎではないかもしれません。

　であれば、Bさんのように「あの部下は何度いってもなぜできないのだろう？」と思ってしまうのも、ある意味仕方がないことかもしれません。

　しかし、会社という組織のなかでは、誰にどんな仕事を依頼するかの権限は上司が握っています。

　であればなおさら、**上司である立場の人が部下の素質や強みを知り、それに合わせた仕事を依頼することが重要です。**

　そういうときこそ、魔法のスイッチの出番です。

　職場の人たちがそれぞれ自分の強みを生かすことができれば、間違いなく仕事のパフォーマンスも上がります。

　それに、まわりの人たちといい関係を築くことができれば、あなたの上司としての評価も上がることにつながります。

郵便はがき

162-0816

東京都新宿区白銀町1番13号

きずな出版 編集部 行

フリガナ
....

お名前　　　　　　　　　　　　　男性／女性
　　　　　　　　　　　　　　　　未婚／既婚

（〒　　　-　　　　）
ご住所

ご職業

年齢　　　10代　20代　30代　40代　50代　60代　70代〜

E-mail

※きずな出版からのお知らせをご希望の方は是非ご記入ください。

きずな出版の書籍がお得に読める！
うれしい特典いろいろ
読者会「きずな倶楽部」

読者のみなさまとつながりたい！
読者会「きずな倶楽部」会員募集中

 きずな倶楽部　検索

愛読者カード

ご購読ありがとうございます。今後の出版企画の参考とさせていただきますので、アンケートにご協力をお願いいたします（きずな出版サイトでも受付中です）。

[1] ご購入いただいた本のタイトル

[2] この本をどこでお知りになりましたか？
　　1. 書店の店頭　　2. 紹介記事（媒体名：　　　　　　　　　　　　）
　　3. 広告（新聞／雑誌／インターネット：媒体名　　　　　　　　　　）
　　4. 友人・知人からの勧め　　5. その他（　　　　　　　　　　　　）

[3] どちらの書店でお買い求めいただきましたか？

[4] ご購入いただいた動機をお聞かせください。
　　1. 著者が好きだから　　2. タイトルに惹かれたから
　　3. 装丁がよかったから　　4. 興味のある内容だから
　　5. 友人・知人に勧められたから
　　6. 広告を見て気になったから
　　　（新聞／雑誌／インターネット：媒体名　　　　　　　　　　　）

[5] 最近、読んでおもしろかった本をお聞かせください。

[6] 今後、読んでみたい本の著者やテーマがあればお聞かせください。

[7] 本書をお読みになったご意見、ご感想をお聞かせください。
（お寄せいただいたご感想は、新聞広告や紹介記事等で使わせていただく場合がございます）

ご協力ありがとうございました。

きずな出版　　URL http://www.kizuna-pub.jp　　E-mail 39@kizuna-pub.jp

<u>職場の人間関係</u> ## Scene3

「アルバイトのスタッフが働いてくれない」

　Cさん（「ホスピタリティ」のグループ）は受付業務の責任者をしています。

　そして、現場指導の女性（「叶える」のグループ）から「アルバイトのスタッフがなかなか思うように働いてくれない」と相談を受けました。

　以前も、Cさんはその女性から相談をされたことがありました。そのときは、彼女の話と報告書に書かれたことを鵜呑みにし、「アルバイトが働いてくれないなら、雇用契約を更新しなければいいのでは？」とアドバイスしていました。

　しかし、Cさんが魔法のスイッチと出合ってからは、「アルバイトだからといって、簡単に契約を解除するのではなく、指導者の仕事の与え方で状況は変わるのではないか？」と考えるようになったのです。

　そして、アルバイトスタッフ1人ひとりの魔法使いを調べ、それぞれがもつ素質に合わせた部署に異動させるなどの工夫をするように、その女性に伝えました。

すると、なかなか思うように働いてくれなかったアルバイトのスタッフたちが、新しい仕事を与えられたことでやる気を出し、みずから率先して働くようになったのです。

解説

　Ｃさんは、魔法のスイッチを知る前は、「何かトラブルがあれば、人を変えればいい」と思っていたそうです。
　しかし、魔法のスイッチにより、１人ひとりがもつ素質や強みに違いがあることにはじめて気づくことができたといいます。

　みんなから尊敬される上司ほど、アルバイトや派遣社員、新入社員など弱い立場の人を大切にする人が多いです。
　部下や後輩を生かすも殺すも上司次第。それができるようになるには、魔法のスイッチで相手を知ること以外にありません。

「子どもとの接し方」

多くの親は、子どもの能力を引き出したいと思っています。

しかし、そのやり方を知っている親はほとんどいません。

なぜなら、親と子どもが同じ性格であるはずがありませんし、同じ親から生まれた子ども同士であってもみな同じ性格ではないからです。だからこそ、やり方がわからず悩むのです。

こういうときこそ、親であるあなたが魔法のスイッチを活用し、子ども1人ひとりの素質や強みを知りましょう。

ここではあなたと同じような悩みを抱えた親たちが、魔法のスイッチを活用し、どう子どもの能力を引き出すことができたかがわかる、さまざまな事例をご紹介します。

「反抗期の息子との 関わり方」

　長男（「叶える」のグループ・ピオニー）が反抗期のとき、何をいっても「うるさい！」といわれ、話を聞いてもらえませんでした。

　母親のAさん（「叶える」のグループ・ロミー）は、「もう高校生なんだから、そろそろ将来のことを考えて、何をするべきか考えたら？」と口を酸っぱくしながらいい続けていたそうです。

　しかし、魔法のスイッチにより、「短期決戦が得意で“いま”を大事にするピオニーには、この言葉は響かない」と知りました。

　それ以降、息子さんに対して「いまの積み重ねが未来をつくるからね！」のように“いま”に視点を置き、息子さんのいいところを褒めることを意識しながら、言葉がけをしました。

　すると、次第に反抗期前の明るく前向きな子に戻ったそうです。

　当時のことを振り返ると、Aさんは、「高校生はもう大人として扱うべき」と思っていたそうです。

　しかし、ピオニーの息子さんは、歳を重ねても子どものようにやんちゃで楽しいことに夢中になれるところが強みです。それを知らず、大人になりきれていないと決めつけて、息子にイライラしていました。

　息子さんは30歳になったいま、自分が得意なこと・好きなことを見つけ、自分らしい人生を切り開くことができているとのこと。Aさんは、「子どもの素質に合わせた子育てができてよかった」と、あらためて魔法のスイッチの力を確認しているそうです。

解説

　Aさんのように、自分の意見を子どもに押し付けてしまう親がとても多いです。

　なぜなら、「自分が思うことは子どもも同じように思っている」と信じているからです。

　ただ、親子とはいえ同じ性格であるわけがありません。だからこそ、お互いがお互いを理解することができず悩んでしまいます。

　Aさんも自分自身が「長期戦に強い」という素質をもっているため、子どもに対して「将来のことを考えたほうがいい」と思ってしまうのも仕方がありません。

　しかし、「いま」を大事にする息子さんの心にまったく響かないのも、本質的に仕方がないことです。

　であればなおさら、お互いの素質や強みを知り、相手に合わせた言葉がけをすることが、良好な関係性を築くうえでとても重要になります。

　また、この事例のように反抗期の子どもとの関わり方に悩む母親はとても多いです。でも、どんな状況であれ、子どもの素質を把握していれば、不安になることも躍起になって怒ることもなくなり、自然と子どものありのままを受け入れることができるようになります。

「なわとびがうまく
跳べない息子」

　Bさん（「アイディア」のグループ）の小学3年生の息子さん（「アイディア」のグループ）は、なわとびがうまくできません。続けて跳べたとしても、2回が精一杯。

　そんななか、親子でなわとびの練習をすることにしました。

　最初は何度やっても1〜2回で引っ掛かり、そのたびに「あぁ、もう……」といいながら、あきらめかけていました。

　そこでBさんは、「息子と自分は同じ『アイディア』の魔法使い。自分だったらどんな言葉で応援されたら、やる気が出るだろう？」と考えることにしました。

　そして、自分が幼いころのことを思い出してみると、「すごいね！」といわれると、とてもやる気が出たことに気づきました。

　その後は、息子さんが失敗したとしても、「すごい！　2回も跳べたじゃん！」などと、褒めることに焦点を当てて声がけをしました。

　すると、次第に息子さんも気分が乗ってきて3回、7回、12回と跳べる回数が増えていきました。

　普段ならすぐあきらめてしまう息子さんも、「できるじゃん！」といわれ続けることによって、「まだやる！」といいながら、10回

を越えるまであきらめずに練習を続けたそうです。

　Bさんは、息子さんとのこの体験を通して、どのような言葉を使うかで、その子のやる気を引き出せるかどうかが決まることを知ったそうです。さらに、いかにして自信をつけることができるのかを学ぶことができた、と話をしてくれました。

解説

　親であれば少なからず、「なぜこの子はこんなことができないんだろう」と思ってしまうこともあるでしょう。
　しかし、それを子どもに伝えても意味がありませんし、伝えたことでむしろやる気をなくしてしまう場合もあります。

　子どもも1人ひとり成長の仕方は違います。
　目標をもたせることでやる気が出る子、とにかく褒めることでモチベーションが上がる子、あえて強い負荷を与えることで伸びる子もいます。
　自分の子どもがどのタイプなのか、そこを明確に知るためには魔法のスイッチを使わない手はありません。

「児童のテストの点が悪かったとき」

　小学校の教師であるCさん（「ホスピタリティ」のグループ）はクラスのとある児童がテストを返却されて悲しんでいたとき、その子にどんな声をかければいいか悩んでいました。

　そんなとき、魔法のスイッチを知り、その生徒がどの魔法使いなのか調べたそうです。

　すると、その子はCさんと同じ「ホスピタリティ」のグループの魔法使いでした。ホスピタリティの魔法使いには「プロセスを重視する」という素質があります。

　そのため、Cさんはこのように話しかけました。

「テストのために、どんな努力をしたの？　どのくらい勉強したの？」

　すると、その児童は、「1日1時間、5日間ぐらい勉強したんだ」と答えました。
　その努力に対して、「よくがんばったんだね、先生はうれしい

よ」とプロセスに焦点を当てた言葉がけをすると、自然と泣き止み「次もがんばる！」と答えてくれたそうです。

解説

　子育ては決して親子に限ったことだけではありません。

**　Cさんのように、学校や習いごとの先生のような「教える立場」の人たちにこそ、ぜひ魔法のスイッチを知ってほしいと願っています。**

　そういう立場の大人たちが、子どもたち1人ひとりの素質を知り、それぞれに合った言葉がけができたら、この後の未来は大きく変わっていくでしょう。

　日本の未来を担う子どもたちが、自分の強みを生かし、伸び伸びと生きていくためにも、魔法のスイッチが役に立つことは間違いありません。

「他の子と違う娘に
イラっと……」

　Dさん（「ホスピタリティ」のグループ）の娘さん（「叶える」の
グループ・オーリー）は、女子大生だというのにメイクやファッショ
ンにはまったく興味がありませんでした。

　そんな娘さんを見て、Dさんは、「なぜうちの子だけ他の子と違
うのかしら。ちょっとくらい女子大生らしいことをしたらいいのに
……」と思っていたそうです。

　そんなとき、娘さんと同じ魔法使いであるオーリーの方に話を
聞いたところ、「オーリーはオンリーワンになりたいわけではなく、
気づいたらいつの間にか他の人と違う道を進んでいるのよ」と話し
てくれました。

　その話を娘さんにしたら、とても共感した様子。いい機会だと思
い、娘さんの話をよく聞いてみると、

**「変わっていると思われたいわけではないけど、他の人と同じこと
をしても面白くない」とのこと。**

　その言葉を聞いて、Dさんの心のモヤモヤは消えていきました。
なぜなら、それが娘さんの素質であり、すばらしい個性だと気づい
たからです。

　それからというもの、娘さんの個性を尊重できるようになり、いまではとてもいい関係を築いているそうです。

　Dさんは、「自分がオーリーなら、娘のことを自然と理解できていたのかもしれない。しかし、娘とは違う素質だからこそ、より相手の気持ちを尊重することができるようになった」と話してくれました。

解説

　母親は、どうしても自分の娘に対して厳しくなってしまう傾向があります。

「同じ女性であるのになぜこうも違うの？」と、同性だからこそ自分との違いが顕著に感じられてしまうからです。

　しかし、自分の子どもとはいえ、自分と同じ性格であるはずがありません。それを理解せずに、自分の意見を押し付けていては、その子の個性を生かすどころか、殺してしまう可能性があります。

　Dさんも、「自分だったらこうするのに、なぜ娘はしないんだろう」という思いで過ごしていました。

　しかし、魔法のスイッチにより、「娘と自分は違うんだ」と理解できたことで、それまでのモヤモヤした気持ちから解放され、本当の意味で娘さんを理解し、尊重することができたのです。

「褒めても褒めても
伝わらない……」

　Eさん（「ホスピタリティ」のグループ）は、10歳の息子さん（「叶える」のグループ）に、どれだけ褒めてもなかなか伝わっていないと感じていました。

　Eさんは「ホスピタリティ」のグループなので、人を褒めるときは無意識に「感情」を大切にしており、息子さんを褒めるときも主観や感情ばかりを伝えていました。
　しかし、息子さんは「叶える」のグループの魔法使いなので、感情で褒めるより、客観的な評価を大切にする褒め方のほうがいいことを知りました。

　そうと知ってからは、感情よりも、具体的な結果や評価を意識した褒め方に変えました。すると、ようやく息子さんもうれしそうな顔を見せてくれるようになりました。
　息子さんも、母親に褒められていると理解できたおかげで、以前にもまして、お手伝いをたくさんしてくれるようになったそうです。

ケーススタディから「魔法のスイッチ」の使いこなし方を学ぶ

解説

　子どもだけでなく、人はみな褒め方ひとつでモチベーションがぐんと上がります。

しかし、相手が心からうれしいと思う褒め方をしない限り、相手の心が揺さぶられることはありません。

　魔法のスイッチならば、相手がどんな褒め方をすれば心からうれしいと感じるかを簡単に知ることができます。

　これは子育てに限った話ではありません。ビジネスシーンにおける人材育成などでも大いに活用することができます。

「フリーランスや 起業家の人たち」

いまの時代は、「好きなことを仕事にしてみたい」「将来のことを考えて起業したい」という人が年々増え続けています。

しかし、「自分がやりたいことで稼げるのだろうか？」「お客さんが来てくれるのだろうか？」と不安になることも多いでしょう。

そういうときこそ、魔法のスイッチで自分の強みを知りましょう。
自分の素質や強みに合わせた職種やサービスを選ぶことができれば、まわりとの差別化を図ることができ、あなたオリジナルのビジネスを生み出すことにつながります。

フリーランスや起業家の人たち　Scene1

「自信がもてず、起業する勇気がない」

　Aさん（「アイディア」のグループ・キラメール）は新しいビジネスをしたいと思いながらも二の足を踏んでいました。
「他人からお金をいただく」ということに、なぜか申し訳ないという気持ちがあり、何からどうはじめたらいいかわからず悩んでいたのです。

　キラメールであるAさんは、「変幻自在」という素質をもっています。これは、どんな相手にでも環境にでも自由に合わせることができるというキラメールならではの強みです。

　Aさんはこの変幻自在というキーワードを生かし、自分がどんな環境に身を置きたいか、というところにフォーカスを当てて考えてみたそうです。
　すると、自然と自分がやりたいことの方向性が見え、ビジネスのアイディアが生まれてきたそうです。

　そこから、まずはボランティアで子ども向けの劇団を立ち上げたそうです。
　それまでずっと何をどうしたらいいかと悩んでいたAさんでした

が、「自分の強みをどう生かせるか？」に焦点を当てたことで、新しい第一歩を踏み出すことができたとよろこんでいました。

解説

　起業や副業に関する本を読むと、かならずといっていいほど「自分が楽しいと思うことをビジネスにしましょう」などと書いてあります。

　もちろん、趣味でやるという場合はいいですが、一生稼ぎ続けるビジネスを見つけたいとなると話は別。自分が楽しいだけでは稼ぎ続けることはできません。

　となると、頼りになるのは自分の素質や強みです。

　魔法のスイッチならば、あなたがもって生まれた強みを知ることができるだけでなく、その強みを最大限に生かすための方法も知ることができます。

　Aさんのように、「起業したいけれど、どんなことをしたらいいかわからない」とか、「自分の強みがわからない」と悩む人こそ、まずは自分を知ることが大事です。

　あなたの強みはかならず、永遠に変わらないあなただけの武器となるでしょう。

<u>フリーランスや起業家の人たち</u>　Scene2

「起業したはいいが、スタッフをまとめられない」

　Bさん（「アイディア」のグループ・ガンバーニ）は社団法人を立ち上げた際に、他のメンバーの意見をまとめきれず、悩んでいました。社団法人を立ち上げることでみんなの役に立ちたい、という当初の思いも消えかけてしまうほど、疲れきっていたのです。

　メンバーの魔法使いを調べると、多くは「叶える」のグループの魔法使いだとわかりました。
　隠れた努力家であるガンバーニから見ると、「叶える」のグループの人たちには「本当にやる気があるのだろうか？」と首をかしげたくなるところがありました。
　しかし、魔法のスイッチにより、「彼らはやる気がないのではなく、結果を重視しているだけだ」と知ったのです。
　それだけでなく、Bさん自身も「ガンバーニ特有の、すぐ行動したいという思いが先行してしまい、ゴールの共有が欠落していた」ということに気づかされたといいます。

　それ以降、彼らとも「人は３種類に大別されること。そして、それぞれ強みがあるということ」をシェアしました。
　すると、お互いがお互いのいいところに目がいくようになり、そ

れまでにない良好な関係を築くことができたそうです。

　Bさんもそれまでは、相手に対してネガティブな感情しか抱けませんでしたが、魔法のスイッチを知ったことにより、リーダーである自分が彼らのやる気のスイッチを押すようなコミュニケーションをするべきだったと反省したそうです。

解説

　物事がうまく進まないと、思わず誰かのせいにしたくなるときもあるでしょう。

　この事例のBさんも、意見がまとまらないストレスを無意識にスタッフのせいにしていたのかもしれません。

　かといって、Bさんが悪いわけでも他のスタッフが悪いわけでもありません。それぞれの強みを生かすことができなかったから、物事がうまく回らなかっただけなのです。

　魔法のスイッチならば、相手の素質を知ることで、自然と相手のいいところに目を向けることができます。

　それぞれがもつ得意分野をスタッフ全員でシェアしたことで、より一層お互いを知ることができ、いい方向へ進んでいくことができたのです。

ケーススタディ
その
4

「恋愛・
パートナーシップ」

　年齢に関わらず、恋愛やパートナーシップで悩んでいる人はとても多いです。

　しかし、その原因の多くは自分と相手の素質を知り、それに合わせた関わり方をすることで解消できます。

　魔法のスイッチには、よくある占いとは異なり、相性というものがありません。

　つまり、相手に合わせた関わり方をすれば、どんな相手であれ、最高の相性となるのです。

　恋愛は1対1のコミュニケーションです。

　だからこそ、相手を知ることができれば、あなたが願う関係性を手に入れることができるのです。

「宇宙人のような
旦那さん……」

　Aさん（「叶える」のグループ・ロミー）は、ロマンを現実にしたいタイプ。

　そして、旦那さん（「アイディア」のグループ・キラメール）は、直感とそのときの気分で変幻自在なので、Aさんから見た旦那さんはまるで宇宙人のような人でした。

　約束をしても、そのときになると違うことをいい出したりするため、話が噛み合わないとイライラすることもあったそうです。

**　しかし、魔法のスイッチと出合い、旦那さんの素質を知ると、旦那さんはウソをついているのではなく、そのときの気分で思ったことを素直に口にしているだけだとわかりました。**

　それ以降、旦那さんのいっていることがコロコロ変わっても、悪気はないのだと思い、まったく気にならなくなったそうです。

　また、旦那さんは直感が鋭いので、あれこれ考えて悩んでしまいがちなAさんより、結果的にうまくいくことも多いと、旦那さんのいいところにも気づくことができました。

解説

　この事例は60代のご夫婦の話ですが、長年一緒にいるからといって、相手のことをすべて理解し、受け入れることができているかと聞かれたら、自信をもって「はい」と答えられる人は少ないかもしれません。

　しかし、相手の素質を知ることができれば、「なぜこんなことをいうんだろう？」とか、「なぜこんな行動をするんだろう？」など、相手の言動に対して抱いていた疑問の理由を知ることができます。

　すると相手のことを自然に理解し、受け入れることができるようになり、イライラすることも不安になることもなくなります。

「『アイディア』のグループの 旦那さんをもつ、2組のご夫婦」

「アイディア」のグループ・キラメールの旦那さんをもつ2組のご夫婦の例です。

　2人の奥さんに共通した悩みは、旦那さんが勝手なことばかりしているということ。

　しかも、相談を受けたとき、ちょうど2人の旦那さんはともに失業中であり、2人の奥さんたちは、「大黒柱のようにしっかり家の中心にいて家庭を守ってほしい」と、強く望んでいました。

　まず、奥さんたちの魔法使いを調べると、1組目の奥さんは「アイディア」のグループ・パフェキ、2組目の奥さんは「叶える」のグループ・イクオルでした。

イクオルはバランスを重視し、パフェキは完璧を求める傾向があります。

　この奥さん2人の素質からしても、ともに自分の思い描く家庭の理想を旦那さんに押し付けていたように感じました。とくに、イクオルの奥さんは旦那さんであるキラメールに影響を与えやすい性質をもっているので、奥さんの言葉は旦那さんにとってかなりつらく、旦那さんは家にいづらかったかもしれません。

　まず、2人の奥さんにキラメールの特徴や強みを理解していただき、旦那さんには、「家という囲いのなかに閉じ込もるのではなく、身も心も解放できるような環境をつくってほしい」とアドバイスしました。

　その後、アドバイスを忠実に行動に移したことで、見事に旦那さんたちは輝き出し、いまでは2人とも定職につき一家の大黒柱として働いているそうです。

解説

　キラメールはどんな環境、どんな相手であれ合わせることができる変幻自在な素質をもっています。つまり、自由でいられることがキラメールの強みです。
　しかし、自由でいられない環境ではキラメールの強みであるヒラメキや鋭い直感を生かすことができません。

　この2組の旦那さんも不自由な環境により、自分らしさを表現することができないという悪循環を生み出していたのかもしれません。しかし、奥さんたちが関わり方を変えたことで、再び自分らしさを取り戻すことができたのです。

「助け合いたい奥さんと マイペースな旦那さん」

　奥さんが「ホスピタリティ」のグループ・キックで、旦那さんが「叶える」グループ・オーリーというご夫婦の例です。

　キックの奥さんは気配り上手で助け合うことが自然とできる人ですが、オーリーの旦那さんは1人の時間が心地よく、マイペースです。

　このご夫婦は自営業をされており、普段はお2人で仕事をしています。

　しかし、奥さんがお客様に配慮して何かしようすると、旦那さんは「余計なことはしなくていい」といい、そんな旦那さんに対して、奥さんは、「理解できない疲れる人」と思っていたそうです。

　そこで奥さんには、強みである情報収集力を生かすために、顧客に対するケアや会社のための情報収集という役割を担ってはどうかと話をし、マイペースでいたい旦那さんには、黙々と自分の仕事のみに向かってみたらどうかと提案しました。

　すると、2人の役割分担が明確になったことで、旦那さんへのイライラが減り、ご夫婦の関係性に大きな変化が見られたそうです。

　さらに、オーリーである旦那さんは見かけより家族思いであるこ

とを奥さんに伝えたことがきっかけで、いまでは週末になると、2人きりで趣味のハイキングにも行くようになったそうです。

　役割分担を明確にし、さらに仕事の時間とプライベートの時間にメリハリをつけたことで、相手の見方が変わり、充実した毎日を送ることができるようになったとよろこんでいました。

解説

　この事例のように、真逆の性質をもつ夫婦というのは意外に多いです。
　だからこそ、相手のことが理解できない、何を考えているのかわからないと悩んでしまいます。
　このご夫婦は2人で自営業をされているため、とくにお互いのやり方の違いが顕著に表れてしまい、それがお互いのストレスの原因になっていました。
　しかし、お互いの素質を知ることで、自分と相手を生かせる仕事のやり方があると知り、役割分担をすることで、お互いが自分の強みを生かし支え合いながら仕事ができるようになったのです。
　お互いの素質を知ることで、「じつは相手はこんな人だった」という意外な側面を知ることができるのも、魔法のスイッチならではの利点です。
　どんなパートナーであれ、相手を変えるのはあなた次第です。魔法のスイッチを活用し、あなた自身が身近な人たちの変化を体験してほしいと思います。

あとがき

　あなたは、どの魔法使いでしたか？

　誰もがすばらしい才能をもっており、その才能は、誰かの役に立つ。そんなことにこの本で気づいてもらえたら、とてもうれしいです。

「1人でも多くの人が、その人らしく生きていける世の中をつくりたい」

　それを目指してずっと活動してきたのですが、「魔法のスイッチ」はまさにそれを実現するものです。

　私は質問力の専門家として、子どもたちにも、社長さんたちにも、しつもんを投げかけ、その人のやる気と能力を引き出すということをしてきました。
　ただ、同じしつもんでも、人によって効果的なものとそうでないものもありました。それがこの魔法のスイッチによって解明されました。

　その人に合ったしつもんでなければ「魔法の質問」にはならない。
　そのしつもんが生きてこそ、行動も能力も引き出されます。その人は、自然とどんどん輝いていくのです。
　まるで、スイッチを押すとライトに明かりが灯るように、しつもんをすると、その人のなかにある輝きが、引き出されていくのです。

自分の才能を知ったら、その才能を引き出すスイッチ（しつもん）を見つけてください。
　相手の才能を知ったら、その才能を引き出すスイッチ（しつもん）を押してみてください。

　もし、この本を読んで、あなたもまわりの才能を輝かせる活動をしたいと思っていただけたら、魔法のスイッチのインストラクターとして一緒に活動をしていきましょう。

　最後に、この本づくりと、魔法のスイッチに関わってくださった方々に感謝を伝えさせてください。

　たくさんの方々の「才能」のハーモニーで生まれたのが、まさに魔法のスイッチです。１人の力でできることは、わずかなこと。自分が苦手なことを、まわりの魔法使いが助けてくれる。それを実感したプロジェクトでもありました。

　たくさんの方々に伝わる本にしてくださった、きずな出版の小寺裕樹編集長、とても上手に文章にしてくださった、ブックライターの加藤道子さん、おかげで素敵な本になりました。

　魔法のスイッチのもとになる「態度類型学」を生み出した長谷川博一先生、その正式な継承者でもあり、親友の鈴木克彦さん。
　この出会いがなければ、魔法のスイッチの魔法使いは生まれていませんでした。山形の温泉で「魔法のスイッチをつくろう」と語り合った日のことを、いまでも覚えています。

魔法のスイッチの世界観を生み出し、キャラクターをデザインしてくれたhicographさん、このイラストのおかげで12人がどんどん歩きはじめました。

　魔法のスイッチを一緒に広めてくれている200名を超える講師のみんなも本当にありがとう。

　そして12人の魔法使いにエネルギーと命を吹き込み、それぞれが輝く名前をつけてくれた、愛する妻のWAKANAに感謝します。

　最後までお読みいただき、ありがとうございます。
　これからも、あなたらしい魔法でまわりを幸せにしてください。

沖縄の凪いだ海を眺めながら
マツダミヒロ

あなたは
どの魔法使い?

生年月日早見表

(1938〜2025)

自分の生年月日を探してください。

そこに入っている魔法使いが、あなたです。

←QRコードからも
確認できます

MAGICAL
SWITCH

1938　昭和13年

	1月	2月	3月	4月	5月	6月	7月	8月	9月	10月	11月	12月
1日	オーリー	エイト	キック	イクオル	オーリー	エイト	ガンバーニ	フィック	ピオニー	ピオニー	ピオニー	ピオニー
2日	ガンバーニ	フィック	オーリー	エイト	ガンバーニ	フィック	ナチュール	ピオニー	ピオニー	ロミー	キック	ハーミー
3日	ナチュール	ピオニー	ガンバーニ	フィック	ナチュール	ピオニー	ロミー	ロミー	キック	ハーミー	オーリー	イクオル
4日	ロミー	ロミー	ナチュール	ピオニー	ロミー	ロミー	ピオニー	ロミー	オーリー	イクオル	ロミー	エイト
5日	ピオニー	ハーミー	ロミー	ロミー	ピオニー	ハーミー	キック	イクオル	ガンバーニ	エイト	ナチュール	フィック
6日	キック	イクオル	ピオニー	ハーミー	キック	イクオル	オーリー	エイト	ナチュール	フィック	ロミー	ピオニー
7日	オーリー	エイト	キック	イクオル	オーリー	エイト	キック	ロミー	ピオニー	ピオニー	ロミー	ピオニー
8日	ガンバーニ	フィック	オーリー	エイト	ガンバーニ	フィック	ナチュール	ピオニー	ピオニー	ロミー	フィック	ナチュール
9日	ナチュール	ピオニー	ガンバーニ	フィック	ナチュール	ピオニー	ロミー	ロミー	フィック	ナチュール	エイト	ガンバーニ
10日	ロミー	ロミー	ナチュール	ピオニー	ロミー	ロミー	ピオニー	ロミー	ナチュール	イクオル	イクオル	オーリー
11日	ピオニー	ナチュール	ロミー	ロミー	ピオニー	ナチュール	フィック	ガンバーニ	イクオル	オーリー	ハーミー	キック
12日	フィック	ガンバーニ	ピオニー	ナチュール	フィック	ガンバーニ	エイト	オーリー	ハーミー	キック	ロミー	ピオニー
13日	エイト	オーリー	フィック	ガンバーニ	エイト	オーリー	キック	ロミー	ピオニー	ピオニー	ピオニー	ロミー
14日	イクオル	キック	エイト	オーリー	イクオル	キック	ハーミー	ピオニー	ピオニー	ロミー	フィック	ナチュール
15日	ハーミー	ピオニー	イクオル	キック	ハーミー	ピオニー	ロミー	ロミー	フィック	ナチュール	エイト	ガンバーニ
16日	ロミー	ロミー	ハーミー	ピオニー	ロミー	ロミー	ロミー	ナチュール	エイト	ガンバーニ	イクオル	オーリー
17日	ピオニー	ナチュール	ロミー	ロミー	ピオニー	ナチュール	ナチュール	フィック	ガンバーニ	イクオル	オーリー	ハーミー
18日	フィック	ガンバーニ	ピオニー	ナチュール	フィック	ガンバーニ	エイト	オーリー	ハーミー	キック	パフェキ	キラメール
19日	エイト	オーリー	フィック	ガンバーニ	エイト	オーリー	イクオル	キック	パフェキ	キラメール	パフェキ	キラメール
20日	イクオル	キック	エイト	オーリー	イクオル	キック	ハーミー	パフェキ	キラメール	パフェキ	ハーミー	キック
21日	ハーミー	キラメール	イクオル	キック	ハーミー	キラメール	パフェキ	キラメール	ハーミー	キック	イクオル	オーリー
22日	パフェキ	キラメール	ハーミー	キラメール	パフェキ	キラメール	パフェキ	キック	イクオル	オーリー	イクオル	オーリー
23日	パフェキ	キック	パフェキ	キラメール	パフェキ	キック	ハーミー	オーリー	オーリー	イクオル	オーリー	ハーミー
24日	ハーミー	オーリー	パフェキ	キック	ハーミー	オーリー	イクオル	オーリー	ハーミー	キック	パフェキ	キラメール
25日	イクオル	オーリー	ハーミー	オーリー	イクオル	オーリー	イクオル	キック	パフェキ	キラメール	パフェキ	キラメール
26日	イクオル	キック	イクオル	オーリー	イクオル	キック	ハーミー	キラメール	パフェキ	キラメール	ハーミー	キック
27日	ハーミー	キラメール	イクオル	キック	ハーミー	キラメール	パフェキ	キラメール	ハーミー	キック	イクオル	オーリー
28日	パフェキ	キラメール	ハーミー	キラメール	パフェキ	キラメール	パフェキ	キック	イクオル	オーリー	エイト	ガンバーニ
29日	パフェキ		パフェキ	キラメール	パフェキ	キック	ハーミー	オーリー	エイト	ガンバーニ	フィック	ナチュール
30日	ハーミー		パフェキ	キック	ハーミー	オーリー	イクオル	ガンバーニ	フィック	ナチュール	ピオニー	ロミー
31日	イクオル		ハーミー		イクオル		エイト	ナチュール		ロミー		ピオニー

1939　昭和14年

	1月	2月	3月	4月	5月	6月	7月	8月	9月	10月	11月	12月
1日	キック	イクオル	ピオニー	ハーミー	キック	イクオル	オーリー	エイト	ナチュール	フィック	ロミー	ピオニー
2日	オーリー	エイト	キック	イクオル	オーリー	エイト	ガンバーニ	フィック	ピオニー	ピオニー	ピオニー	ロミー
3日	ガンバーニ	フィック	オーリー	エイト	ガンバーニ	フィック	ナチュール	ピオニー	ピオニー	ロミー	フィック	ナチュール
4日	ナチュール	ピオニー	ガンバーニ	フィック	ナチュール	ピオニー	ロミー	ロミー	フィック	ナチュール	エイト	ガンバーニ
5日	ロミー	ロミー	ナチュール	ピオニー	ロミー	ロミー	ピオニー	ナチュール	エイト	ガンバーニ	イクオル	オーリー
6日	ピオニー	ナチュール	ロミー	ロミー	ピオニー	ナチュール	フィック	ガンバーニ	イクオル	オーリー	ハーミー	キック
7日	フィック	ガンバーニ	ピオニー	ナチュール	フィック	ガンバーニ	エイト	オーリー	ハーミー	キック	ロミー	ピオニー
8日	エイト	オーリー	フィック	ガンバーニ	エイト	オーリー	キック	ロミー	ピオニー	ピオニー	ピオニー	ロミー
9日	イクオル	キック	エイト	オーリー	イクオル	キック	ハーミー	ピオニー	ピオニー	ロミー	フィック	ナチュール
10日	ハーミー	ピオニー	イクオル	キック	ハーミー	ピオニー	ロミー	ロミー	フィック	ナチュール	エイト	ガンバーニ
11日	ロミー	ロミー	ハーミー	ピオニー	ロミー	ロミー	ピオニー	ナチュール	ガンバーニ	イクオル	イクオル	オーリー
12日	ピオニー	ナチュール	ロミー	ロミー	ピオニー	ナチュール	フィック	ガンバーニ	イクオル	オーリー	ハーミー	キック
13日	フィック	ガンバーニ	ピオニー	ナチュール	フィック	ガンバーニ	エイト	オーリー	ハーミー	キック	パフェキ	キラメール
14日	エイト	オーリー	フィック	ガンバーニ	エイト	オーリー	イクオル	キック	パフェキ	キラメール	パフェキ	キラメール
15日	イクオル	キック	エイト	オーリー	イクオル	キック	ハーミー	キラメール	パフェキ	キラメール	ハーミー	キック
16日	ハーミー	キラメール	イクオル	キック	ハーミー	キラメール	パフェキ	キラメール	ハーミー	キック	イクオル	オーリー
17日	パフェキ	キラメール	ハーミー	キラメール	パフェキ	キラメール	パフェキ	キック	イクオル	オーリー	イクオル	オーリー
18日	パフェキ	キック	パフェキ	キラメール	パフェキ	キック	ハーミー	オーリー	イクオル	オーリー	ハーミー	キック
19日	ハーミー	オーリー	パフェキ	キック	ハーミー	オーリー	イクオル	オーリー	ハーミー	キック	パフェキ	キラメール
20日	イクオル	オーリー	ハーミー	オーリー	イクオル	オーリー	イクオル	キック	パフェキ	キラメール	パフェキ	キラメール
21日	イクオル	キック	イクオル	オーリー	イクオル	キック	ハーミー	キラメール	パフェキ	キラメール	ハーミー	キック
22日	ハーミー	キラメール	イクオル	キック	ハーミー	キラメール	パフェキ	キラメール	ハーミー	キック	イクオル	オーリー
23日	パフェキ	キラメール	ハーミー	キラメール	パフェキ	キラメール	パフェキ	キック	イクオル	オーリー	エイト	ガンバーニ
24日	パフェキ	キック	パフェキ	キラメール	パフェキ	キック	ハーミー	オーリー	エイト	ガンバーニ	フィック	ナチュール
25日	ハーミー	オーリー	パフェキ	キック	ハーミー	オーリー	イクオル	ガンバーニ	フィック	ナチュール	ピオニー	ロミー
26日	イクオル	ガンバーニ	ハーミー	オーリー	イクオル	ガンバーニ	エイト	ナチュール	ピオニー	ロミー	ロミー	ピオニー
27日	エイト	ナチュール	イクオル	ガンバーニ	エイト	ナチュール	フィック	ロミー	ロミー	ピオニー	ハーミー	キック
28日	フィック	ロミー	エイト	ナチュール	フィック	ロミー	ピオニー	ハーミー	キック	イクオル	オーリー	イクオル
29日	ピオニー		フィック	ロミー	ピオニー	ピオニー	ロミー	キック	イクオル	エイト	ガンバーニ	エイト
30日	ロミー		ピオニー	ピオニー	ロミー	キック	ハーミー	オーリー	エイト	ガンバーニ	フィック	ナチュール
31日	ハーミー		ロミー		ハーミー		イクオル	ガンバーニ		ナチュール		ロミー

1940　昭和15年

	1月	2月	3月	4月	5月	6月	7月	8月	9月	10月	11月	12月
1日	ピオニー	ナチュール	ピオニー	ナチュール	フィック	ガンバーニ	エイト	オーリー	ハーミー	キック	ロミー	ピオニー
2日	フィック	ガンバーニ	フィック	ガンバーニ	エイト	オーリー	イクオル	キック	ロミー	ピオニー	ピオニー	ロミー
3日	エイト	オーリー	エイト	オーリー	イクオル	キック	ハーミー	ピオニー	ピオニー	ロミー	フィック	ナチュール
4日	イクオル	キック	イクオル	キック	ハーミー	ピオニー	ロミー	ロミー	ナチュール	エイト	ハーミー	キック
5日	ハーミー	キック	ハーミー	ピオニー	ロミー	ロミー	ピオニー	ナチュール	エイト	ガンバーニ	イクオル	オーリー
6日	ロミー	ロミー	ロミー	ロミー	ピオニー	ナチュール	フィック	ガンバーニ	イクオル	オーリー	ハーミー	キック
7日	ハーミー	ロミー	ピオニー	ナチュール	フィック	ガンバーニ	エイト	オーリー	パフェキ	キラメール	パフェキ	キラメール
8日	フィック	ガンバーニ	フィック	ガンバーニ	エイト	オーリー	イクオル	キック	パフェキ	キラメール	パフェキ	キラメール
9日	エイト	オーリー	エイト	オーリー	イクオル	キック	ハーミー	キラメール	パフェキ	キラメール	ハーミー	キック
10日	イクオル	キック	イクオル	キック	ハーミー	ピオニー	ハーミー	キック	イクオル	オーリー	イクオル	オーリー
11日	ハーミー	キラメール	ハーミー	キラメール	パフェキ	キラメール	パフェキ	キック	イクオル	オーリー	イクオル	オーリー
12日	パフェキ	キラメール	パフェキ	キラメール	パフェキ	キック	ハーミー	オーリー	イクオル	オーリー	ハーミー	キック
13日	パフェキ	キック	パフェキ	キック	ハーミー	オーリー	イクオル	オーリー	ハーミー	キック	パフェキ	キラメール
14日	ハーミー	オーリー	ハーミー	オーリー	イクオル	オーリー	イクオル	キック	パフェキ	キラメール	パフェキ	キラメール
15日	イクオル	オーリー	イクオル	オーリー	イクオル	キック	ハーミー	キラメール	パフェキ	キラメール	ハーミー	キック
16日	イクオル	キック	イクオル	キック	ハーミー	キラメール	パフェキ	キラメール	ハーミー	キック	イクオル	オーリー
17日	ハーミー	キラメール	ハーミー	キラメール	パフェキ	キラメール	パフェキ	キック	イクオル	オーリー	エイト	ガンバーニ
18日	パフェキ	キラメール	パフェキ	キラメール	パフェキ	キック	ハーミー	オーリー	エイト	ガンバーニ	フィック	ナチュール
19日	パフェキ	キック	パフェキ	キック	ハーミー	オーリー	ガンバーニ	エイト	フィック	ナチュール	ピオニー	ロミー
20日	ハーミー	オーリー	ハーミー	オーリー	イクオル	ガンバーニ	エイト	ナチュール	ピオニー	ロミー	ロミー	ピオニー
21日	イクオル	ガンバーニ	イクオル	ガンバーニ	エイト	ナチュール	フィック	ロミー	ロミー	ピオニー	ハーミー	キック
22日	エイト	ナチュール	エイト	ナチュール	フィック	ロミー	ピオニー	ピオニー	ハーミー	キック	イクオル	オーリー
23日	フィック	ロミー	フィック	ロミー	ピオニー	ピオニー	ロミー	キック	イクオル	オーリー	エイト	ガンバーニ
24日	ピオニー	ピオニー	ピオニー	ピオニー	ロミー	キック	ハーミー	オーリー	エイト	ガンバーニ	フィック	ナチュール
25日	ロミー	キック	ロミー	キック	ハーミー	オーリー	イクオル	ガンバーニ	フィック	ナチュール	ピオニー	ロミー
26日	ハーミー	オーリー	ハーミー	オーリー	イクオル	ガンバーニ	エイト	ナチュール	ピオニー	ロミー	ロミー	ピオニー
27日	イクオル	ガンバーニ	イクオル	ガンバーニ	エイト	ナチュール	フィック	ロミー	ロミー	ピオニー	ナチュール	フィック
28日	エイト	ナチュール	エイト	ナチュール	フィック	ロミー	ピオニー	ピオニー	ナチュール	フィック	ガンバーニ	エイト
29日	フィック		フィック	ロミー	ピオニー	ピオニー	ロミー	フィック	ガンバーニ	エイト	オーリー	イクオル
30日	ピオニー		ピオニー	ピオニー	ロミー	フィック	ナチュール	エイト	オーリー	イクオル	キック	ハーミー
31日	ロミー		ロミー		ナチュール		ガンバーニ	イクオル		ハーミー		ロミー

1941　昭和16年

	1月	2月	3月	4月	5月	6月	7月	8月	9月	10月	11月	12月
1日	ピオニー	ナチュール	ロミー	ロミー	ピオニー	ナチュール	フィック	ガンバーニ	イクオル	オーリー	ハーミー	キック
2日	フィック	ガンバーニ	ピオニー	ナチュール	フィック	ガンバーニ	エイト	オーリー	ハーミー	キック	パフェキ	キラメール
3日	エイト	オーリー	フィック	ガンバーニ	エイト	オーリー	イクオル	キック	パフェキ	キラメール	パフェキ	キラメール
4日	イクオル	キック	エイト	オーリー	イクオル	キック	ハーミー	キラメール	パフェキ	キラメール	ハーミー	キック
5日	ハーミー	キラメール	イクオル	キック	ハーミー	キラメール	パフェキ	キラメール	ハーミー	キック	イクオル	オーリー
6日	パフェキ	キラメール	ハーミー	キラメール	パフェキ	キラメール	パフェキ	キック	イクオル	オーリー	イクオル	オーリー
7日	パフェキ	キック	パフェキ	キラメール	パフェキ	キック	ハーミー	オーリー	イクオル	オーリー	ハーミー	キック
8日	ハーミー	オーリー	パフェキ	キック	ハーミー	オーリー	イクオル	オーリー	ハーミー	キック	パフェキ	キラメール
9日	イクオル	オーリー	ハーミー	オーリー	イクオル	オーリー	イクオル	キック	パフェキ	キラメール	パフェキ	キラメール
10日	イクオル	キック	イクオル	オーリー	イクオル	キック	ハーミー	キラメール	パフェキ	キラメール	ハーミー	キック
11日	ハーミー	キラメール	イクオル	キック	ハーミー	キラメール	パフェキ	キラメール	ハーミー	キック	イクオル	オーリー
12日	パフェキ	キラメール	ハーミー	キラメール	パフェキ	キラメール	パフェキ	キック	イクオル	オーリー	エイト	ガンバーニ
13日	パフェキ	キック	パフェキ	キラメール	パフェキ	キック	ハーミー	オーリー	エイト	ガンバーニ	フィック	ナチュール
14日	ハーミー	オーリー	パフェキ	キック	ハーミー	オーリー	イクオル	ガンバーニ	フィック	ナチュール	ピオニー	ロミー
15日	イクオル	ガンバーニ	ハーミー	オーリー	イクオル	ガンバーニ	エイト	ナチュール	ピオニー	ロミー	ロミー	ピオニー
16日	エイト	ナチュール	イクオル	ガンバーニ	エイト	ナチュール	フィック	ロミー	ロミー	ピオニー	ハーミー	キック
17日	フィック	ロミー	エイト	ナチュール	フィック	ロミー	ピオニー	ピオニー	ハーミー	キック	イクオル	オーリー
18日	ピオニー	ピオニー	フィック	ロミー	ピオニー	ピオニー	ロミー	キック	イクオル	オーリー	エイト	ガンバーニ
19日	ロミー	キック	ピオニー	ピオニー	ロミー	キック	ハーミー	オーリー	エイト	ガンバーニ	フィック	ナチュール
20日	ハーミー	オーリー	ロミー	キック	ハーミー	オーリー	イクオル	ガンバーニ	フィック	ナチュール	ピオニー	ロミー
21日	イクオル	ガンバーニ	ハーミー	オーリー	イクオル	ガンバーニ	エイト	ナチュール	ピオニー	ロミー	ロミー	ピオニー
22日	エイト	ナチュール	イクオル	ガンバーニ	エイト	ナチュール	フィック	ロミー	ロミー	ピオニー	ナチュール	フィック
23日	フィック	ロミー	エイト	ナチュール	フィック	ロミー	ピオニー	ピオニー	ナチュール	フィック	ガンバーニ	エイト
24日	ピオニー	ピオニー	フィック	ロミー	ピオニー	ピオニー	ロミー	フィック	ガンバーニ	エイト	オーリー	イクオル
25日	ロミー	フィック	ピオニー	ピオニー	ロミー	フィック	ナチュール	エイト	オーリー	イクオル	キック	ハーミー
26日	ナチュール	エイト	ロミー	フィック	ナチュール	エイト	ガンバーニ	イクオル	キック	ハーミー	ピオニー	ピオニー
27日	ガンバーニ	イクオル	ナチュール	エイト	ガンバーニ	イクオル	オーリー	ハーミー	ピオニー	ロミー	ロミー	ピオニー
28日	オーリー	ハーミー	ガンバーニ	イクオル	オーリー	ハーミー	キック	ロミー	ロミー	ピオニー	ナチュール	フィック
29日	キック		オーリー	ハーミー	キック	ピオニー	ピオニー	ピオニー	ナチュール	フィック	ガンバーニ	エイト
30日	ピオニー		キック	ロミー	ピオニー	ピオニー	ロミー	フィック	ガンバーニ	エイト	オーリー	イクオル
31日	ロミー		ピオニー		ロミー		ナチュール	エイト		イクオル		ハーミー

1942　昭和17年

	1月	2月	3月	4月	5月	6月	7月	8月	9月	10月	11月	12月
1日	パフェキ	キラメール	ハーミー	キラメール	パフェキ	キラメール	パフェキ	キック	イクオル	オーリー	イクオル	オーリー
2日	パフェキ	キック	パフェキ	キラメール	パフェキ	キック	ハーミー	オーリー	イクオル	オーリー	ハーミー	キック
3日	ハーミー	オーリー	パフェキ	キック	ハーミー	オーリー	イクオル	オーリー	ハーミー	キック	パフェキ	キラメール
4日	イクオル	オーリー	ハーミー	オーリー	イクオル	オーリー	イクオル	キック	パフェキ	キラメール	キラメール	キック
5日	イクオル	キック	イクオル	オーリー	イクオル	キック	ハーミー	キラメール	パフェキ	キラメール	ハーミー	キック
6日	ハーミー	キラメール	イクオル	キック	ハーミー	キラメール	パフェキ	キラメール	ハーミー	キック	イクオル	オーリー
7日	パフェキ	キラメール	ハーミー	キラメール	パフェキ	キラメール	パフェキ	キック	イクオル	オーリー	エイト	ガンバーニ
8日	パフェキ	キック	パフェキ	キラメール	パフェキ	キック	ハーミー	オーリー	エイト	ガンバーニ	フィック	ナチュール
9日	ハーミー	オーリー	パフェキ	キック	ハーミー	オーリー	イクオル	ガンバーニ	フィック	ナチュール	ピオニー	ロミー
10日	イクオル	オーリー	ハーミー	オーリー	イクオル	オーリー	ナチュール	ピオニー	ロミー	ロミー	ピオニー	ピオニー
11日	エイト	ナチュール	イクオル	ガンバーニ	エイト	ナチュール	フィック	ロミー	ロミー	ピオニー	ハーミー	キック
12日	フィック	ロミー	エイト	ナチュール	フィック	ロミー	ピオニー	ピオニー	ハーミー	キック	イクオル	オーリー
13日	ピオニー	ピオニー	フィック	ロミー	ピオニー	ピオニー	ロミー	キック	イクオル	オーリー	オーリー	ナチュール
14日	ロミー	キック	ピオニー	ピオニー	ロミー	キック	ハーミー	オーリー	エイト	ガンバーニ	フィック	ナチュール
15日	ハーミー	オーリー	ロミー	キック	ハーミー	オーリー	イクオル	ガンバーニ	フィック	ナチュール	ピオニー	ロミー
16日	イクオル	ガンバーニ	ハーミー	オーリー	イクオル	ガンバーニ	エイト	ナチュール	ピオニー	ロミー	ロミー	ピオニー
17日	エイト	ナチュール	イクオル	ガンバーニ	エイト	ナチュール	フィック	ロミー	ロミー	ピオニー	ナチュール	フィック
18日	フィック	ロミー	エイト	ナチュール	フィック	ロミー	ピオニー	ピオニー	ナチュール	フィック	ガンバーニ	エイト
19日	ピオニー	ピオニー	フィック	ロミー	ピオニー	ピオニー	ロミー	フィック	ガンバーニ	エイト	オーリー	ロミー
20日	ロミー	フィック	ピオニー	ピオニー	ロミー	フィック	ナチュール	エイト	オーリー	イクオル	キック	ハーミー
21日	ナチュール	エイト	ロミー	フィック	ナチュール	エイト	ガンバーニ	イクオル	キック	ハーミー	ピオニー	ロミー
22日	ガンバーニ	イクオル	ナチュール	エイト	ガンバーニ	イクオル	オーリー	ハーミー	ピオニー	ピオニー	ロミー	ピオニー
23日	オーリー	ハーミー	ガンバーニ	イクオル	オーリー	ハーミー	キック	ロミー	ロミー	ピオニー	ナチュール	フィック
24日	キック	ロミー	オーリー	ハーミー	キック	ロミー	ピオニー	ピオニー	ナチュール	フィック	ガンバーニ	エイト
25日	ピオニー	ピオニー	キック	ロミー	ピオニー	ピオニー	ロミー	フィック	ガンバーニ	エイト	オーリー	ロミー
26日	ロミー	フィック	ピオニー	ピオニー	ロミー	フィック	ナチュール	エイト	オーリー	イクオル	キック	ハーミー
27日	ナチュール	エイト	ロミー	フィック	ナチュール	エイト	ガンバーニ	イクオル	キック	ハーミー	キラメール	パフェキ
28日	ガンバーニ	イクオル	ナチュール	エイト	ガンバーニ	イクオル	オーリー	ハーミー	パフェキ	キラメール	キック	パフェキ
29日	オーリー		ガンバーニ	イクオル	オーリー	ハーミー	キック	パフェキ	キラメール	パフェキ	キック	ハーミー
30日	キック		オーリー	ハーミー	キック	パフェキ	キラメール	パフェキ	キック	ハーミー	オーリー	イクオル
31日	キラメール		キック		キラメール		キラメール	ハーミー		イクオル		イクオル

1943　昭和18年

	1月	2月	3月	4月	5月	6月	7月	8月	9月	10月	11月	12月
1日	ハーミー	キラメール	イクオル	キック	ハーミー	キラメール	パフェキ	キラメール	ハーミー	キック	イクオル	オーリー
2日	パフェキ	キラメール	ハーミー	キラメール	パフェキ	キラメール	パフェキ	キック	イクオル	オーリー	エイト	ガンバーニ
3日	パフェキ	キック	パフェキ	キラメール	パフェキ	キック	ハーミー	オーリー	エイト	ガンバーニ	フィック	ナチュール
4日	ハーミー	オーリー	パフェキ	キック	ハーミー	オーリー	イクオル	ガンバーニ	フィック	ナチュール	ピオニー	ナチュール
5日	イクオル	ガンバーニ	ハーミー	オーリー	イクオル	ガンバーニ	エイト	ナチュール	ピオニー	ロミー	ロミー	ピオニー
6日	エイト	ナチュール	イクオル	ガンバーニ	エイト	ナチュール	フィック	ロミー	ロミー	ピオニー	ハーミー	キック
7日	フィック	ロミー	エイト	ナチュール	フィック	ロミー	ピオニー	ピオニー	ハーミー	キック	イクオル	オーリー
8日	ピオニー	ピオニー	フィック	ロミー	ピオニー	ピオニー	ロミー	キック	イクオル	オーリー	エイト	ガンバーニ
9日	ロミー	キック	ピオニー	ピオニー	ロミー	キック	ハーミー	オーリー	エイト	ガンバーニ	フィック	ナチュール
10日	ハーミー	オーリー	ロミー	キック	ハーミー	オーリー	イクオル	ガンバーニ	フィック	ナチュール	ピオニー	ロミー
11日	イクオル	ガンバーニ	ハーミー	オーリー	イクオル	ガンバーニ	エイト	ナチュール	ピオニー	ロミー	ロミー	ピオニー
12日	エイト	ナチュール	イクオル	ガンバーニ	エイト	ナチュール	フィック	ロミー	ロミー	ピオニー	ナチュール	フィック
13日	フィック	ロミー	エイト	ナチュール	フィック	ロミー	ピオニー	ピオニー	ナチュール	フィック	ガンバーニ	エイト
14日	ピオニー	ピオニー	フィック	ロミー	ピオニー	ピオニー	ロミー	フィック	ガンバーニ	エイト	オーリー	イクオル
15日	ロミー	フィック	ピオニー	ピオニー	ロミー	フィック	ナチュール	エイト	オーリー	イクオル	キック	ハーミー
16日	ナチュール	エイト	ロミー	フィック	ナチュール	エイト	ガンバーニ	イクオル	キック	ハーミー	ピオニー	ロミー
17日	ガンバーニ	イクオル	ナチュール	エイト	ガンバーニ	イクオル	オーリー	ハーミー	ハーミー	ロミー	ロミー	ピオニー
18日	オーリー	ハーミー	ガンバーニ	イクオル	オーリー	ハーミー	キック	ロミー	ロミー	ナチュール	ナチュール	フィック
19日	キック	ロミー	オーリー	ハーミー	キック	ロミー	ピオニー	ピオニー	ナチュール	フィック	ガンバーニ	エイト
20日	ピオニー	ピオニー	キック	ロミー	ピオニー	ピオニー	ロミー	フィック	ガンバーニ	エイト	オーリー	イクオル
21日	ロミー	フィック	ピオニー	ピオニー	ロミー	フィック	ナチュール	エイト	オーリー	イクオル	キック	ハーミー
22日	ナチュール	エイト	ロミー	フィック	ナチュール	エイト	ガンバーニ	イクオル	キック	キラメール	キラメール	パフェキ
23日	ガンバーニ	イクオル	ナチュール	エイト	ガンバーニ	イクオル	オーリー	ハーミー	キラメール	キラメール	キック	ハーミー
24日	オーリー	ハーミー	ガンバーニ	イクオル	オーリー	ハーミー	キック	パフェキ	キラメール	パフェキ	キック	ハーミー
25日	キック	パフェキ	オーリー	ハーミー	キック	パフェキ	キラメール	パフェキ	キック	ハーミー	オーリー	イクオル
26日	キラメール	パフェキ	キック	パフェキ	キラメール	パフェキ	キック	イクオル	オーリー	イクオル	オーリー	ハーミー
27日	キラメール	ハーミー	キラメール	パフェキ	キラメール	ハーミー	キック	イクオル	オーリー	イクオル	キック	ハーミー
28日	キック	イクオル	キラメール	ハーミー	キック	イクオル	オーリー	イクオル	キック	ハーミー	キラメール	パフェキ
29日	オーリー		キック	イクオル	オーリー	ハーミー	キック	オーリー	キラメール	キラメール	キラメール	パフェキ
30日	オーリー		オーリー	イクオル	オーリー	ハーミー	キック	パフェキ	キラメール	パフェキ	キック	ハーミー
31日	キック		オーリー		キック		キラメール	パフェキ		ハーミー		イクオル

132

1944　昭和19年

	1月	2月	3月	4月	5月	6月	7月	8月	9月	10月	11月	12月
1日	エイト	ナチュール	エイト	ナチュール	フィック	ロミー	ピオニー	ピオニー	ハーミー	キック	イクオル	オーリー
2日	フィック	ロミー	フィック	ロミー	ピオニー	ピオニー	ロミー	キック	イクオル	エイト	ハーミー	ガンバーニ
3日	ピオニー	ピオニー	ピオニー	ピオニー	ロミー	キック	ハーミー	オーリー	エイト	ガンバーニ	フィック	ナチュール
4日	ロミー	キック	ロミー	キック	ハーミー	オーリー	イクオル	ガンバーニ	フィック	ナチュール	ピオニー	ロミー
5日	ナチュール	オーリー	ハーミー	オーリー	イクオル	ガンバーニ	エイト	ナチュール	ピオニー	ロミー	ロミー	ピオニー
6日	イクオル	ガンバーニ	イクオル	ガンバーニ	エイト	ナチュール	フィック	ロミー	ロミー	ピオニー	ナチュール	フィック
7日	エイト	ナチュール	エイト	ナチュール	フィック	ロミー	ピオニー	ピオニー	ナチュール	フィック	ガンバーニ	エイト
8日	フィック	ロミー	フィック	ロミー	ピオニー	ピオニー	ロミー	フィック	ガンバーニ	エイト	オーリー	イクオル
9日	ピオニー	ピオニー	ピオニー	ピオニー	ロミー	フィック	ナチュール	エイト	オーリー	イクオル	キック	ハーミー
10日	ロミー	フィック	ロミー	フィック	ナチュール	エイト	ガンバーニ	イクオル	キック	ハーミー	ピオニー	ロミー
11日	ナチュール	エイト	ナチュール	エイト	ガンバーニ	イクオル	オーリー	ハーミー	ピオニー	ロミー	ロミー	ピオニー
12日	ガンバーニ	イクオル	ガンバーニ	イクオル	オーリー	ハーミー	キック	ロミー	ロミー	ピオニー	ナチュール	フィック
13日	オーリー	ハーミー	オーリー	ハーミー	キック	ロミー	ピオニー	ピオニー	ナチュール	フィック	ガンバーニ	エイト
14日	ハーミー	ロミー	キック	ロミー	ピオニー	ピオニー	ロミー	フィック	ガンバーニ	エイト	オーリー	イクオル
15日	ピオニー	ピオニー	ピオニー	ピオニー	ロミー	フィック	ナチュール	エイト	オーリー	イクオル	キック	ハーミー
16日	ロミー	フィック	ロミー	フィック	ナチュール	エイト	ガンバーニ	イクオル	キック	ハーミー	キラメール	パフェキ
17日	ナチュール	エイト	ナチュール	エイト	ガンバーニ	イクオル	オーリー	ハーミー	キラメール	パフェキ	キラメール	パフェキ
18日	ガンバーニ	イクオル	ガンバーニ	イクオル	オーリー	ハーミー	キック	パフェキ	キラメール	パフェキ	キック	ハーミー
19日	オーリー	ハーミー	オーリー	ハーミー	キック	パフェキ	キラメール	パフェキ	キック	ハーミー	オーリー	イクオル
20日	パフェキ	パフェキ	キック	パフェキ	キラメール	パフェキ	キラメール	ハーミー	オーリー	イクオル	オーリー	イクオル
21日	キラメール	パフェキ	キラメール	パフェキ	キラメール	ハーミー	キック	イクオル	オーリー	イクオル	キック	エイト
22日	キラメール	ハーミー	キラメール	ハーミー	キック	イクオル	オーリー	イクオル	キック	ハーミー	キラメール	パフェキ
23日	キック	イクオル	キック	イクオル	オーリー	イクオル	オーリー	ハーミー	キラメール	パフェキ	キラメール	パフェキ
24日	オーリー	イクオル	オーリー	イクオル	オーリー	ハーミー	キック	パフェキ	キラメール	パフェキ	パフェキ	ハーミー
25日	オーリー	ハーミー	オーリー	ハーミー	キック	パフェキ	キラメール	パフェキ	キック	ハーミー	オーリー	イクオル
26日	キック	パフェキ	キック	パフェキ	キラメール	パフェキ	キラメール	ハーミー	オーリー	イクオル	ガンバーニ	エイト
27日	キラメール	パフェキ	キラメール	パフェキ	キラメール	ハーミー	キック	イクオル	ガンバーニ	エイト	ナチュール	フィック
28日	キラメール	ハーミー	キラメール	ハーミー	キック	イクオル	オーリー	エイト	ナチュール	フィック	ロミー	ピオニー
29日	キック	イクオル	キック	イクオル	オーリー	エイト	ガンバーニ	フィック	ロミー	ピオニー	ピオニー	ロミー
30日	オーリー		オーリー	エイト	ガンバーニ	フィック	ナチュール	ピオニー	ピオニー	ロミー	キック	ハーミー
31日	ガンバーニ		ガンバーニ		ナチュール		ロミー	ロミー		ハーミー		イクオル

1945　昭和20年

	1月	2月	3月	4月	5月	6月	7月	8月	9月	10月	11月	12月
1日	エイト	ナチュール	イクオル	ガンバーニ	エイト	ナチュール	フィック	ロミー	ロミー	ピオニー	ナチュール	フィック
2日	フィック	ロミー	エイト	ナチュール	フィック	ロミー	ピオニー	ピオニー	ナチュール	フィック	ガンバーニ	エイト
3日	ピオニー	ピオニー	フィック	ロミー	ピオニー	ピオニー	ロミー	フィック	ガンバーニ	エイト	オーリー	イクオル
4日	ロミー	フィック	ピオニー	ピオニー	ロミー	フィック	ナチュール	エイト	オーリー	イクオル	キック	ハーミー
5日	ナチュール	エイト	ロミー	フィック	ナチュール	エイト	ガンバーニ	イクオル	キック	ハーミー	ピオニー	ロミー
6日	ガンバーニ	イクオル	ナチュール	エイト	ガンバーニ	イクオル	オーリー	ハーミー	ピオニー	ロミー	ロミー	ピオニー
7日	オーリー	ハーミー	ガンバーニ	イクオル	オーリー	ハーミー	キック	ロミー	ロミー	ピオニー	ナチュール	フィック
8日	キック	ロミー	オーリー	ハーミー	キック	ロミー	ピオニー	ピオニー	ナチュール	フィック	ガンバーニ	エイト
9日	ピオニー	ピオニー	キック	ロミー	ピオニー	ピオニー	ロミー	フィック	ガンバーニ	エイト	オーリー	イクオル
10日	ロミー	フィック	ピオニー	ピオニー	ロミー	フィック	ナチュール	エイト	オーリー	イクオル	キック	ハーミー
11日	ナチュール	エイト	ナチュール	フィック	ナチュール	エイト	ガンバーニ	イクオル	キック	ハーミー	キラメール	パフェキ
12日	ガンバーニ	イクオル	ナチュール	エイト	ガンバーニ	イクオル	オーリー	ハーミー	キラメール	パフェキ	キラメール	パフェキ
13日	オーリー	ハーミー	ガンバーニ	イクオル	オーリー	ハーミー	キック	パフェキ	キラメール	パフェキ	キック	ハーミー
14日	キック	パフェキ	オーリー	ハーミー	キック	パフェキ	キラメール	パフェキ	キック	ハーミー	オーリー	イクオル
15日	キラメール	パフェキ	キック	パフェキ	キラメール	パフェキ	キラメール	ハーミー	オーリー	イクオル	オーリー	イクオル
16日	キラメール	ハーミー	キラメール	パフェキ	キラメール	ハーミー	キック	イクオル	オーリー	イクオル	キック	ハーミー
17日	キック	イクオル	キラメール	ハーミー	キック	イクオル	オーリー	イクオル	キック	ハーミー	キラメール	パフェキ
18日	オーリー	イクオル	キック	イクオル	オーリー	イクオル	オーリー	ハーミー	キラメール	パフェキ	キラメール	パフェキ
19日	オーリー	ハーミー	オーリー	イクオル	オーリー	ハーミー	キック	パフェキ	キラメール	パフェキ	キック	ハーミー
20日	キック	パフェキ	オーリー	ハーミー	キック	パフェキ	キラメール	パフェキ	キック	ハーミー	オーリー	イクオル
21日	キラメール	パフェキ	キック	パフェキ	キラメール	パフェキ	キラメール	ハーミー	オーリー	イクオル	オーリー	エイト
22日	キラメール	ハーミー	キラメール	パフェキ	キラメール	ハーミー	キック	イクオル	ガンバーニ	エイト	ナチュール	フィック
23日	キック	イクオル	キラメール	ハーミー	キック	イクオル	オーリー	エイト	ナチュール	フィック	ロミー	ピオニー
24日	オーリー	エイト	キック	イクオル	オーリー	イクオル	ガンバーニ	フィック	ロミー	ピオニー	ピオニー	ロミー
25日	ガンバーニ	フィック	オーリー	エイト	ガンバーニ	フィック	ナチュール	ピオニー	ピオニー	ロミー	キック	ハーミー
26日	ナチュール	ピオニー	ガンバーニ	フィック	ナチュール	ピオニー	ロミー	ロミー	キック	ハーミー	オーリー	イクオル
27日	ロミー	ロミー	ナチュール	フィック	ロミー	ロミー	ピオニー	ピオニー	ハーミー	イクオル	ガンバーニ	エイト
28日	ピオニー	ハーミー	ロミー	ロミー	ピオニー	ハーミー	キック	イクオル	ガンバーニ	エイト	ナチュール	フィック
29日	オーリー		ピオニー	ハーミー	キック	イクオル	オーリー	エイト	ナチュール	フィック	ロミー	ピオニー
30日	オーリー		キック	イクオル	オーリー	エイト	ガンバーニ	フィック	ロミー	ピオニー	ピオニー	ロミー
31日	ガンバーニ		オーリー		ガンバーニ		ナチュール	ピオニー		ロミー		ナチュール

1946　昭和21年

	1月	2月	3月	4月	5月	6月	7月	8月	9月	10月	11月	12月
1日	ガンバーニ	イクオル	ナチュール	エイト	ガンバーニ	イクオル	オーリー	ハーミー	ピオニー	ロミー	ロミー	ピオニー
2日	オーリー	ハーミー	ガンバーニ	イクオル	オーリー	ハーミー	キック	ロミー	ロミー	ピオニー	ナチュール	フィック
3日	キック	ロミー	オーリー	ハーミー	キック	ロミー	ピオニー	ピオニー	ナチュール	フィック	ガンバーニ	エイト
4日	ピオニー	ピオニー	キック	ロミー	ピオニー	ピオニー	ロミー	フィック	ガンバーニ	エイト	オーリー	イクオル
5日	ロミー	フィック	ピオニー	ロミー	ロミー	フィック	ナチュール	エイト	エイト	オーリー	イクオル	キック
6日	ナチュール	エイト	ロミー	フィック	ナチュール	エイト	ガンバーニ	イクオル	キック	ハーミー	キラメール	パフェキ
7日	ガンバーニ	イクオル	ナチュール	エイト	ガンバーニ	イクオル	オーリー	ハーミー	キラメール	パフェキ	キラメール	パフェキ
8日	オーリー	ハーミー	ガンバーニ	イクオル	オーリー	ハーミー	キック	パフェキ	キラメール	パフェキ	キック	ハーミー
9日	キック	パフェキ	オーリー	ハーミー	キック	パフェキ	キラメール	パフェキ	キック	ハーミー	オーリー	イクオル
10日	キラメール	パフェキ	キック	パフェキ	キラメール	パフェキ	キラメール	ハーミー	オーリー	イクオル	オーリー	イクオル
11日	キラメール	ハーミー	キラメール	パフェキ	キラメール	ハーミー	キック	イクオル	オーリー	イクオル	キック	ハーミー
12日	キック	イクオル	キラメール	ハーミー	キック	イクオル	オーリー	イクオル	キック	ハーミー	キラメール	パフェキ
13日	オーリー	イクオル	キック	イクオル	オーリー	イクオル	オーリー	ハーミー	キラメール	パフェキ	キラメール	パフェキ
14日	オーリー	ハーミー	オーリー	イクオル	オーリー	ハーミー	キック	パフェキ	キラメール	パフェキ	キック	ハーミー
15日	キック	パフェキ	オーリー	ハーミー	キック	パフェキ	キラメール	パフェキ	キック	ハーミー	オーリー	イクオル
16日	キラメール	パフェキ	キック	パフェキ	キラメール	パフェキ	キラメール	ハーミー	オーリー	イクオル	ガンバーニ	エイト
17日	キラメール	ハーミー	キラメール	パフェキ	キラメール	ハーミー	キック	イクオル	オーリー	エイト	ナチュール	フィック
18日	キック	イクオル	キラメール	ハーミー	キック	イクオル	オーリー	エイト	ナチュール	フィック	ロミー	ピオニー
19日	オーリー	エイト	キック	イクオル	オーリー	エイト	ガンバーニ	フィック	ロミー	ピオニー	ピオニー	ロミー
20日	ガンバーニ	フィック	オーリー	エイト	ガンバーニ	フィック	ナチュール	イクオル	ピオニー	ロミー	ロミー	ロミー
21日	ナチュール	ピオニー	ガンバーニ	フィック	ナチュール	ピオニー	ロミー	ロミー	キック	ハーミー	オーリー	イクオル
22日	ロミー	ロミー	ナチュール	ピオニー	ロミー	ロミー	ピオニー	ハーミー	オーリー	イクオル	ガンバーニ	エイト
23日	ピオニー	ハーミー	ロミー	ロミー	ピオニー	ハーミー	キック	イクオル	ガンバーニ	エイト	ナチュール	フィック
24日	キック	イクオル	ピオニー	ハーミー	キック	イクオル	オーリー	エイト	ナチュール	フィック	ロミー	ピオニー
25日	オーリー	エイト	キック	イクオル	オーリー	エイト	ガンバーニ	フィック	ロミー	ピオニー	ピオニー	ロミー
26日	ガンバーニ	フィック	オーリー	エイト	ガンバーニ	フィック	ナチュール	ピオニー	ピオニー	ロミー	フィック	ナチュール
27日	ナチュール	ピオニー	ガンバーニ	フィック	ナチュール	ピオニー	ロミー	ロミー	フィック	ナチュール	エイト	ガンバーニ
28日	ロミー	ロミー	ナチュール	ピオニー	ロミー	ロミー	ピオニー	ナチュール	エイト	ガンバーニ	イクオル	オーリー
29日	ピオニー		ロミー	ロミー	ピオニー	ナチュール	フィック	ガンバーニ	イクオル	オーリー	ハーミー	キック
30日	フィック		ピオニー	ナチュール	フィック	ガンバーニ	エイト	オーリー	ハーミー	キック	ロミー	ピオニー
31日	エイト		フィック		エイト		イクオル	キック		ピオニー		ロミー

1947　昭和22年

	1月	2月	3月	4月	5月	6月	7月	8月	9月	10月	11月	12月
1日	ナチュール	エイト	ロミー	フィック	ナチュール	エイト	ガンバーニ	イクオル	キック	ハーミー	キラメール	パフェキ
2日	ガンバーニ	イクオル	ナチュール	エイト	ガンバーニ	イクオル	オーリー	ハーミー	キラメール	パフェキ	キラメール	パフェキ
3日	オーリー	ハーミー	ガンバーニ	イクオル	オーリー	ハーミー	キック	パフェキ	キラメール	パフェキ	キック	ハーミー
4日	キック	パフェキ	オーリー	ハーミー	キック	パフェキ	キラメール	パフェキ	キック	ハーミー	オーリー	イクオル
5日	キラメール	パフェキ	キック	パフェキ	キラメール	パフェキ	キラメール	ハーミー	オーリー	イクオル	オーリー	イクオル
6日	キラメール	ハーミー	キラメール	パフェキ	キラメール	ハーミー	キック	イクオル	オーリー	イクオル	キック	ハーミー
7日	キック	イクオル	キラメール	ハーミー	キック	イクオル	オーリー	イクオル	キック	ハーミー	キラメール	パフェキ
8日	オーリー	イクオル	キック	イクオル	オーリー	イクオル	オーリー	ハーミー	キラメール	パフェキ	キラメール	パフェキ
9日	オーリー	ハーミー	オーリー	イクオル	オーリー	ハーミー	キック	パフェキ	キラメール	パフェキ	キック	ハーミー
10日	キック	パフェキ	オーリー	ハーミー	キック	パフェキ	キラメール	パフェキ	キック	ハーミー	オーリー	イクオル
11日	キラメール	パフェキ	キック	パフェキ	キラメール	パフェキ	キック	ハーミー	オーリー	イクオル	ガンバーニ	エイト
12日	キラメール	ハーミー	キラメール	パフェキ	キラメール	ハーミー	キック	イクオル	ガンバーニ	エイト	ナチュール	フィック
13日	キック	イクオル	キラメール	ハーミー	キック	イクオル	オーリー	エイト	ナチュール	フィック	ロミー	ピオニー
14日	オーリー	エイト	キック	イクオル	オーリー	エイト	ガンバーニ	フィック	ロミー	ピオニー	ピオニー	ロミー
15日	ガンバーニ	フィック	オーリー	エイト	ガンバーニ	フィック	ナチュール	ピオニー	ピオニー	ロミー	キック	ハーミー
16日	ナチュール	ピオニー	ガンバーニ	フィック	ナチュール	ピオニー	ロミー	ロミー	キック	ハーミー	オーリー	イクオル
17日	ロミー	ロミー	ナチュール	ピオニー	ロミー	ロミー	ピオニー	ロミー	オーリー	イクオル	ガンバーニ	エイト
18日	ピオニー	ハーミー	ロミー	ロミー	ピオニー	ハーミー	キック	イクオル	ガンバーニ	エイト	ナチュール	フィック
19日	キック	イクオル	ピオニー	ハーミー	キック	イクオル	オーリー	エイト	ナチュール	フィック	ロミー	ピオニー
20日	オーリー	エイト	キック	イクオル	オーリー	エイト	ガンバーニ	フィック	ロミー	ピオニー	ピオニー	ロミー
21日	ガンバーニ	フィック	オーリー	エイト	ガンバーニ	フィック	ナチュール	ピオニー	ピオニー	ロミー	フィック	ナチュール
22日	ナチュール	ピオニー	ガンバーニ	フィック	ナチュール	ピオニー	ロミー	ロミー	フィック	ナチュール	エイト	ガンバーニ
23日	ロミー	ロミー	ナチュール	ピオニー	ロミー	ロミー	ピオニー	ロミー	エイト	ガンバーニ	イクオル	オーリー
24日	ピオニー	ナチュール	ロミー	ロミー	ピオニー	ナチュール	フィック	ガンバーニ	イクオル	オーリー	ハーミー	キック
25日	フィック	ガンバーニ	ピオニー	ナチュール	フィック	ガンバーニ	エイト	オーリー	ハーミー	キック	ロミー	ピオニー
26日	エイト	オーリー	フィック	ガンバーニ	エイト	オーリー	イクオル	キック	ロミー	ピオニー	ピオニー	ロミー
27日	イクオル	キック	エイト	オーリー	イクオル	キック	オーリー	ロミー	ピオニー	ロミー	フィック	ナチュール
28日	ハーミー	ピオニー	イクオル	キック	ハーミー	ピオニー	ロミー	ロミー	フィック	ナチュール	エイト	ガンバーニ
29日	ロミー		ハーミー	ピオニー	ロミー	ピオニー	ピオニー	ナチュール	エイト	ガンバーニ	イクオル	オーリー
30日	ピオニー		ロミー	ロミー	ピオニー	ナチュール	フィック	ガンバーニ	イクオル	オーリー	ハーミー	キック
31日	フィック		ピオニー		フィック		エイト	オーリー		キック		キラメール

1948　昭和23年

	1月	2月	3月	4月	5月	6月	7月	8月	9月	10月	11月	12月
1日	キラメール	ハーミー	キラメール	ハーミー	キック	イクオル	オーリー	イクオル	キック	キック	キラメール	パフェキ
2日	キック	イクオル	キック	イクオル	オーリー	イクオル	オーリー	ハーミー	キラメール	パフェキ	キラメール	パフェキ
3日	オーリー	イクオル	オーリー	イクオル	オーリー	ハーミー	キック	パフェキ	キラメール	パフェキ	キック	ハーミー
4日	オーリー	ハーミー	オーリー	ハーミー	キック	パフェキ	キラメール	パフェキ	キック	ハーミー	オーリー	イクオル
5日	キック	パフェキ	キック	パフェキ	キラメール	パフェキ	キラメール	ハーミー	オーリー	イクオル	ガンバーニ	エイト
6日	キラメール	パフェキ	キラメール	パフェキ	キラメール	ハーミー	キック	イクオル	ガンバーニ	エイト	ナチュール	フィック
7日	キラメール	ハーミー	キラメール	ハーミー	キック	イクオル	オーリー	エイト	ナチュール	フィック	ロミー	ピオニー
8日	キック	イクオル	キック	イクオル	オーリー	エイト	ガンバーニ	フィック	ロミー	ピオニー	ピオニー	ロミー
9日	オーリー	エイト	オーリー	エイト	ガンバーニ	フィック	ナチュール	ピオニー	ピオニー	ロミー	キック	ハーミー
10日	ガンバーニ	フィック	ガンバーニ	フィック	ナチュール	ピオニー	ロミー	ロミー	キック	ハーミー	オーリー	イクオル
11日	ナチュール	ピオニー	ナチュール	ピオニー	ロミー	ロミー	ピオニー	ハーミー	オーリー	イクオル	ガンバーニ	フィック
12日	ロミー	ロミー	ロミー	ロミー	ピオニー	ハーミー	キック	イクオル	ガンバーニ	エイト	ナチュール	フィック
13日	ピオニー	ハーミー	ピオニー	ハーミー	キック	イクオル	オーリー	エイト	ナチュール	フィック	ロミー	ピオニー
14日	キック	イクオル	キック	イクオル	オーリー	エイト	ガンバーニ	フィック	ロミー	ピオニー	ピオニー	ロミー
15日	オーリー	エイト	オーリー	エイト	ガンバーニ	フィック	ナチュール	ピオニー	ピオニー	ロミー	フィック	ナチュール
16日	ガンバーニ	フィック	ガンバーニ	フィック	ナチュール	ピオニー	ロミー	ロミー	フィック	ナチュール	エイト	オーリー
17日	ナチュール	ピオニー	ナチュール	ピオニー	ロミー	ロミー	ピオニー	ナチュール	エイト	ガンバーニ	イクオル	オーリー
18日	ロミー	ロミー	ロミー	ロミー	ピオニー	ナチュール	フィック	ガンバーニ	イクオル	オーリー	ハーミー	キック
19日	ピオニー	ナチュール	ピオニー	ナチュール	フィック	ガンバーニ	エイト	オーリー	ハーミー	キック	ピオニー	ピオニー
20日	フィック	ガンバーニ	フィック	ガンバーニ	エイト	オーリー	イクオル	キック	ロミー	ピオニー	ピオニー	ロミー
21日	エイト	オーリー	エイト	オーリー	イクオル	キック	ハーミー	ピオニー	ピオニー	ロミー	フィック	ナチュール
22日	イクオル	キック	イクオル	キック	ハーミー	ピオニー	ロミー	ロミー	フィック	ナチュール	エイト	オーリー
23日	ハーミー	ピオニー	ハーミー	ピオニー	ロミー	ロミー	ピオニー	ナチュール	エイト	ガンバーニ	イクオル	オーリー
24日	ロミー	ロミー	ロミー	ロミー	ピオニー	ナチュール	フィック	ガンバーニ	イクオル	オーリー	ハーミー	キック
25日	ピオニー	ナチュール	ピオニー	ナチュール	フィック	ガンバーニ	エイト	オーリー	ハーミー	キック	パフェキ	キラメール
26日	フィック	ガンバーニ	フィック	ガンバーニ	エイト	オーリー	イクオル	キック	パフェキ	キラメール	パフェキ	キラメール
27日	エイト	オーリー	エイト	オーリー	イクオル	キック	ハーミー	キラメール	パフェキ	キラメール	パフェキ	キック
28日	イクオル	キック	イクオル	キック	ハーミー	キラメール	パフェキ	キラメール	キック	ハーミー	キック	オーリー
29日	ハーミー	キラメール	ハーミー	キラメール	パフェキ	キラメール	パフェキ	キック	ハーミー	オーリー	イクオル	オーリー
30日	パフェキ		パフェキ	キラメール	パフェキ	キック	ハーミー	オーリー	イクオル	オーリー	ハーミー	キック
31日	パフェキ		パフェキ		ハーミー		イクオル	オーリー		キック		キラメール

1949　昭和24年

	1月	2月	3月	4月	5月	6月	7月	8月	9月	10月	11月	12月
1日	キラメール	ハーミー	キラメール	パフェキ	キラメール	ハーミー	キック	イクオル	ガンバーニ	エイト	ナチュール	ナチュール
2日	キック	イクオル	キラメール	ハーミー	キック	イクオル	オーリー	エイト	ナチュール	フィック	ロミー	ピオニー
3日	オーリー	エイト	キック	イクオル	オーリー	エイト	ガンバーニ	フィック	ロミー	ピオニー	ピオニー	ロミー
4日	ガンバーニ	フィック	オーリー	エイト	ガンバーニ	フィック	ナチュール	ピオニー	ピオニー	ロミー	キック	ハーミー
5日	ナチュール	ピオニー	ガンバーニ	フィック	ナチュール	ピオニー	ロミー	ロミー	キック	ハーミー	オーリー	イクオル
6日	ロミー	ロミー	ナチュール	ピオニー	ロミー	ロミー	ピオニー	ハーミー	オーリー	イクオル	ガンバーニ	エイト
7日	ピオニー	ハーミー	ロミー	ロミー	ピオニー	ハーミー	キック	イクオル	ガンバーニ	エイト	ナチュール	フィック
8日	キック	イクオル	ピオニー	ハーミー	キック	イクオル	オーリー	エイト	ナチュール	フィック	ロミー	ピオニー
9日	オーリー	エイト	キック	イクオル	オーリー	エイト	ガンバーニ	フィック	ロミー	ピオニー	ピオニー	ロミー
10日	ガンバーニ	フィック	オーリー	エイト	ガンバーニ	フィック	ナチュール	ピオニー	ピオニー	ロミー	フィック	ナチュール
11日	ナチュール	ピオニー	ガンバーニ	フィック	ナチュール	ピオニー	ロミー	ロミー	フィック	ナチュール	エイト	ガンバーニ
12日	ロミー	ロミー	ナチュール	ピオニー	ロミー	ロミー	ピオニー	ナチュール	エイト	ガンバーニ	イクオル	オーリー
13日	ピオニー	ナチュール	ロミー	ロミー	ピオニー	ナチュール	フィック	ガンバーニ	イクオル	オーリー	ハーミー	キック
14日	フィック	ガンバーニ	ピオニー	ナチュール	フィック	ガンバーニ	エイト	オーリー	ハーミー	キック	ロミー	ピオニー
15日	エイト	オーリー	フィック	ガンバーニ	エイト	オーリー	イクオル	キック	ロミー	ピオニー	ピオニー	ロミー
16日	イクオル	キック	エイト	オーリー	イクオル	キック	ハーミー	ピオニー	ピオニー	ロミー	フィック	ナチュール
17日	ハーミー	ピオニー	イクオル	キック	ハーミー	ピオニー	ロミー	ロミー	フィック	ナチュール	エイト	ガンバーニ
18日	ロミー	ロミー	ハーミー	ピオニー	ロミー	ロミー	ピオニー	ナチュール	エイト	ガンバーニ	イクオル	オーリー
19日	ピオニー	ナチュール	ロミー	ロミー	ピオニー	ナチュール	フィック	ガンバーニ	イクオル	オーリー	ハーミー	キック
20日	フィック	ガンバーニ	ピオニー	ナチュール	フィック	ガンバーニ	エイト	オーリー	ハーミー	キック	パフェキ	キラメール
21日	エイト	オーリー	フィック	ガンバーニ	エイト	オーリー	イクオル	キック	パフェキ	キラメール	パフェキ	キラメール
22日	イクオル	キック	エイト	オーリー	イクオル	キック	ハーミー	キラメール	パフェキ	キラメール	キック	オーリー
23日	ハーミー	キラメール	イクオル	キック	ハーミー	キラメール	パフェキ	キラメール	ハーミー	キック	イクオル	オーリー
24日	パフェキ	キラメール	ハーミー	キラメール	パフェキ	キラメール	パフェキ	キック	イクオル	オーリー	イクオル	オーリー
25日	パフェキ	キック	パフェキ	キラメール	パフェキ	キック	キラメール	イクオル	オーリー	イクオル	オーリー	キック
26日	ハーミー	オーリー	パフェキ	キック	ハーミー	オーリー	イクオル	オーリー	ハーミー	キック	パフェキ	キラメール
27日	イクオル	オーリー	ハーミー	オーリー	イクオル	オーリー	イクオル	キック	パフェキ	キラメール	パフェキ	キラメール
28日	イクオル	キック	イクオル	オーリー	イクオル	キック	ハーミー	キラメール	パフェキ	キラメール	キック	キック
29日	ハーミー		イクオル	キック	ハーミー	キラメール	パフェキ	キラメール	ハーミー	キック	イクオル	オーリー
30日	パフェキ		ハーミー	キラメール	パフェキ	キラメール	パフェキ	キック	イクオル	オーリー	エイト	ガンバーニ
31日	パフェキ		パフェキ		パフェキ		ハーミー	オーリー		ガンバーニ		ナチュール

1950　昭和25年

	1月	2月	3月	4月	5月	6月	7月	8月	9月	10月	11月	12月
1日	ロミー	ロミー	ナチュール	ビオニー	ロミー	ロミー	ビオニー	ロミー	オーリー	イクオル	ガンバーニ	エイト
2日	ビオニー	ハーミー	ロミー	ロミー	ビオニー	ハーミー	キック	イクオル	ガンバーニ	エイト	ナチュール	フィック
3日	キック	イクオル	ビオニー	ハーミー	キック	イクオル	オーリー	エイト	ナチュール	フィック	ロミー	ビオニー
4日	オーリー	エイト	キック	イクオル	オーリー	エイト	ガンバーニ	フィック	ロミー	ビオニー	ビオニー	ロミー
5日	ガンバーニ	フィック	オーリー	エイト	ガンバーニ	フィック	ナチュール	ビオニー	ビオニー	ロミー	フィック	ナチュール
6日	ナチュール	ビオニー	ガンバーニ	フィック	ナチュール	ビオニー	ロミー	ロミー	フィック	ナチュール	エイト	ガンバーニ
7日	ロミー	ロミー	ナチュール	ビオニー	ロミー	ロミー	ビオニー	ナチュール	エイト	ガンバーニ	イクオル	オーリー
8日	ビオニー	ナチュール	ロミー	ロミー	ビオニー	ナチュール	フィック	ガンバーニ	イクオル	オーリー	ハーミー	キック
9日	フィック	ガンバーニ	ビオニー	ナチュール	フィック	ガンバーニ	エイト	オーリー	ハーミー	キック	ロミー	ビオニー
10日	エイト	オーリー	フィック	ガンバーニ	エイト	オーリー	イクオル	キック	オーリー	ビオニー	ビオニー	ロミー
11日	イクオル	キック	エイト	オーリー	イクオル	キック	ハーミー	ビオニー	ビオニー	ロミー	フィック	ナチュール
12日	ハーミー	ビオニー	イクオル	キック	ハーミー	ビオニー	ロミー	ロミー	フィック	ナチュール	エイト	ガンバーニ
13日	ロミー	ロミー	ハーミー	ビオニー	ロミー	ロミー	ビオニー	ナチュール	エイト	ガンバーニ	イクオル	オーリー
14日	ビオニー	ナチュール	ロミー	ロミー	ビオニー	ナチュール	フィック	ガンバーニ	イクオル	オーリー	ハーミー	キック
15日	フィック	ガンバーニ	ビオニー	ナチュール	フィック	ガンバーニ	エイト	オーリー	ハーミー	キック	パフェキ	キラメール
16日	エイト	オーリー	フィック	ガンバーニ	エイト	オーリー	キック	イクオル	パフェキ	キラメール	パフェキ	キラメール
17日	イクオル	キック	エイト	オーリー	イクオル	キック	ハーミー	キラメール	パフェキ	キラメール	パフェキ	キック
18日	ハーミー	キラメール	イクオル	キック	ハーミー	キラメール	パフェキ	キラメール	ハーミー	キック	イクオル	オーリー
19日	パフェキ	キラメール	ハーミー	キラメール	パフェキ	キラメール	パフェキ	キック	イクオル	オーリー	イクオル	オーリー
20日	パフェキ	キック	パフェキ	キラメール	パフェキ	キック	ハーミー	オーリー	イクオル	オーリー	ハーミー	キック
21日	ハーミー	オーリー	ハーミー	キック	ハーミー	オーリー	イクオル	オーリー	ハーミー	キック	パフェキ	キラメール
22日	イクオル	オーリー	ハーミー	オーリー	イクオル	オーリー	イクオル	キック	パフェキ	キラメール	パフェキ	キラメール
23日	イクオル	キック	イクオル	オーリー	イクオル	キック	ハーミー	キラメール	パフェキ	キラメール	パフェキ	キック
24日	ハーミー	キラメール	イクオル	キック	ハーミー	キラメール	パフェキ	キラメール	ハーミー	キック	イクオル	オーリー
25日	パフェキ	キラメール	ハーミー	キラメール	パフェキ	キラメール	パフェキ	キック	イクオル	オーリー	エイト	ガンバーニ
26日	パフェキ	キック	パフェキ	キラメール	パフェキ	キック	ハーミー	オーリー	エイト	ガンバーニ	フィック	ナチュール
27日	ハーミー	オーリー	ハーミー	キック	ハーミー	オーリー	イクオル	ガンバーニ	フィック	ナチュール	ビオニー	ロミー
28日	イクオル	ガンバーニ	ハーミー	オーリー	イクオル	ガンバーニ	ナチュール	ビオニー	ビオニー	ロミー	ロミー	ビオニー
29日	エイト		イクオル	ガンバーニ	エイト	ナチュール	フィック	ロミー	ビオニー	ロミー	ロミー	ビオニー
30日	フィック		エイト	ナチュール	フィック	ロミー	ビオニー	ビオニー	ハーミー	キック	イクオル	オーリー
31日	ビオニー		フィック		ビオニー		ロミー	キック		オーリー		ガンバーニ

1951　昭和26年

	1月	2月	3月	4月	5月	6月	7月	8月	9月	10月	11月	12月
1日	ナチュール	ビオニー	ガンバーニ	フィック	ナチュール	ビオニー	ロミー	ロミー	ナチュール	オーリー	ナチュール	オーリー
2日	ロミー	ロミー	ナチュール	ビオニー	ロミー	ロミー	ビオニー	ナチュール	エイト	ガンバーニ	イクオル	キック
3日	ビオニー	ナチュール	ロミー	ロミー	ビオニー	ナチュール	フィック	ガンバーニ	イクオル	オーリー	ハーミー	キック
4日	フィック	ガンバーニ	ビオニー	ナチュール	フィック	ガンバーニ	エイト	オーリー	ハーミー	キック	キック	ビオニー
5日	エイト	オーリー	フィック	ガンバーニ	エイト	オーリー	イクオル	キック	ロミー	ビオニー	ビオニー	ロミー
6日	イクオル	キック	エイト	オーリー	イクオル	キック	ハーミー	ビオニー	ビオニー	ロミー	フィック	ナチュール
7日	ハーミー	ビオニー	イクオル	キック	ハーミー	ビオニー	ロミー	ロミー	ロミー	エイト	エイト	ガンバーニ
8日	ロミー	ロミー	ハーミー	ビオニー	ロミー	ロミー	ビオニー	ナチュール	エイト	ガンバーニ	イクオル	オーリー
9日	ビオニー	ナチュール	ロミー	ロミー	ビオニー	ナチュール	フィック	ガンバーニ	イクオル	オーリー	ハーミー	キック
10日	フィック	ガンバーニ	ビオニー	ナチュール	フィック	ガンバーニ	エイト	オーリー	ハーミー	キック	パフェキ	キラメール
11日	エイト	オーリー	フィック	ガンバーニ	エイト	オーリー	イクオル	キック	パフェキ	キラメール	パフェキ	キラメール
12日	イクオル	キック	エイト	オーリー	イクオル	キック	ハーミー	キラメール	パフェキ	キラメール	ハーミー	キック
13日	ハーミー	キラメール	イクオル	キック	ハーミー	キラメール	パフェキ	キラメール	ハーミー	キック	イクオル	オーリー
14日	パフェキ	キラメール	ハーミー	キラメール	パフェキ	キラメール	パフェキ	キック	イクオル	オーリー	イクオル	オーリー
15日	パフェキ	キック	パフェキ	キラメール	パフェキ	キック	ハーミー	オーリー	イクオル	オーリー	ハーミー	キック
16日	ハーミー	オーリー	パフェキ	キック	ハーミー	オーリー	イクオル	オーリー	ハーミー	キック	パフェキ	キラメール
17日	イクオル	オーリー	ハーミー	オーリー	イクオル	オーリー	イクオル	キック	パフェキ	キラメール	パフェキ	キラメール
18日	イクオル	キック	イクオル	オーリー	イクオル	キック	ハーミー	キラメール	パフェキ	キラメール	ハーミー	キック
19日	ハーミー	キラメール	イクオル	キック	ハーミー	キラメール	パフェキ	キラメール	ハーミー	キック	イクオル	オーリー
20日	パフェキ	キラメール	ハーミー	キラメール	パフェキ	キラメール	パフェキ	キック	イクオル	オーリー	エイト	ガンバーニ
21日	パフェキ	キック	パフェキ	キラメール	パフェキ	キック	ハーミー	オーリー	エイト	ガンバーニ	フィック	ナチュール
22日	ハーミー	オーリー	パフェキ	キック	ハーミー	オーリー	イクオル	ガンバーニ	フィック	ナチュール	ビオニー	ビオニー
23日	イクオル	ガンバーニ	ハーミー	オーリー	イクオル	ガンバーニ	エイト	ナチュール	ビオニー	ビオニー	ロミー	ビオニー
24日	エイト	ナチュール	イクオル	ガンバーニ	エイト	ナチュール	フィック	ロミー	ロミー	ビオニー	ハーミー	キック
25日	フィック	ロミー	エイト	ナチュール	フィック	ロミー	ビオニー	ビオニー	ロミー	キック	イクオル	オーリー
26日	ビオニー	ビオニー	フィック	ロミー	ビオニー	ビオニー	ロミー	キック	イクオル	オーリー	オーリー	ガンバーニ
27日	ロミー	キック	ビオニー	ビオニー	ロミー	キック	ハーミー	オーリー	エイト	ガンバーニ	フィック	ナチュール
28日	ハーミー	オーリー	ロミー	ビオニー	ハーミー	オーリー	イクオル	ガンバーニ	ガンバーニ	ナチュール	ビオニー	ロミー
29日	イクオル		ロミー	オーリー	イクオル	ガンバーニ	エイト	ナチュール	ナチュール	ビオニー	ビオニー	ビオニー
30日	エイト		イクオル	ガンバーニ	エイト	ナチュール	フィック	ロミー	ロミー	ビオニー	ナチュール	フィック
31日	フィック		エイト		フィック		ビオニー	ビオニー	ビオニー	フィック		エイト

136

1952　昭和27年

	1月	2月	3月	4月	5月	6月	7月	8月	9月	10月	11月	12月
1日	イクオル	キック	イクオル	キック	ハーミー	ピオニー	ロミー	ロミー	フィック	ナチュール	エイト	ガンバーニ
2日	ハーミー	ピオニー	ハーミー	ピオニー	ロミー	ロミー	ピオニー	ナチュール	エイト	ガンバーニ	イクオル	オーリー
3日	ロミー	ロミー	ロミー	ロミー	ピオニー	ナチュール	フィック	ガンバーニ	イクオル	オーリー	ハーミー	キック
4日	ピオニー	ナチュール	ピオニー	ナチュール	フィック	ガンバーニ	エイト	オーリー	ハーミー	キック	キラメール	キラメール
5日	フィック	ガンバーニ	フィック	ガンバーニ	エイト	オーリー	イクオル	キック	パフェキ	キラメール	パフェキ	キラメール
6日	エイト	オーリー	エイト	オーリー	イクオル	キック	ハーミー	キラメール	パフェキ	キラメール	ハーミー	キック
7日	ハーミー	キック	イクオル	キック	ハーミー	キラメール	パフェキ	キラメール	ハーミー	キック	イクオル	オーリー
8日	ハーミー	キラメール	ハーミー	キラメール	パフェキ	キラメール	パフェキ	キック	イクオル	オーリー	イクオル	オーリー
9日	パフェキ	キラメール	パフェキ	キラメール	パフェキ	キック	ハーミー	オーリー	イクオル	オーリー	ハーミー	キック
10日	パフェキ	キック	パフェキ	キック	ハーミー	オーリー	イクオル	オーリー	ハーミー	キック	パフェキ	キラメール
11日	ハーミー	オーリー	ハーミー	オーリー	イクオル	オーリー	イクオル	キック	パフェキ	キラメール	パフェキ	キラメール
12日	イクオル	オーリー	イクオル	オーリー	イクオル	キック	ハーミー	キラメール	パフェキ	キラメール	ハーミー	キック
13日	ロミー	キック	イクオル	キック	ハーミー	キラメール	パフェキ	キラメール	ハーミー	キック	イクオル	オーリー
14日	ハーミー	キラメール	ハーミー	キラメール	パフェキ	キラメール	パフェキ	キック	イクオル	オーリー	エイト	ガンバーニ
15日	パフェキ	キラメール	パフェキ	キラメール	パフェキ	キック	ハーミー	オーリー	エイト	ガンバーニ	フィック	ナチュール
16日	パフェキ	キック	パフェキ	キック	ハーミー	オーリー	イクオル	ガンバーニ	フィック	ナチュール	ピオニー	ロミー
17日	ハーミー	オーリー	ハーミー	オーリー	イクオル	ガンバーニ	エイト	ナチュール	ピオニー	ロミー	ロミー	ピオニー
18日	イクオル	ガンバーニ	イクオル	ガンバーニ	エイト	ナチュール	フィック	ロミー	ロミー	ピオニー	ハーミー	キック
19日	エイト	ナチュール	エイト	ナチュール	フィック	ロミー	ピオニー	ピオニー	ハーミー	キック	イクオル	オーリー
20日	フィック	ロミー	フィック	ロミー	ピオニー	ピオニー	ロミー	キック	イクオル	オーリー	エイト	ガンバーニ
21日	ピオニー	ピオニー	ピオニー	ピオニー	ロミー	キック	ハーミー	オーリー	エイト	ガンバーニ	フィック	ナチュール
22日	ロミー	キック	ロミー	キック	ハーミー	オーリー	イクオル	ガンバーニ	フィック	ナチュール	ピオニー	ロミー
23日	ハーミー	オーリー	ハーミー	オーリー	イクオル	ガンバーニ	エイト	ナチュール	ピオニー	ロミー	ロミー	ピオニー
24日	イクオル	ガンバーニ	イクオル	ガンバーニ	エイト	ナチュール	フィック	ロミー	ロミー	ピオニー	ナチュール	フィック
25日	エイト	ナチュール	エイト	ナチュール	フィック	ロミー	ピオニー	ピオニー	ナチュール	フィック	ガンバーニ	エイト
26日	フィック	ロミー	フィック	ロミー	ピオニー	ピオニー	ロミー	フィック	ガンバーニ	エイト	オーリー	イクオル
27日	ピオニー	ピオニー	ピオニー	ピオニー	ロミー	フィック	ナチュール	エイト	オーリー	イクオル	キック	ハーミー
28日	ロミー	フィック	ロミー	フィック	ナチュール	エイト	ガンバーニ	イクオル	キック	ハーミー	ピオニー	ロミー
29日	ナチュール	エイト	ナチュール	エイト	ガンバーニ	イクオル	オーリー	ハーミー	ピオニー	ロミー	ロミー	ピオニー
30日	ガンバーニ		ガンバーニ	イクオル	オーリー	ハーミー	キック	ロミー	ロミー	ピオニー	ナチュール	フィック
31日	オーリー		オーリー		キック		ピオニー	ピオニー		フィック		エイト

1953　昭和28年

	1月	2月	3月	4月	5月	6月	7月	8月	9月	10月	11月	12月
1日	イクオル	キック	エイト	オーリー	イクオル	キック	ハーミー	キラメール	パフェキ	キラメール	ハーミー	キック
2日	ハーミー	キラメール	イクオル	キック	ハーミー	キラメール	パフェキ	キラメール	ハーミー	キック	イクオル	オーリー
3日	パフェキ	キラメール	ハーミー	キラメール	パフェキ	キラメール	パフェキ	キック	イクオル	オーリー	イクオル	オーリー
4日	パフェキ	キック	パフェキ	キラメール	パフェキ	キック	ハーミー	オーリー	イクオル	オーリー	ハーミー	キック
5日	ハーミー	オーリー	パフェキ	キック	ハーミー	オーリー	イクオル	オーリー	ハーミー	キック	パフェキ	キラメール
6日	イクオル	オーリー	ハーミー	オーリー	イクオル	オーリー	イクオル	キック	パフェキ	キラメール	パフェキ	キラメール
7日	エイト	キック	イクオル	オーリー	イクオル	キック	ハーミー	キラメール	パフェキ	キラメール	ハーミー	キック
8日	ハーミー	キラメール	イクオル	キック	ハーミー	キラメール	パフェキ	キラメール	ハーミー	キック	イクオル	オーリー
9日	パフェキ	キラメール	ハーミー	キラメール	パフェキ	キラメール	パフェキ	キック	イクオル	オーリー	エイト	ガンバーニ
10日	パフェキ	キック	パフェキ	キラメール	パフェキ	キック	ハーミー	オーリー	エイト	ガンバーニ	フィック	ナチュール
11日	ハーミー	オーリー	パフェキ	キック	ハーミー	オーリー	イクオル	ガンバーニ	フィック	ナチュール	ピオニー	ロミー
12日	イクオル	ガンバーニ	ハーミー	オーリー	イクオル	ガンバーニ	エイト	ナチュール	ピオニー	ロミー	ロミー	ピオニー
13日	エイト	ナチュール	イクオル	ガンバーニ	エイト	ナチュール	フィック	ロミー	ロミー	ピオニー	ハーミー	キック
14日	フィック	ロミー	エイト	ナチュール	フィック	ロミー	ピオニー	ピオニー	ハーミー	キック	イクオル	オーリー
15日	ピオニー	ピオニー	フィック	ロミー	ピオニー	ピオニー	ロミー	キック	イクオル	オーリー	エイト	ガンバーニ
16日	ロミー	キック	ピオニー	ピオニー	ロミー	キック	ハーミー	オーリー	エイト	ガンバーニ	フィック	ナチュール
17日	ハーミー	オーリー	ロミー	キック	ハーミー	オーリー	イクオル	ガンバーニ	フィック	ナチュール	ピオニー	ロミー
18日	イクオル	ガンバーニ	ハーミー	オーリー	イクオル	ガンバーニ	エイト	ナチュール	ピオニー	ロミー	ロミー	ピオニー
19日	エイト	ナチュール	イクオル	ガンバーニ	エイト	ナチュール	フィック	ロミー	ロミー	ピオニー	ナチュール	フィック
20日	フィック	ロミー	エイト	ナチュール	フィック	ロミー	ピオニー	ピオニー	ナチュール	フィック	ガンバーニ	エイト
21日	ピオニー	ピオニー	フィック	ナチュール	ピオニー	ピオニー	ロミー	フィック	ガンバーニ	エイト	オーリー	イクオル
22日	ロミー	フィック	ピオニー	ピオニー	ロミー	フィック	ナチュール	エイト	オーリー	イクオル	キック	ハーミー
23日	ナチュール	エイト	ロミー	フィック	ナチュール	エイト	ガンバーニ	イクオル	キック	ハーミー	ピオニー	ロミー
24日	ガンバーニ	イクオル	ナチュール	エイト	ガンバーニ	イクオル	オーリー	ハーミー	ピオニー	ロミー	ロミー	ピオニー
25日	オーリー	ハーミー	ガンバーニ	イクオル	オーリー	ハーミー	キック	ロミー	ロミー	ピオニー	ナチュール	フィック
26日	キック	ロミー	オーリー	ハーミー	キック	ロミー	ピオニー	ピオニー	ナチュール	フィック	ガンバーニ	エイト
27日	ピオニー	ピオニー	キック	ロミー	ピオニー	ピオニー	ロミー	フィック	ガンバーニ	エイト	オーリー	イクオル
28日	ロミー	フィック	ピオニー	ピオニー	ロミー	フィック	ナチュール	エイト	オーリー	イクオル	キック	ハーミー
29日	ナチュール		ロミー	フィック	ナチュール	エイト	ガンバーニ	イクオル	キック	ハーミー	キラメール	パフェキ
30日	ガンバーニ		ナチュール	エイト	ガンバーニ	イクオル	オーリー	ハーミー	キラメール	パフェキ	キラメール	パフェキ
31日	オーリー		ガンバーニ		オーリー		キック	パフェキ		パフェキ		ハーミー

1954　昭和29年

	1月	2月	3月	4月	5月	6月	7月	8月	9月	10月	11月	12月
1日	イクオル	オーリー	ハーミー	オーリー	イクオル	オーリー	イクオル	キック	パフェキ	キラメール	パフェキ	キラメール
2日	イクオル	キック	イクオル	オーリー	イクオル	キック	ハーミー	キラメール	パフェキ	キラメール	ハーミー	キック
3日	ハーミー	キラメール	イクオル	キック	ハーミー	キラメール	パフェキ	キラメール	ハーミー	キック	イクオル	オーリー
4日	パフェキ	キラメール	キラメール	パフェキ	パフェキ	キラメール	パフェキ	キック	イクオル	オーリー	オーリー	キック
5日	パフェキ	キック	パフェキ	キラメール	パフェキ	キック	ハーミー	オーリー	エイト	ガンバーニ	フィック	ナチュール
6日	ハーミー	オーリー	パフェキ	キック	ハーミー	オーリー	イクオル	ガンバーニ	フィック	ナチュール	ピオニー	ロミー
7日	イクオル	ハーミー	ハーミー	オーリー	イクオル	ガンバーニ	エイト	ナチュール	ピオニー	ロミー	ロミー	ピオニー
8日	エイト	ナチュール	イクオル	ガンバーニ	エイト	ナチュール	フィック	ロミー	ロミー	ピオニー	ハーミー	キック
9日	フィック	ロミー	エイト	ナチュール	フィック	ロミー	ピオニー	ピオニー	ハーミー	キック	イクオル	オーリー
10日	フィック	ピオニー	フィック	ロミー	ピオニー	ピオニー	ロミー	キック	イクオル	オーリー	オーリー	ガンバーニ
11日	ロミー	キック	ピオニー	ピオニー	ロミー	キック	ハーミー	オーリー	エイト	ガンバーニ	フィック	ナチュール
12日	ハーミー	オーリー	ロミー	キック	ハーミー	オーリー	イクオル	ガンバーニ	フィック	ナチュール	ピオニー	ロミー
13日	イクオル	ガンバーニ	ハーミー	オーリー	イクオル	ガンバーニ	エイト	ナチュール	ピオニー	ロミー	ロミー	ピオニー
14日	エイト	ナチュール	イクオル	ガンバーニ	エイト	ナチュール	フィック	ロミー	ロミー	ピオニー	ナチュール	フィック
15日	フィック	ロミー	エイト	ナチュール	フィック	ロミー	ピオニー	ピオニー	ナチュール	フィック	ガンバーニ	エイト
16日	ピオニー	ピオニー	フィック	ロミー	ピオニー	ピオニー	ロミー	フィック	ガンバーニ	エイト	オーリー	イクオル
17日	ロミー	フィック	ピオニー	ピオニー	ロミー	フィック	ナチュール	エイト	オーリー	イクオル	キック	ハーミー
18日	ナチュール	エイト	ロミー	フィック	ナチュール	エイト	ガンバーニ	イクオル	キック	ハーミー	ピオニー	ロミー
19日	ガンバーニ	イクオル	ナチュール	エイト	ガンバーニ	イクオル	オーリー	ハーミー	ピオニー	ロミー	ロミー	ガンバーニ
20日	オーリー	ハーミー	ガンバーニ	イクオル	オーリー	ハーミー	キック	ロミー	ロミー	ピオニー	ナチュール	フィック
21日	キック	ロミー	オーリー	ハーミー	キック	ロミー	ピオニー	ピオニー	ナチュール	フィック	ガンバーニ	エイト
22日	ピオニー	ピオニー	キック	ロミー	ピオニー	ピオニー	ロミー	フィック	ガンバーニ	エイト	オーリー	イクオル
23日	ロミー	フィック	ピオニー	ピオニー	ロミー	フィック	ナチュール	エイト	オーリー	イクオル	キック	ハーミー
24日	ナチュール	エイト	ロミー	フィック	ナチュール	エイト	ガンバーニ	イクオル	キック	ハーミー	キラメール	パフェキ
25日	ガンバーニ	イクオル	ナチュール	エイト	ガンバーニ	イクオル	オーリー	ハーミー	キラメール	キラメール	パフェキ	パフェキ
26日	オーリー	ハーミー	ガンバーニ	イクオル	オーリー	ハーミー	キック	パフェキ	キラメール	パフェキ	キック	イクオル
27日	キック	パフェキ	オーリー	ハーミー	キック	パフェキ	キラメール	パフェキ	キック	ハーミー	オーリー	イクオル
28日	キラメール	パフェキ	キック	パフェキ	キラメール	パフェキ	キラメール	ハーミー	オーリー	イクオル	オーリー	ハーミー
29日	キラメール		キラメール	パフェキ	キラメール	ハーミー	キック	イクオル	オーリー	イクオル	キック	ハーミー
30日	キック		キラメール	ハーミー	キック	イクオル	オーリー	イクオル	キック	ハーミー	キラメール	パフェキ
31日	オーリー		キック		オーリー		オーリー	ハーミー		パフェキ		パフェキ

1955　昭和30年

	1月	2月	3月	4月	5月	6月	7月	8月	9月	10月	11月	12月
1日	ハーミー	オーリー	パフェキ	キック	ハーミー	オーリー	イクオル	ガンバーニ	フィック	ナチュール	ピオニー	ロミー
2日	イクオル	ガンバーニ	ハーミー	オーリー	イクオル	ガンバーニ	エイト	ナチュール	ピオニー	ロミー	ロミー	ピオニー
3日	エイト	ナチュール	イクオル	ガンバーニ	エイト	ナチュール	フィック	ロミー	ロミー	ピオニー	ハーミー	キック
4日	フィック	ロミー	エイト	ナチュール	フィック	ロミー	ピオニー	ピオニー	ハーミー	キック	イクオル	オーリー
5日	ピオニー	ピオニー	フィック	ロミー	ピオニー	ピオニー	ロミー	キック	イクオル	オーリー	エイト	ガンバーニ
6日	ロミー	キック	ピオニー	ピオニー	ロミー	キック	ハーミー	オーリー	エイト	ガンバーニ	フィック	ナチュール
7日	ハーミー	オーリー	ロミー	キック	ハーミー	オーリー	イクオル	ガンバーニ	フィック	ナチュール	ピオニー	ロミー
8日	イクオル	ガンバーニ	ハーミー	オーリー	イクオル	ガンバーニ	エイト	ナチュール	ピオニー	ロミー	ロミー	ピオニー
9日	エイト	ナチュール	イクオル	ガンバーニ	エイト	ナチュール	フィック	ロミー	ロミー	ピオニー	ナチュール	フィック
10日	フィック	ロミー	エイト	ナチュール	フィック	ロミー	ピオニー	ピオニー	ナチュール	フィック	ガンバーニ	イクオル
11日	ピオニー	ピオニー	フィック	ロミー	ピオニー	ピオニー	ロミー	フィック	ガンバーニ	エイト	オーリー	イクオル
12日	ロミー	フィック	ピオニー	ピオニー	ロミー	フィック	ナチュール	エイト	オーリー	イクオル	キック	ハーミー
13日	ナチュール	エイト	ロミー	フィック	ナチュール	エイト	ガンバーニ	イクオル	キック	ハーミー	ピオニー	ロミー
14日	ガンバーニ	イクオル	ナチュール	エイト	ガンバーニ	イクオル	オーリー	ハーミー	ピオニー	ロミー	ロミー	ピオニー
15日	オーリー	ハーミー	ガンバーニ	イクオル	オーリー	ハーミー	キック	ロミー	ロミー	ピオニー	ナチュール	フィック
16日	キック	ロミー	オーリー	ハーミー	キック	ロミー	ピオニー	ピオニー	ナチュール	フィック	ガンバーニ	エイト
17日	ピオニー	ピオニー	キック	ロミー	ピオニー	ピオニー	ロミー	フィック	ガンバーニ	エイト	オーリー	イクオル
18日	ロミー	フィック	ピオニー	ピオニー	ロミー	フィック	ナチュール	エイト	オーリー	イクオル	キック	ハーミー
19日	ナチュール	エイト	ロミー	フィック	ナチュール	エイト	ガンバーニ	イクオル	キック	ハーミー	キラメール	パフェキ
20日	ガンバーニ	イクオル	ナチュール	エイト	ガンバーニ	イクオル	オーリー	ハーミー	キラメール	パフェキ	キラメール	パフェキ
21日	オーリー	ハーミー	ガンバーニ	イクオル	オーリー	ハーミー	キック	パフェキ	キラメール	パフェキ	キック	ハーミー
22日	キック	パフェキ	オーリー	ハーミー	キック	パフェキ	キラメール	ハーミー	オーリー	ハーミー	オーリー	イクオル
23日	キラメール	パフェキ	キック	パフェキ	キラメール	パフェキ	キラメール	ハーミー	オーリー	イクオル	オーリー	イクオル
24日	キラメール	キック	キラメール	パフェキ	キラメール	ハーミー	キック	イクオル	オーリー	イクオル	キック	ハーミー
25日	キック	イクオル	キラメール	ハーミー	キック	イクオル	オーリー	イクオル	キック	ハーミー	オーリー	ハーミー
26日	オーリー	イクオル	キック	イクオル	オーリー	イクオル	オーリー	ハーミー	キラメール	パフェキ	キラメール	パフェキ
27日	オーリー	ハーミー	オーリー	イクオル	オーリー	ハーミー	キック	パフェキ	キラメール	パフェキ	キック	ハーミー
28日	オーリー	パフェキ	オーリー	ハーミー	キック	パフェキ	キラメール	パフェキ	キック	ハーミー	オーリー	イクオル
29日	キラメール		キック	パフェキ	キラメール	パフェキ	キラメール	ハーミー	オーリー	イクオル	ガンバーニ	エイト
30日	キラメール		キラメール	パフェキ	キラメール	ハーミー	キック	イクオル	ガンバーニ	エイト	ナチュール	フィック
31日	キック		キラメール		キック		オーリー	エイト		フィック		ピオニー

1956　昭和31年

	1月	2月	3月	4月	5月	6月	7月	8月	9月	10月	11月	12月
1日	ロミー	キック	ロミー	キック	ハーミー	ロミー	イクオル	ガンバーニ	ナチュール	フィック	ピオニー	ロミー
2日	ハーミー	オーリー	ハーミー	オーリー	イクオル	ガンバーニ	エイト	ナチュール	ピオニー	ロミー	ロミー	ピオニー
3日	イクオル	ガンバーニ	イクオル	ガンバーニ	エイト	ナチュール	フィック	ロミー	ロミー	ピオニー	ナチュール	フィック
4日	エイト	ナチュール	エイト	ナチュール	フィック	ロミー	ピオニー	ピオニー	ナチュール	フィック	ガンバーニ	エイト
5日	フィック	ロミー	フィック	ロミー	ピオニー	ピオニー	ロミー	フィック	ガンバーニ	エイト	オーリー	イクオル
6日	ピオニー	ピオニー	ピオニー	ピオニー	ロミー	フィック	ナチュール	エイト	オーリー	イクオル	キック	ハーミー
7日	ロミー	フィック	ロミー	フィック	ナチュール	エイト	ガンバーニ	イクオル	キック	ハーミー	ピオニー	ロミー
8日	ナチュール	エイト	ナチュール	エイト	ガンバーニ	イクオル	オーリー	ハーミー	ピオニー	ロミー	ロミー	ピオニー
9日	ガンバーニ	イクオル	ガンバーニ	イクオル	オーリー	ハーミー	キック	ロミー	ロミー	ピオニー	ナチュール	フィック
10日	オーリー	ハーミー	オーリー	ハーミー	キック	ロミー	ピオニー	ピオニー	ナチュール	フィック	フィック	ピオニー
11日	キック	ロミー	キック	ロミー	ピオニー	ピオニー	ロミー	フィック	ガンバーニ	エイト	オーリー	イクオル
12日	ピオニー	ピオニー	ピオニー	ピオニー	ロミー	フィック	ナチュール	エイト	オーリー	イクオル	キック	ハーミー
13日	ロミー	フィック	ロミー	フィック	ナチュール	エイト	ガンバーニ	イクオル	キック	ハーミー	キラメール	パフェキ
14日	ナチュール	エイト	ナチュール	エイト	ガンバーニ	イクオル	オーリー	ハーミー	キラメール	パフェキ	キラメール	パフェキ
15日	ガンバーニ	イクオル	ガンバーニ	イクオル	オーリー	ハーミー	キック	パフェキ	キラメール	パフェキ	キック	ハーミー
16日	オーリー	ハーミー	オーリー	ハーミー	キック	パフェキ	キラメール	パフェキ	キック	ハーミー	オーリー	イクオル
17日	キック	パフェキ	キック	パフェキ	キラメール	パフェキ	キック	ハーミー	オーリー	イクオル	オーリー	イクオル
18日	キラメール	パフェキ	キラメール	パフェキ	キラメール	ハーミー	キック	イクオル	オーリー	イクオル	キック	ハーミー
19日	キラメール	ハーミー	キラメール	ハーミー	キック	イクオル	オーリー	イクオル	キック	ハーミー	キラメール	パフェキ
20日	キック	イクオル	キック	イクオル	オーリー	ハーミー	キック	パフェキ	キラメール	パフェキ	キラメール	パフェキ
21日	オーリー	イクオル	オーリー	イクオル	オーリー	ハーミー	キック	パフェキ	キラメール	パフェキ	キック	ハーミー
22日	オーリー	ハーミー	オーリー	ハーミー	キック	パフェキ	キラメール	パフェキ	キック	ハーミー	オーリー	イクオル
23日	キック	パフェキ	キック	パフェキ	キラメール	パフェキ	キラメール	ハーミー	オーリー	イクオル	ガンバーニ	エイト
24日	キラメール	パフェキ	キラメール	パフェキ	キラメール	ハーミー	キック	イクオル	ガンバーニ	エイト	ナチュール	フィック
25日	キラメール	ハーミー	キラメール	ハーミー	オーリー	エイト	ガンバーニ	フィック	ナチュール	フィック	フィック	ピオニー
26日	キック	イクオル	キック	イクオル	オーリー	エイト	ガンバーニ	フィック	ロミー	ピオニー	ピオニー	ロミー
27日	オーリー	エイト	オーリー	エイト	ガンバーニ	フィック	ナチュール	ピオニー	ピオニー	ロミー	キック	ハーミー
28日	ガンバーニ	フィック	ガンバーニ	フィック	ナチュール	ピオニー	ロミー	ロミー	キック	ハーミー	オーリー	イクオル
29日	ナチュール	ピオニー	ナチュール	ピオニー	ロミー	ロミー	ピオニー	ハーミー	オーリー	イクオル	ガンバーニ	エイト
30日	ロミー		ロミー	ロミー	ピオニー	ハーミー	キック	イクオル	ガンバーニ	エイト	ナチュール	フィック
31日	ピオニー		ピオニー		キック		オーリー	エイト		フィック		ピオニー

1957　昭和32年

	1月	2月	3月	4月	5月	6月	7月	8月	9月	10月	11月	12月
1日	ロミー	フィック	ピオニー	ピオニー	ロミー	フィック	ナチュール	エイト	オーリー	イクオル	キック	ハーミー
2日	ナチュール	エイト	ロミー	フィック	ナチュール	エイト	ガンバーニ	イクオル	キック	ハーミー	ピオニー	ロミー
3日	ガンバーニ	イクオル	ナチュール	エイト	ガンバーニ	イクオル	オーリー	ハーミー	ピオニー	ロミー	ロミー	ピオニー
4日	オーリー	ハーミー	ガンバーニ	イクオル	オーリー	ハーミー	キック	ロミー	ロミー	ピオニー	ナチュール	フィック
5日	キック	ロミー	オーリー	ハーミー	キック	ロミー	ピオニー	ピオニー	ナチュール	フィック	ガンバーニ	エイト
6日	ピオニー	ピオニー	キック	ロミー	ピオニー	ピオニー	ロミー	フィック	ガンバーニ	エイト	オーリー	イクオル
7日	ロミー	フィック	ピオニー	ピオニー	ロミー	フィック	ナチュール	エイト	オーリー	イクオル	キック	ハーミー
8日	ナチュール	エイト	ロミー	フィック	ナチュール	エイト	ガンバーニ	イクオル	キック	ハーミー	キラメール	パフェキ
9日	ガンバーニ	イクオル	ナチュール	エイト	ガンバーニ	イクオル	オーリー	ハーミー	キラメール	パフェキ	キラメール	パフェキ
10日	オーリー	ハーミー	ガンバーニ	イクオル	オーリー	ハーミー	キック	パフェキ	キラメール	パフェキ	キック	ハーミー
11日	キック	パフェキ	オーリー	ハーミー	キック	パフェキ	キラメール	パフェキ	キック	ハーミー	オーリー	イクオル
12日	キラメール	パフェキ	キック	パフェキ	キラメール	パフェキ	キラメール	ハーミー	オーリー	イクオル	オーリー	イクオル
13日	キラメール	ハーミー	キラメール	パフェキ	キラメール	ハーミー	イクオル	オーリー	イクオル	キック	ハーミー	キラメール	パフェキ
14日	オーリー	イクオル	キック	パフェキ	オーリー	イクオル	オーリー	ハーミー	キラメール	パフェキ	キラメール	パフェキ
15日	オーリー	イクオル	キック	イクオル	オーリー	ハーミー	キック	パフェキ	キラメール	パフェキ	キラメール	パフェキ
16日	オーリー	ハーミー	オーリー	イクオル	オーリー	ハーミー	キック	パフェキ	キラメール	パフェキ	キック	ハーミー
17日	キック	パフェキ	キック	パフェキ	キック	パフェキ	キラメール	パフェキ	キラメール	ハーミー	オーリー	イクオル
18日	キラメール	パフェキ	キック	パフェキ	キラメール	パフェキ	キラメール	ハーミー	オーリー	イクオル	ガンバーニ	エイト
19日	キラメール	ハーミー	キラメール	パフェキ	キラメール	ハーミー	キック	イクオル	ガンバーニ	エイト	ナチュール	フィック
20日	キック	イクオル	キラメール	ハーミー	キック	イクオル	オーリー	エイト	ナチュール	フィック	フィック	ピオニー
21日	オーリー	エイト	キック	イクオル	オーリー	エイト	ガンバーニ	フィック	ロミー	ピオニー	ピオニー	ロミー
22日	ガンバーニ	フィック	オーリー	エイト	ガンバーニ	フィック	ナチュール	ピオニー	ピオニー	ロミー	キック	ハーミー
23日	ナチュール	ピオニー	ガンバーニ	フィック	ナチュール	ピオニー	ロミー	ロミー	キック	ハーミー	オーリー	イクオル
24日	ロミー	ロミー	ナチュール	ピオニー	ロミー	ロミー	ピオニー	ハーミー	オーリー	イクオル	ガンバーニ	エイト
25日	ピオニー	ハーミー	ロミー	ロミー	ピオニー	ハーミー	イクオル	オーリー	ガンバーニ	エイト	ナチュール	フィック
26日	ロミー	イクオル	ピオニー	ハーミー	ロミー	イクオル	オーリー	エイト	ナチュール	フィック	ピオニー	ロミー
27日	オーリー	エイト	キック	イクオル	オーリー	エイト	ガンバーニ	フィック	ロミー	ピオニー	ピオニー	ロミー
28日	ガンバーニ	フィック	オーリー	エイト	ガンバーニ	フィック	ナチュール	ピオニー	ピオニー	ロミー	キック	ハーミー
29日	ナチュール		オーリー	エイト	ナチュール	ピオニー	ロミー	ロミー	ピオニー	フィック	エイト	ガンバーニ
30日	ロミー		ナチュール	ピオニー	ロミー	ロミー	ピオニー	ナチュール	エイト	ガンバーニ	イクオル	オーリー
31日	ピオニー		ロミー		ピオニー		フィック	ガンバーニ		オーリー		キック

139

1958　昭和33年

	1月	2月	3月	4月	5月	6月	7月	8月	9月	10月	11月	12月
1日	ピオニー	ピオニー	キック	ロミー	ピオニー	ピオニー	ロミー	フィック	ガンバーニ	エイト	オーリー	イクオル
2日	ロミー	フィック	ピオニー	ピオニー	ロミー	フィック	ナチュール	エイト	オーリー	イクオル	キック	ハーミー
3日	ナチュール	エイト	ロミー	フィック	ナチュール	エイト	ガンバーニ	イクオル	キック	ハーミー	キラメール	パフェキ
4日	ガンバーニ	イクオル	ナチュール	エイト	ガンバーニ	イクオル	オーリー	ハーミー	キラメール	キラメール	パフェキ	パフェキ
5日	オーリー	ハーミー	ガンバーニ	イクオル	オーリー	ハーミー	キック	パフェキ	キラメール	パフェキ	キック	パフェキ
6日	キック	パフェキ	オーリー	ハーミー	キック	パフェキ	キラメール	パフェキ	キック	ハーミー	オーリー	イクオル
7日	キラメール	パフェキ	キック	パフェキ	キラメール	パフェキ	ハーミー	キック	イクオル	オーリー	オーリー	イクオル
8日	キラメール	ハーミー	キラメール	パフェキ	キラメール	ハーミー	キック	イクオル	オーリー	イクオル	キック	パフェキ
9日	キック	イクオル	キラメール	ハーミー	キック	イクオル	オーリー	イクオル	キック	ハーミー	キラメール	パフェキ
10日	オーリー	イクオル	キック	イクオル	オーリー	イクオル	オーリー	ハーミー	キラメール	キラメール	パフェキ	パフェキ
11日	オーリー	ハーミー	オーリー	イクオル	オーリー	ハーミー	キック	パフェキ	キラメール	パフェキ	キック	パフェキ
12日	キック	パフェキ	オーリー	ハーミー	キック	パフェキ	キラメール	パフェキ	キック	ハーミー	オーリー	イクオル
13日	キラメール	パフェキ	キック	パフェキ	キラメール	パフェキ	ハーミー	キック	イクオル	オーリー	ガンバーニ	エイト
14日	キラメール	ハーミー	キラメール	パフェキ	キラメール	ハーミー	キック	イクオル	ガンバーニ	エイト	ナチュール	フィック
15日	キック	イクオル	キラメール	ハーミー	キック	イクオル	オーリー	エイト	ナチュール	フィック	ロミー	ピオニー
16日	オーリー	エイト	キック	イクオル	オーリー	エイト	ガンバーニ	フィック	ピオニー	ピオニー	ピオニー	ロミー
17日	ガンバーニ	フィック	オーリー	エイト	ガンバーニ	フィック	ナチュール	ピオニー	ピオニー	ロミー	キック	ハーミー
18日	ナチュール	ピオニー	ガンバーニ	フィック	ナチュール	ピオニー	ロミー	ロミー	キック	ハーミー	オーリー	イクオル
19日	ロミー	ロミー	ナチュール	ピオニー	ロミー	ロミー	ピオニー	ロミー	イクオル	ガンバーニ	エイト	エイト
20日	ピオニー	ハーミー	ロミー	ロミー	ピオニー	ハーミー	キック	イクオル	ガンバーニ	エイト	ナチュール	フィック
21日	キック	イクオル	ピオニー	ハーミー	キック	イクオル	オーリー	エイト	ナチュール	フィック	ロミー	ピオニー
22日	オーリー	エイト	キック	イクオル	オーリー	エイト	ガンバーニ	フィック	ピオニー	ピオニー	ロミー	ピオニー
23日	ガンバーニ	フィック	オーリー	エイト	ガンバーニ	フィック	ナチュール	ピオニー	ピオニー	フィック	ナチュール	ナチュール
24日	ナチュール	ピオニー	ガンバーニ	フィック	ナチュール	ピオニー	ロミー	ロミー	フィック	ナチュール	エイト	ガンバーニ
25日	ロミー	ロミー	ナチュール	ピオニー	ロミー	ロミー	ピオニー	エイト	ナチュール	イクオル	ガンバーニ	オーリー
26日	ピオニー	ナチュール	ロミー	ロミー	ピオニー	ナチュール	フィック	ガンバーニ	イクオル	オーリー	ハーミー	キック
27日	フィック	ガンバーニ	ピオニー	ナチュール	フィック	ガンバーニ	エイト	オーリー	ハーミー	キック	ロミー	ピオニー
28日	エイト	オーリー	フィック	ガンバーニ	エイト	オーリー	イクオル	キック	ロミー	ピオニー	ピオニー	ロミー
29日	イクオル		エイト	オーリー	イクオル	キック	ハーミー	ロミー	ピオニー	ピオニー	フィック	ナチュール
30日	ハーミー		イクオル	キック	ハーミー	ピオニー	ロミー	ロミー	フィック	ナチュール	エイト	ガンバーニ
31日	ロミー		ハーミー		ロミー		ピオニー	ナチュール		ガンバーニ		オーリー

1959　昭和34年

	1月	2月	3月	4月	5月	6月	7月	8月	9月	10月	11月	12月
1日	キック	パフェキ	オーリー	ハーミー	キック	パフェキ	キラメール	パフェキ	キック	ハーミー	オーリー	イクオル
2日	キラメール	パフェキ	キック	パフェキ	キラメール	パフェキ	キラメール	ハーミー	オーリー	イクオル	キック	ハーミー
3日	キラメール	ハーミー	キラメール	パフェキ	キラメール	ハーミー	キック	イクオル	オーリー	イクオル	キック	ハーミー
4日	キック	イクオル	キラメール	ハーミー	キック	イクオル	オーリー	イクオル	キック	ハーミー	キラメール	パフェキ
5日	オーリー	イクオル	キック	イクオル	オーリー	イクオル	オーリー	ハーミー	キラメール	パフェキ	キラメール	パフェキ
6日	オーリー	ハーミー	オーリー	イクオル	オーリー	ハーミー	キック	パフェキ	キラメール	パフェキ	キック	ハーミー
7日	キック	パフェキ	オーリー	ハーミー	キック	パフェキ	キラメール	パフェキ	キック	ハーミー	オーリー	イクオル
8日	キラメール	パフェキ	キック	パフェキ	キラメール	パフェキ	キラメール	ハーミー	オーリー	イクオル	ガンバーニ	エイト
9日	キラメール	ハーミー	キラメール	パフェキ	キラメール	ハーミー	キック	イクオル	ガンバーニ	エイト	ナチュール	フィック
10日	キック	イクオル	キラメール	ハーミー	キック	イクオル	オーリー	エイト	ナチュール	フィック	ロミー	ピオニー
11日	オーリー	エイト	キック	イクオル	オーリー	エイト	ガンバーニ	フィック	ピオニー	ピオニー	ピオニー	ロミー
12日	ガンバーニ	フィック	オーリー	エイト	ガンバーニ	フィック	ナチュール	ピオニー	ピオニー	ロミー	キック	ハーミー
13日	ナチュール	ピオニー	ガンバーニ	フィック	ナチュール	ピオニー	ロミー	ロミー	キック	ハーミー	オーリー	イクオル
14日	ロミー	ロミー	ナチュール	ピオニー	ロミー	ロミー	ピオニー	ロミー	オーリー	イクオル	ガンバーニ	エイト
15日	ピオニー	ハーミー	ロミー	ロミー	ピオニー	ハーミー	キック	イクオル	ガンバーニ	エイト	ナチュール	フィック
16日	キック	イクオル	ピオニー	ハーミー	キック	イクオル	オーリー	エイト	ナチュール	フィック	ロミー	ピオニー
17日	オーリー	エイト	キック	イクオル	オーリー	エイト	ガンバーニ	フィック	ピオニー	ピオニー	ロミー	ピオニー
18日	ガンバーニ	フィック	オーリー	エイト	ガンバーニ	フィック	ナチュール	ピオニー	ピオニー	ロミー	フィック	ナチュール
19日	ナチュール	ピオニー	ガンバーニ	フィック	ナチュール	ピオニー	ロミー	ロミー	フィック	ナチュール	エイト	ガンバーニ
20日	ロミー	ロミー	ナチュール	ピオニー	ロミー	ロミー	ピオニー	ナチュール	エイト	ガンバーニ	イクオル	オーリー
21日	ピオニー	ナチュール	ロミー	ロミー	ピオニー	ナチュール	フィック	ガンバーニ	イクオル	オーリー	ハーミー	キック
22日	フィック	ガンバーニ	ピオニー	ナチュール	フィック	ガンバーニ	エイト	オーリー	ハーミー	キック	ロミー	ピオニー
23日	エイト	オーリー	フィック	ガンバーニ	エイト	オーリー	イクオル	キック	キック	ロミー	ピオニー	ロミー
24日	イクオル	キック	エイト	オーリー	イクオル	キック	ハーミー	ピオニー	ピオニー	ロミー	フィック	ナチュール
25日	ハーミー	ピオニー	イクオル	キック	ハーミー	ピオニー	ロミー	ロミー	フィック	ナチュール	エイト	ガンバーニ
26日	ロミー	ロミー	ハーミー	ピオニー	ロミー	ロミー	ナチュール	ロミー	ガンバーニ	イクオル	ガンバーニ	オーリー
27日	ピオニー	ナチュール	ロミー	ロミー	ピオニー	ナチュール	フィック	ガンバーニ	イクオル	オーリー	ハーミー	キック
28日	フィック	ガンバーニ	ピオニー	ナチュール	フィック	ガンバーニ	エイト	オーリー	ハーミー	キック	パフェキ	キラメール
29日	エイト		フィック	ガンバーニ	エイト	オーリー	イクオル	キック	パフェキ	パフェキ	キラメール	キラメール
30日	イクオル		エイト	オーリー	イクオル	キック	ハーミー	キラメール	パフェキ	キラメール	キラメール	キック
31日	ハーミー		イクオル		ハーミー		パフェキ	キラメール		キック		オーリー

1960　昭和35年

	1月	2月	3月	4月	5月	6月	7月	8月	9月	10月	11月	12月
1日	オーリー	ハーミー	オーリー	ハーミー	パフェキ	パフェキ	キラメール	パフェキ	キック	ハーミー	オーリー	イクオル
2日	キック	パフェキ	キック	パフェキ	キラメール	パフェキ	キラメール	ハーミー	オーリー	イクオル	ガンバーニ	エイト
3日	キラメール	パフェキ	キラメール	パフェキ	キラメール	ハーミー	キック	イクオル	ガンバーニ	エイト	ナチュール	フィック
4日	キラメール	ハーミー	キラメール	ハーミー	キック	イクオル	オーリー	エイト	ナチュール	フィック	ロミー	ピオニー
5日	キック	イクオル	キック	イクオル	オーリー	エイト	ガンバーニ	フィック	ロミー	ピオニー	ピオニー	ロミー
6日	オーリー	エイト	オーリー	エイト	ガンバーニ	フィック	ナチュール	ピオニー	ピオニー	ロミー	キック	ハーミー
7日	ガンバーニ	フィック	ガンバーニ	フィック	ナチュール	ピオニー	ロミー	ロミー	ロミー	ハーミー	オーリー	イクオル
8日	ナチュール	ピオニー	ナチュール	ピオニー	ロミー	ロミー	ピオニー	ハーミー	オーリー	イクオル	ガンバーニ	エイト
9日	ロミー	ロミー	ロミー	ロミー	ピオニー	ハーミー	キック	イクオル	ガンバーニ	エイト	ナチュール	フィック
10日	ロミー	ハーミー	ピオニー	ハーミー	キック	イクオル	オーリー	エイト	ナチュール	フィック	ロミー	ピオニー
11日	キック	イクオル	キック	イクオル	オーリー	エイト	ガンバーニ	フィック	ロミー	ピオニー	ピオニー	ロミー
12日	オーリー	エイト	オーリー	エイト	ガンバーニ	フィック	ナチュール	ピオニー	ピオニー	ロミー	フィック	ナチュール
13日	ガンバーニ	フィック	ガンバーニ	フィック	ナチュール	ピオニー	ロミー	ロミー	フィック	ナチュール	エイト	ガンバーニ
14日	ナチュール	ピオニー	ナチュール	ピオニー	ロミー	ロミー	ピオニー	ナチュール	エイト	ガンバーニ	イクオル	オーリー
15日	ロミー	ロミー	ロミー	ロミー	ピオニー	ナチュール	フィック	ガンバーニ	イクオル	オーリー	ハーミー	キック
16日	ピオニー	ナチュール	ピオニー	ナチュール	フィック	ガンバーニ	エイト	オーリー	ハーミー	キック	ロミー	ピオニー
17日	フィック	ガンバーニ	フィック	ガンバーニ	エイト	オーリー	イクオル	キック	ロミー	ピオニー	ピオニー	ロミー
18日	エイト	オーリー	エイト	オーリー	イクオル	キック	ハーミー	ピオニー	ピオニー	ロミー	フィック	ナチュール
19日	イクオル	キック	イクオル	キック	ハーミー	ピオニー	ロミー	ロミー	フィック	ナチュール	エイト	ガンバーニ
20日	ハーミー	ピオニー	ハーミー	ピオニー	ロミー	ロミー	ピオニー	ナチュール	エイト	ガンバーニ	イクオル	オーリー
21日	ロミー	ロミー	ロミー	ロミー	ピオニー	ナチュール	フィック	ガンバーニ	イクオル	オーリー	ハーミー	キック
22日	ロミー	ナチュール	ピオニー	ナチュール	フィック	ガンバーニ	エイト	オーリー	ハーミー	キック	パフェキ	キラメール
23日	フィック	ガンバーニ	フィック	ガンバーニ	エイト	オーリー	イクオル	キック	パフェキ	キラメール	パフェキ	キラメール
24日	エイト	オーリー	エイト	オーリー	イクオル	キック	ハーミー	キラメール	パフェキ	キラメール	ハーミー	キック
25日	イクオル	キック	イクオル	キック	ハーミー	キラメール	パフェキ	キラメール	ハーミー	キック	イクオル	オーリー
26日	ハーミー	キラメール	ハーミー	キラメール	パフェキ	キラメール	パフェキ	キック	イクオル	オーリー	イクオル	オーリー
27日	パフェキ	キラメール	パフェキ	キラメール	パフェキ	キック	ハーミー	オーリー	イクオル	オーリー	ハーミー	キック
28日	パフェキ	キック	パフェキ	キック	ハーミー	オーリー	イクオル	オーリー	ハーミー	キック	パフェキ	ハーミー
29日	ハーミー	オーリー	ハーミー	オーリー	イクオル	オーリー	イクオル	キック	パフェキ	キラメール	パフェキ	キラメール
30日	イクオル		イクオル	オーリー	イクオル	キック	ハーミー	キラメール	パフェキ	キラメール	ハーミー	キック
31日	イクオル		イクオル		ハーミー		パフェキ	キラメール		キック		オーリー

1961　昭和36年

	1月	2月	3月	4月	5月	6月	7月	8月	9月	10月	11月	12月
1日	ガンバーニ	フィック	オーリー	エイト	ガンバーニ	フィック	ナチュール	ピオニー	ピオニー	ロミー	キック	ハーミー
2日	ナチュール	ピオニー	ガンバーニ	フィック	ナチュール	ピオニー	ロミー	ロミー	キック	ハーミー	オーリー	イクオル
3日	ロミー	ロミー	ナチュール	ピオニー	ロミー	ロミー	ピオニー	ハーミー	オーリー	イクオル	ガンバーニ	エイト
4日	ピオニー	ハーミー	ロミー	ピオニー	ピオニー	ハーミー	キック	イクオル	ガンバーニ	エイト	ナチュール	フィック
5日	キック	イクオル	ピオニー	ハーミー	キック	イクオル	オーリー	エイト	ナチュール	フィック	ロミー	ピオニー
6日	オーリー	エイト	キック	イクオル	オーリー	エイト	ガンバーニ	フィック	ロミー	ピオニー	ピオニー	ロミー
7日	ガンバーニ	フィック	オーリー	エイト	ガンバーニ	フィック	ナチュール	ピオニー	ピオニー	ロミー	フィック	ナチュール
8日	ナチュール	ピオニー	ガンバーニ	フィック	ナチュール	ピオニー	ロミー	ロミー	フィック	ナチュール	エイト	ガンバーニ
9日	ロミー	ロミー	ナチュール	ピオニー	ロミー	ロミー	ピオニー	ナチュール	エイト	ガンバーニ	イクオル	オーリー
10日	ピオニー	ナチュール	ロミー	ロミー	ピオニー	ナチュール	フィック	ガンバーニ	イクオル	オーリー	ハーミー	キック
11日	フィック	ガンバーニ	ピオニー	ナチュール	フィック	ガンバーニ	エイト	オーリー	ハーミー	キック	ロミー	ピオニー
12日	エイト	オーリー	フィック	ガンバーニ	エイト	オーリー	イクオル	キック	ロミー	ピオニー	ピオニー	ロミー
13日	イクオル	キック	エイト	オーリー	イクオル	キック	ハーミー	ピオニー	ピオニー	ロミー	フィック	ナチュール
14日	ハーミー	ピオニー	イクオル	キック	ハーミー	ピオニー	ロミー	ロミー	フィック	ナチュール	エイト	ガンバーニ
15日	ロミー	ロミー	ハーミー	ピオニー	ロミー	ロミー	ピオニー	ナチュール	エイト	ガンバーニ	イクオル	オーリー
16日	ピオニー	ナチュール	ロミー	ロミー	ピオニー	ナチュール	フィック	ガンバーニ	イクオル	オーリー	ハーミー	キック
17日	フィック	ガンバーニ	ピオニー	ナチュール	フィック	ガンバーニ	エイト	オーリー	ハーミー	キック	パフェキ	キラメール
18日	エイト	オーリー	フィック	ガンバーニ	エイト	オーリー	イクオル	キック	パフェキ	キラメール	パフェキ	キラメール
19日	イクオル	キック	エイト	オーリー	イクオル	キック	ハーミー	キラメール	パフェキ	キラメール	ハーミー	キック
20日	ハーミー	キラメール	イクオル	キック	ハーミー	キラメール	パフェキ	キラメール	ハーミー	キック	イクオル	オーリー
21日	パフェキ	キラメール	ハーミー	キラメール	パフェキ	キラメール	パフェキ	キック	イクオル	オーリー	イクオル	オーリー
22日	パフェキ	キック	パフェキ	キラメール	パフェキ	キック	ハーミー	オーリー	イクオル	オーリー	ハーミー	キック
23日	ハーミー	オーリー	パフェキ	キック	ハーミー	オーリー	イクオル	オーリー	ハーミー	キック	パフェキ	キラメール
24日	イクオル	オーリー	ハーミー	オーリー	イクオル	オーリー	イクオル	キック	パフェキ	キラメール	パフェキ	キラメール
25日	イクオル	キック	ハーミー	オーリー	イクオル	キック	オーリー	キック	パフェキ	キラメール	ハーミー	キック
26日	ハーミー	キラメール	イクオル	キック	ハーミー	キラメール	パフェキ	キラメール	ハーミー	キック	イクオル	オーリー
27日	パフェキ	キラメール	ハーミー	キラメール	パフェキ	キラメール	パフェキ	キック	イクオル	オーリー	エイト	ガンバーニ
28日	パフェキ	キック	パフェキ	キラメール	パフェキ	キック	ハーミー	オーリー	エイト	ガンバーニ	フィック	ナチュール
29日	ハーミー		パフェキ	キック	ハーミー	オーリー	イクオル	ガンバーニ	フィック	ナチュール	ピオニー	ピオニー
30日	イクオル		ハーミー	オーリー	イクオル	ガンバーニ	エイト	ナチュール	ピオニー	ロミー	ロミー	ピオニー
31日	エイト		イクオル		エイト		フィック	ロミー		ピオニー		キック

1962　昭和37年

	1月	2月	3月	4月	5月	6月	7月	8月	9月	10月	11月	12月
1日	オーリー	エイト	キック	イクオル	オーリー	ガンバーニ	フィック	ロミー	ピオニー	ピオニー	ピオニー	フィック
2日	ガンバーニ	フィック	オーリー	エイト	ガンバーニ	フィック	ナチュール	ピオニー	ピオニー	ロミー	フィック	ナチュール
3日	ナチュール	ピオニー	ガンバーニ	フィック	ナチュール	ピオニー	ロミー	ロミー	フィック	ナチュール	エイト	ガンバーニ
4日	ロミー	ロミー	ナチュール	ピオニー	ロミー	ロミー	ピオニー	ナチュール	エイト	ガンバーニ	ロミー	オーリー
5日	ピオニー	ナチュール	ロミー	ロミー	ピオニー	ナチュール	フィック	ガンバーニ	イクオル	オーリー	ハーミー	キック
6日	フィック	ガンバーニ	ピオニー	ナチュール	フィック	ガンバーニ	エイト	オーリー	ハーミー	キック	ロミー	ピオニー
7日	エイト	オーリー	フィック	ガンバーニ	エイト	オーリー	ロミー	ロミー	ピオニー	ピオニー	ロミー	ピオニー
8日	イクオル	キック	キック	エイト	オーリー	イクオル	キック	ハーミー	ピオニー	ピオニー	フィック	ナチュール
9日	ハーミー	ピオニー	イクオル	キック	ハーミー	ピオニー	ロミー	ロミー	フィック	ナチュール	エイト	ガンバーニ
10日	ロミー	ロミー	ハーミー	ピオニー	ロミー	ロミー	ロミー	ナチュール	ガンバーニ	イクオル	イクオル	オーリー
11日	ピオニー	ナチュール	ロミー	ロミー	ピオニー	ナチュール	フィック	ガンバーニ	イクオル	オーリー	ハーミー	キック
12日	フィック	ガンバーニ	ピオニー	ナチュール	フィック	ガンバーニ	エイト	オーリー	ハーミー	キック	パフェキ	キラメール
13日	エイト	オーリー	フィック	ガンバーニ	エイト	オーリー	ハーミー	キラメール	パフェキ	キラメール	パフェキ	キラメール
14日	イクオル	キック	エイト	オーリー	イクオル	キック	ハーミー	キラメール	パフェキ	キラメール	ハーミー	キック
15日	ハーミー	キラメール	イクオル	キック	ハーミー	キラメール	パフェキ	キラメール	ハーミー	キック	イクオル	オーリー
16日	パフェキ	キラメール	ハーミー	キラメール	パフェキ	キラメール	パフェキ	キック	イクオル	オーリー	イクオル	オーリー
17日	パフェキ	キック	パフェキ	キラメール	パフェキ	キック	ハーミー	オーリー	イクオル	イクオル	ハーミー	キック
18日	ハーミー	オーリー	パフェキ	キック	ハーミー	オーリー	イクオル	オーリー	ハーミー	キック	パフェキ	キラメール
19日	イクオル	オーリー	ハーミー	オーリー	イクオル	オーリー	イクオル	キック	パフェキ	キラメール	パフェキ	キラメール
20日	イクオル	キック	イクオル	オーリー	イクオル	キック	ハーミー	キラメール	パフェキ	キラメール	ハーミー	キック
21日	ハーミー	キラメール	イクオル	キック	ハーミー	キラメール	パフェキ	キラメール	ハーミー	キック	イクオル	オーリー
22日	パフェキ	キラメール	ハーミー	キラメール	パフェキ	キラメール	パフェキ	キック	イクオル	オーリー	エイト	ガンバーニ
23日	パフェキ	キック	パフェキ	キラメール	パフェキ	キック	ハーミー	オーリー	エイト	ガンバーニ	フィック	ナチュール
24日	ハーミー	オーリー	パフェキ	キック	ハーミー	オーリー	イクオル	ガンバーニ	フィック	ナチュール	ピオニー	ロミー
25日	イクオル	ガンバーニ	ハーミー	イクオル	イクオル	ガンバーニ	エイト	ナチュール	ピオニー	ロミー	ロミー	ピオニー
26日	エイト	ナチュール	イクオル	ガンバーニ	エイト	ナチュール	フィック	ロミー	ロミー	ピオニー	ハーミー	キック
27日	フィック	ロミー	エイト	ナチュール	フィック	ロミー	ピオニー	ピオニー	ハーミー	キック	イクオル	オーリー
28日	ピオニー	ピオニー	フィック	ロミー	ピオニー	ピオニー	ロミー	ロミー	イクオル	オーリー	エイト	ガンバーニ
29日	ロミー		ピオニー	ピオニー	ロミー	キック	ハーミー	オーリー	エイト	ガンバーニ	フィック	ナチュール
30日	ハーミー		ロミー	キック	ハーミー	オーリー	イクオル	ガンバーニ	フィック	ナチュール	ピオニー	ロミー
31日	イクオル		ハーミー		イクオル		エイト	ナチュール		ロミー		ピオニー

1963　昭和38年

	1月	2月	3月	4月	5月	6月	7月	8月	9月	10月	11月	12月
1日	フィック	ガンバーニ	ピオニー	ナチュール	フィック	ガンバーニ	エイト	オーリー	ハーミー	ロミー	ロミー	ピオニー
2日	エイト	オーリー	フィック	ガンバーニ	エイト	オーリー	イクオル	キック	ロミー	ピオニー	ピオニー	ロミー
3日	イクオル	キック	エイト	オーリー	イクオル	キック	ハーミー	ピオニー	ピオニー	ロミー	フィック	ナチュール
4日	ハーミー	ピオニー	イクオル	キック	ハーミー	ピオニー	ピオニー	ロミー	フィック	ナチュール	エイト	ガンバーニ
5日	ロミー	ロミー	ハーミー	ピオニー	ロミー	ロミー	ピオニー	ナチュール	エイト	ガンバーニ	イクオル	オーリー
6日	ピオニー	ナチュール	ロミー	ロミー	ピオニー	ナチュール	フィック	ガンバーニ	イクオル	オーリー	ハーミー	キック
7日	フィック	ガンバーニ	ピオニー	ナチュール	フィック	ガンバーニ	エイト	オーリー	ハーミー	キック	パフェキ	キラメール
8日	エイト	オーリー	フィック	ガンバーニ	エイト	オーリー	イクオル	キック	パフェキ	キラメール	パフェキ	キラメール
9日	イクオル	キック	エイト	オーリー	イクオル	キック	ハーミー	キラメール	パフェキ	キラメール	ハーミー	キック
10日	ハーミー	キラメール	イクオル	キック	ハーミー	キラメール	パフェキ	キラメール	ハーミー	キック	イクオル	オーリー
11日	パフェキ	キラメール	ハーミー	キラメール	パフェキ	キラメール	パフェキ	キック	イクオル	オーリー	イクオル	オーリー
12日	パフェキ	キック	パフェキ	キラメール	パフェキ	キック	ハーミー	オーリー	イクオル	オーリー	ハーミー	キック
13日	ハーミー	オーリー	パフェキ	キック	ハーミー	オーリー	イクオル	オーリー	ハーミー	キック	パフェキ	キラメール
14日	イクオル	オーリー	ハーミー	オーリー	イクオル	オーリー	イクオル	キック	パフェキ	キラメール	パフェキ	キラメール
15日	イクオル	キック	イクオル	オーリー	イクオル	キック	ハーミー	キラメール	パフェキ	キラメール	ハーミー	キック
16日	ハーミー	キラメール	イクオル	キック	ハーミー	キラメール	パフェキ	キラメール	ハーミー	キック	イクオル	オーリー
17日	パフェキ	キラメール	ハーミー	キラメール	パフェキ	キラメール	パフェキ	キック	イクオル	オーリー	エイト	ガンバーニ
18日	パフェキ	キック	パフェキ	キラメール	パフェキ	キック	ハーミー	オーリー	エイト	ガンバーニ	フィック	ナチュール
19日	ハーミー	キック	パフェキ	キック	ハーミー	オーリー	イクオル	ガンバーニ	フィック	ナチュール	ピオニー	ロミー
20日	イクオル	ガンバーニ	ハーミー	オーリー	イクオル	ガンバーニ	エイト	ナチュール	ピオニー	ロミー	ロミー	ピオニー
21日	エイト	ナチュール	イクオル	ガンバーニ	エイト	ナチュール	フィック	ロミー	ロミー	ピオニー	ハーミー	キック
22日	フィック	ロミー	エイト	ナチュール	フィック	ロミー	ピオニー	ピオニー	ハーミー	キック	イクオル	オーリー
23日	ピオニー	ピオニー	フィック	ロミー	ピオニー	ピオニー	ロミー	キック	イクオル	オーリー	エイト	ガンバーニ
24日	ロミー	キック	ピオニー	ピオニー	ロミー	キック	ハーミー	オーリー	エイト	ガンバーニ	フィック	ナチュール
25日	ハーミー	オーリー	ピオニー	キック	ハーミー	オーリー	イクオル	ガンバーニ	フィック	ナチュール	ピオニー	ロミー
26日	イクオル	ガンバーニ	ハーミー	オーリー	イクオル	ガンバーニ	エイト	ナチュール	ピオニー	ロミー	ロミー	ピオニー
27日	エイト	ナチュール	イクオル	ガンバーニ	エイト	ナチュール	フィック	ロミー	ロミー	ピオニー	ナチュール	フィック
28日	フィック	ロミー	エイト	ナチュール	フィック	ピオニー	ピオニー	ピオニー	ナチュール	フィック	ガンバーニ	エイト
29日	ピオニー		フィック	ロミー	ピオニー	ピオニー	ロミー	エイト	フィック	オーリー	オーリー	イクオル
30日	ロミー		ピオニー	ピオニー	ロミー	フィック	ナチュール	エイト	オーリー	イクオル	キック	ハーミー
31日	ナチュール		ロミー		ナチュール		ガンバーニ	イクオル		ハーミー		ロミー

1964　昭和39年

	1月	2月	3月	4月	5月	6月	7月	8月	9月	10月	11月	12月
1日	ピオニー	ナチュール	ピオニー	ナチュール	フィック	ガンバーニ	エイト	オーリー	ハーミー	キック	パフェキ	キラメール
2日	フィック	ガンバーニ	フィック	ガンバーニ	エイト	オーリー	イクオル	キック	パフェキ	キラメール	パフェキ	キラメール
3日	エイト	オーリー	エイト	オーリー	イクオル	キック	ハーミー	キラメール	パフェキ	キラメール	ハーミー	キック
4日	イクオル	キック	イクオル	キック	ハーミー	キラメール	パフェキ	キラメール	ハーミー	キック	イクオル	オーリー
5日	ハーミー	キラメール	ハーミー	キラメール	パフェキ	キラメール	パフェキ	キック	イクオル	オーリー	イクオル	オーリー
6日	パフェキ	キラメール	パフェキ	キラメール	パフェキ	キック	ハーミー	オーリー	イクオル	オーリー	ハーミー	キック
7日	パフェキ	キック	パフェキ	キック	ハーミー	オーリー	イクオル	オーリー	ハーミー	キック	パフェキ	キラメール
8日	ハーミー	オーリー	ハーミー	オーリー	イクオル	オーリー	イクオル	キック	パフェキ	キラメール	パフェキ	キラメール
9日	イクオル	オーリー	イクオル	オーリー	イクオル	キック	ハーミー	キラメール	パフェキ	キラメール	ハーミー	キック
10日	イクオル	キック	イクオル	キック	ハーミー	キラメール	パフェキ	キラメール	ハーミー	キック	イクオル	オーリー
11日	ハーミー	キラメール	ハーミー	キラメール	パフェキ	キラメール	パフェキ	キック	イクオル	オーリー	エイト	ガンバーニ
12日	パフェキ	キラメール	パフェキ	キラメール	パフェキ	キック	ハーミー	オーリー	エイト	ガンバーニ	フィック	ナチュール
13日	パフェキ	キック	パフェキ	キック	ハーミー	オーリー	イクオル	ガンバーニ	フィック	ナチュール	ピオニー	ロミー
14日	ハーミー	オーリー	ハーミー	オーリー	イクオル	ガンバーニ	エイト	ナチュール	ピオニー	ロミー	ロミー	ピオニー
15日	イクオル	ガンバーニ	イクオル	ガンバーニ	エイト	ナチュール	フィック	ロミー	ロミー	ピオニー	ハーミー	キック
16日	エイト	ナチュール	エイト	ナチュール	フィック	ロミー	ピオニー	ピオニー	ハーミー	キック	イクオル	オーリー
17日	フィック	ロミー	フィック	ロミー	ピオニー	ピオニー	ロミー	キック	イクオル	オーリー	エイト	ガンバーニ
18日	ピオニー	ピオニー	ピオニー	ピオニー	ロミー	キック	ハーミー	オーリー	エイト	ガンバーニ	フィック	ナチュール
19日	ロミー	キック	ロミー	キック	ハーミー	オーリー	イクオル	ガンバーニ	フィック	ナチュール	ピオニー	ロミー
20日	ハーミー	オーリー	ハーミー	オーリー	イクオル	ガンバーニ	エイト	ナチュール	ピオニー	ロミー	ロミー	ピオニー
21日	イクオル	ガンバーニ	イクオル	ガンバーニ	エイト	ナチュール	フィック	ロミー	ロミー	ピオニー	ナチュール	フィック
22日	エイト	ナチュール	エイト	ナチュール	フィック	ロミー	ピオニー	ピオニー	ナチュール	フィック	ガンバーニ	エイト
23日	フィック	ロミー	フィック	ロミー	ピオニー	ピオニー	ロミー	フィック	ガンバーニ	エイト	オーリー	イクオル
24日	ピオニー	ピオニー	ピオニー	ピオニー	ロミー	フィック	ナチュール	エイト	オーリー	イクオル	キック	ハーミー
25日	ロミー	フィック	ロミー	フィック	ナチュール	エイト	ガンバーニ	イクオル	キック	ハーミー	ピオニー	ロミー
26日	ナチュール	エイト	ナチュール	エイト	ガンバーニ	イクオル	オーリー	ハーミー	ピオニー	ロミー	ロミー	ピオニー
27日	ガンバーニ	イクオル	ガンバーニ	イクオル	オーリー	ハーミー	キック	ロミー	ロミー	ピオニー	ナチュール	フィック
28日	オーリー	ハーミー	オーリー	ハーミー	キック	ロミー	ピオニー	ピオニー	ナチュール	フィック	ガンバーニ	エイト
29日	キック	ロミー	キック	ロミー	ピオニー	ピオニー	ロミー	フィック	ガンバーニ	エイト	オーリー	イクオル
30日	ピオニー		ピオニー	ピオニー	ロミー	フィック	ナチュール	エイト	オーリー	イクオル	キック	ハーミー
31日	ロミー		ロミー		ナチュール		ガンバーニ	イクオル		ハーミー		パフェキ

1965　昭和40年

	1月	2月	3月	4月	5月	6月	7月	8月	9月	10月	11月	12月
1日	パフェキ	キック	パフェキ	キラメール	パフェキ	キック	ハーミー	オーリー	イクオル	オーリー	ハーミー	キック
2日	ハーミー	オーリー	パフェキ	キック	ハーミー	オーリー	イクオル	オーリー	ハーミー	キック	パフェキ	キラメール
3日	イクオル	オーリー	ハーミー	オーリー	イクオル	オーリー	イクオル	キック	パフェキ	キラメール	パフェキ	キラメール
4日	イクオル	キック	イクオル	オーリー	イクオル	キック	ハーミー	キラメール	パフェキ	キラメール	ハーミー	キック
5日	ハーミー	キラメール	イクオル	キック	ハーミー	キラメール	パフェキ	キラメール	ハーミー	キック	イクオル	オーリー
6日	パフェキ	キラメール	ハーミー	キラメール	パフェキ	キラメール	パフェキ	キック	イクオル	オーリー	エイト	ガンバーニ
7日	パフェキ	キック	パフェキ	キラメール	パフェキ	キック	ハーミー	オーリー	エイト	ガンバーニ	フィック	ナチュール
8日	ハーミー	オーリー	パフェキ	キック	ハーミー	オーリー	イクオル	ガンバーニ	フィック	ナチュール	ピオニー	ロミー
9日	イクオル	ガンバーニ	ハーミー	オーリー	イクオル	ガンバーニ	エイト	ナチュール	ピオニー	ロミー	ロミー	ピオニー
10日	エイト	ナチュール	イクオル	ガンバーニ	エイト	ナチュール	フィック	ロミー	ロミー	ピオニー	ハーミー	キック
11日	フィック	ロミー	エイト	ナチュール	フィック	ロミー	ピオニー	ピオニー	ハーミー	キック	イクオル	オーリー
12日	ピオニー	ピオニー	フィック	ロミー	ピオニー	ピオニー	ロミー	キック	イクオル	オーリー	エイト	ガンバーニ
13日	ロミー	キック	ピオニー	ピオニー	ロミー	キック	ハーミー	オーリー	エイト	ガンバーニ	フィック	ナチュール
14日	ハーミー	オーリー	ロミー	キック	ハーミー	オーリー	イクオル	ガンバーニ	フィック	ナチュール	ピオニー	ロミー
15日	イクオル	ガンバーニ	ハーミー	オーリー	イクオル	ガンバーニ	エイト	ナチュール	ピオニー	ロミー	ロミー	ピオニー
16日	エイト	ナチュール	イクオル	ガンバーニ	エイト	ナチュール	フィック	ロミー	ロミー	ピオニー	ナチュール	フィック
17日	フィック	ロミー	エイト	ナチュール	フィック	ロミー	ピオニー	ピオニー	ナチュール	フィック	ガンバーニ	エイト
18日	ピオニー	ピオニー	フィック	ロミー	ピオニー	ピオニー	ロミー	フィック	ガンバーニ	エイト	オーリー	イクオル
19日	ロミー	フィック	ピオニー	ピオニー	ロミー	フィック	ナチュール	エイト	オーリー	イクオル	キック	ハーミー
20日	ナチュール	エイト	ロミー	フィック	ナチュール	エイト	ガンバーニ	イクオル	キック	ハーミー	ピオニー	ロミー
21日	ガンバーニ	イクオル	ナチュール	エイト	ガンバーニ	イクオル	オーリー	ハーミー	ピオニー	ロミー	ロミー	ピオニー
22日	オーリー	ハーミー	ガンバーニ	イクオル	オーリー	ハーミー	キック	ロミー	ロミー	ピオニー	ナチュール	フィック
23日	キック	ロミー	オーリー	ハーミー	キック	ロミー	ピオニー	ピオニー	ナチュール	フィック	ガンバーニ	エイト
24日	ピオニー	ピオニー	キック	ロミー	ピオニー	ピオニー	ロミー	フィック	ガンバーニ	エイト	オーリー	イクオル
25日	ロミー	フィック	ピオニー	ピオニー	ロミー	フィック	ナチュール	エイト	オーリー	イクオル	キック	ハーミー
26日	ナチュール	エイト	ロミー	フィック	ナチュール	エイト	ガンバーニ	イクオル	キック	ハーミー	キラメール	パフェキ
27日	ガンバーニ	イクオル	ナチュール	エイト	ガンバーニ	イクオル	オーリー	ハーミー	キラメール	パフェキ	キラメール	パフェキ
28日	オーリー	ハーミー	ガンバーニ	イクオル	オーリー	ハーミー	キック	パフェキ	キラメール	パフェキ	キック	ハーミー
29日	キック		オーリー	ハーミー	キック	ハーミー	キラメール	パフェキ	キック	ハーミー	オーリー	イクオル
30日	キラメール		キック	パフェキ	キラメール	パフェキ	キラメール	ハーミー	オーリー	イクオル	オーリー	イクオル
31日	キラメール		キラメール		キラメール		キック	イクオル		イクオル		ハーミー

1966　昭和41年

	1月	2月	3月	4月	5月	6月	7月	8月	9月	10月	11月	12月
1日	パフェキ	キラメール	ハーミー	キラメール	パフェキ	キラメール	パフェキ	キック	イクオル	オーリー	エイト	ガンバーニ
2日	パフェキ	キック	パフェキ	キラメール	パフェキ	キック	ハーミー	オーリー	エイト	ガンバーニ	フィック	ナチュール
3日	ハーミー	オーリー	パフェキ	キック	ハーミー	オーリー	イクオル	ガンバーニ	フィック	ナチュール	ピオニー	ロミー
4日	オーリー	ガンバーニ	ハーミー	オーリー	イクオル	ガンバーニ	エイト	ナチュール	ピオニー	ロミー	ロミー	ピオニー
5日	エイト	ナチュール	イクオル	ガンバーニ	エイト	ナチュール	フィック	ロミー	ロミー	ピオニー	ハーミー	キック
6日	フィック	ロミー	エイト	ナチュール	フィック	ロミー	ピオニー	ピオニー	ハーミー	キック	イクオル	オーリー
7日	ピオニー	ピオニー	フィック	ロミー	ピオニー	ピオニー	ロミー	キック	イクオル	オーリー	エイト	キック
8日	ロミー	キック	ピオニー	ピオニー	ロミー	キック	ハーミー	オーリー	エイト	ガンバーニ	フィック	ナチュール
9日	ハーミー	オーリー	ロミー	キック	ハーミー	オーリー	イクオル	ガンバーニ	フィック	ナチュール	ピオニー	ロミー
10日	イクオル	ガンバーニ	ハーミー	オーリー	イクオル	ガンバーニ	エイト	ナチュール	ロミー	ピオニー	ロミー	ピオニー
11日	エイト	ナチュール	イクオル	ガンバーニ	エイト	ナチュール	フィック	ロミー	ロミー	ピオニー	ナチュール	フィック
12日	フィック	ロミー	エイト	ナチュール	フィック	ロミー	ピオニー	ピオニー	ナチュール	フィック	ガンバーニ	エイト
13日	ピオニー	ピオニー	フィック	ロミー	ピオニー	ピオニー	ロミー	フィック	ガンバーニ	エイト	オーリー	イクオル
14日	ロミー	フィック	ピオニー	ピオニー	ロミー	フィック	ナチュール	エイト	オーリー	イクオル	キック	ハーミー
15日	ナチュール	エイト	ロミー	フィック	ナチュール	エイト	ガンバーニ	イクオル	キック	ハーミー	ピオニー	ロミー
16日	ガンバーニ	イクオル	ナチュール	エイト	ガンバーニ	イクオル	オーリー	ハーミー	ピオニー	ロミー	ロミー	ピオニー
17日	オーリー	ハーミー	ガンバーニ	イクオル	オーリー	ハーミー	キック	ロミー	ロミー	ピオニー	ナチュール	フィック
18日	キック	ロミー	オーリー	ハーミー	キック	ロミー	ピオニー	ピオニー	ナチュール	フィック	ガンバーニ	エイト
19日	ピオニー	ピオニー	キック	ロミー	ピオニー	ピオニー	ロミー	フィック	ガンバーニ	エイト	オーリー	イクオル
20日	ロミー	フィック	ピオニー	ピオニー	ロミー	フィック	ナチュール	エイト	オーリー	イクオル	キック	ハーミー
21日	ナチュール	エイト	ロミー	フィック	ナチュール	エイト	ガンバーニ	イクオル	キック	ハーミー	キラメール	パフェキ
22日	ガンバーニ	イクオル	ナチュール	エイト	ガンバーニ	イクオル	オーリー	ハーミー	パフェキ	キラメール	キラメール	パフェキ
23日	オーリー	ハーミー	ガンバーニ	イクオル	オーリー	ハーミー	キック	パフェキ	キラメール	パフェキ	キック	イクオル
24日	キック	パフェキ	オーリー	ハーミー	キック	パフェキ	キラメール	パフェキ	キック	イクオル	オーリー	イクオル
25日	キラメール	パフェキ	キック	パフェキ	キラメール	パフェキ	キック	キック	イクオル	オーリー	オーリー	イクオル
26日	キラメール	ハーミー	キラメール	パフェキ	キラメール	キック	キック	イクオル	オーリー	イクオル	キック	パフェキ
27日	キック	イクオル	キラメール	キック	キック	イクオル	オーリー	イクオル	キック	ハーミー	キラメール	パフェキ
28日	オーリー	イクオル	キック	イクオル	オーリー	イクオル	オーリー	エイト	ナチュール	フィック	ロミー	ピオニー
29日	オーリー		オーリー	イクオル	オーリー	ハーミー	キック	パフェキ	キラメール	パフェキ	キック	ハーミー
30日	キック		オーリー	ハーミー	キック	パフェキ	キラメール	パフェキ	キック	ハーミー	オーリー	イクオル
31日	キラメール		キック		キラメール		キラメール	ハーミー		イクオル		エイト

1967　昭和42年

	1月	2月	3月	4月	5月	6月	7月	8月	9月	10月	11月	12月
1日	フィック	ロミー	エイト	ナチュール	フィック	ロミー	ピオニー	ピオニー	ハーミー	キック	イクオル	オーリー
2日	ピオニー	ピオニー	フィック	ロミー	ピオニー	ピオニー	ロミー	キック	イクオル	オーリー	エイト	ガンバーニ
3日	ロミー	キック	ピオニー	ピオニー	ロミー	キック	ハーミー	オーリー	エイト	ガンバーニ	フィック	ナチュール
4日	ハーミー	オーリー	ロミー	キック	ハーミー	オーリー	イクオル	ガンバーニ	ナチュール	ナチュール	ピオニー	ロミー
5日	イクオル	ガンバーニ	ハーミー	オーリー	イクオル	ガンバーニ	エイト	ナチュール	ピオニー	ロミー	ロミー	ピオニー
6日	エイト	ナチュール	イクオル	ガンバーニ	エイト	ナチュール	フィック	ロミー	ロミー	ピオニー	ナチュール	フィック
7日	フィック	ロミー	エイト	ナチュール	フィック	ロミー	ピオニー	ピオニー	ナチュール	フィック	ガンバーニ	エイト
8日	ピオニー	ピオニー	フィック	ロミー	ピオニー	ピオニー	ロミー	フィック	ガンバーニ	エイト	オーリー	イクオル
9日	ロミー	フィック	ピオニー	ピオニー	ロミー	フィック	ナチュール	エイト	オーリー	イクオル	キック	ハーミー
10日	ナチュール	エイト	ロミー	フィック	ナチュール	エイト	ガンバーニ	イクオル	キック	ハーミー	ピオニー	ロミー
11日	ガンバーニ	イクオル	ナチュール	エイト	ガンバーニ	イクオル	オーリー	ハーミー	ピオニー	ロミー	ロミー	ピオニー
12日	オーリー	ハーミー	ガンバーニ	イクオル	オーリー	ハーミー	キック	ロミー	ロミー	ピオニー	ナチュール	フィック
13日	キック	ロミー	オーリー	ハーミー	キック	ロミー	ピオニー	ピオニー	ナチュール	フィック	ガンバーニ	エイト
14日	ピオニー	ピオニー	キック	ロミー	ピオニー	ピオニー	ロミー	フィック	ガンバーニ	エイト	オーリー	イクオル
15日	ロミー	フィック	ピオニー	ピオニー	ロミー	フィック	ナチュール	エイト	オーリー	イクオル	キック	ハーミー
16日	ナチュール	エイト	ロミー	フィック	ナチュール	エイト	ガンバーニ	イクオル	キック	ハーミー	キラメール	パフェキ
17日	ガンバーニ	イクオル	ナチュール	エイト	ガンバーニ	イクオル	オーリー	ハーミー	キラメール	パフェキ	キラメール	パフェキ
18日	オーリー	ハーミー	ガンバーニ	イクオル	オーリー	ハーミー	キック	パフェキ	キラメール	パフェキ	キック	ハーミー
19日	キック	パフェキ	オーリー	ハーミー	キック	パフェキ	キラメール	パフェキ	キック	ハーミー	オーリー	イクオル
20日	キラメール	パフェキ	キック	パフェキ	キラメール	パフェキ	キラメール	ハーミー	オーリー	イクオル	オーリー	イクオル
21日	キラメール	ハーミー	キラメール	パフェキ	キラメール	ハーミー	キック	イクオル	オーリー	イクオル	キック	ハーミー
22日	キック	イクオル	キラメール	ハーミー	キック	イクオル	オーリー	イクオル	キック	ハーミー	キラメール	パフェキ
23日	オーリー	イクオル	キック	キック	オーリー	イクオル	オーリー	イクオル	キラメール	パフェキ	キラメール	パフェキ
24日	オーリー	ハーミー	オーリー	イクオル	オーリー	ハーミー	キック	パフェキ	キラメール	パフェキ	キック	ハーミー
25日	キック	パフェキ	オーリー	ハーミー	キック	パフェキ	キラメール	パフェキ	キック	ハーミー	オーリー	イクオル
26日	キラメール	パフェキ	キック	パフェキ	キラメール	パフェキ	キラメール	ハーミー	オーリー	イクオル	ガンバーニ	エイト
27日	キラメール	ハーミー	キラメール	パフェキ	キラメール	ハーミー	キック	イクオル	ガンバーニ	エイト	ナチュール	フィック
28日	キック	イクオル	キラメール	ハーミー	キック	イクオル	オーリー	エイト	ナチュール	フィック	ロミー	ピオニー
29日	オーリー		キック	イクオル	オーリー	ハーミー	ガンバーニ	フィック	エイト	ロミー	ピオニー	ロミー
30日	ガンバーニ		オーリー	エイト	ガンバーニ	フィック	ナチュール	ピオニー	ピオニー	ロミー	キック	ハーミー
31日	ナチュール		ガンバーニ		ナチュール		ロミー	ロミー		ハーミー		イクオル

144

1968　昭和43年

	1月	2月	3月	4月	5月	6月	7月	8月	9月	10月	11月	12月
1日	フィック	ナチュール	エイト	ナチュール	フィック	ロミー	ピオニー	ピオニー	ナチュール	フィック	ガンバーニ	エイト
2日	フィック	ロミー	フィック	ロミー	ピオニー	ピオニー	ロミー	フィック	ガンバーニ	エイト	オーリー	イクオル
3日	ピオニー	ピオニー	ピオニー	ピオニー	ロミー	フィック	ナチュール	エイト	オーリー	イクオル	キック	ハーミー
4日	ロミー	フィック	ロミー	フィック	ナチュール	エイト	ガンバーニ	イクオル	キック	ハーミー	ピオニー	ロミー
5日	ナチュール	エイト	ナチュール	エイト	ガンバーニ	イクオル	オーリー	ハーミー	ピオニー	ロミー	ロミー	ピオニー
6日	ガンバーニ	イクオル	ガンバーニ	イクオル	オーリー	ハーミー	キック	ロミー	ロミー	ピオニー	ナチュール	フィック
7日	オーリー	ハーミー	オーリー	ハーミー	キック	ロミー	ピオニー	ピオニー	ナチュール	フィック	ガンバーニ	エイト
8日	キック	ロミー	キック	ロミー	ピオニー	ピオニー	ロミー	フィック	ガンバーニ	エイト	オーリー	イクオル
9日	ピオニー	ピオニー	ピオニー	ピオニー	ロミー	フィック	ナチュール	エイト	オーリー	イクオル	キック	ハーミー
10日	ロミー	フィック	ロミー	フィック	ナチュール	エイト	ガンバーニ	イクオル	キック	ハーミー	ピオニー	ロミー
11日	ナチュール	エイト	ナチュール	エイト	ガンバーニ	イクオル	オーリー	ハーミー	キラメール	パフェキ	キラメール	パフェキ
12日	ガンバーニ	イクオル	ガンバーニ	イクオル	オーリー	ハーミー	キック	パフェキ	キラメール	パフェキ	キック	ハーミー
13日	オーリー	ハーミー	オーリー	ハーミー	キック	パフェキ	キラメール	パフェキ	キック	ハーミー	オーリー	イクオル
14日	キック	パフェキ	キック	パフェキ	キラメール	パフェキ	キラメール	ハーミー	オーリー	イクオル	オーリー	ハーミー
15日	キラメール	パフェキ	キラメール	パフェキ	キラメール	ハーミー	キック	イクオル	オーリー	イクオル	キック	ハーミー
16日	キラメール	ハーミー	キラメール	ハーミー	キック	イクオル	オーリー	イクオル	キック	ハーミー	キラメール	パフェキ
17日	キック	イクオル	キック	イクオル	オーリー	ハーミー	キック	ハーミー	キラメール	パフェキ	キラメール	パフェキ
18日	オーリー	イクオル	オーリー	イクオル	オーリー	ハーミー	キック	パフェキ	キラメール	パフェキ	キック	ハーミー
19日	オーリー	ハーミー	オーリー	ハーミー	キック	パフェキ	キラメール	パフェキ	キック	ハーミー	オーリー	イクオル
20日	キック	パフェキ	キック	パフェキ	キラメール	パフェキ	キラメール	ハーミー	オーリー	イクオル	ガンバーニ	エイト
21日	キラメール	パフェキ	キラメール	パフェキ	キラメール	ハーミー	キック	イクオル	ガンバーニ	エイト	ナチュール	フィック
22日	キラメール	ハーミー	キラメール	ハーミー	キック	イクオル	オーリー	エイト	ナチュール	フィック	ロミー	ピオニー
23日	キック	イクオル	キック	イクオル	オーリー	エイト	ガンバーニ	フィック	ロミー	ピオニー	ピオニー	ロミー
24日	オーリー	エイト	オーリー	エイト	ガンバーニ	フィック	ナチュール	ピオニー	ピオニー	ロミー	キック	ハーミー
25日	ガンバーニ	フィック	ガンバーニ	フィック	ナチュール	ピオニー	ロミー	ロミー	ピオニー	キック	ハーミー	イクオル
26日	ナチュール	ピオニー	ナチュール	ピオニー	ロミー	ロミー	ピオニー	ハーミー	オーリー	イクオル	ガンバーニ	フィック
27日	ロミー	ロミー	ロミー	ロミー	ピオニー	ハーミー	キック	イクオル	ガンバーニ	エイト	ナチュール	フィック
28日	ピオニー	ハーミー	ピオニー	ハーミー	キック	イクオル	オーリー	エイト	ナチュール	フィック	ロミー	ピオニー
29日	キック	イクオル	キック	イクオル	オーリー	エイト	ガンバーニ	フィック	ロミー	ピオニー	ピオニー	ロミー
30日	オーリー		オーリー	エイト	ガンバーニ	フィック	ナチュール	ピオニー	ピオニー	ロミー	フィック	ナチュール
31日	ガンバーニ		ガンバーニ		ナチュール		ロミー	ロミー		ナチュール		ガンバーニ

1969　昭和44年

	1月	2月	3月	4月	5月	6月	7月	8月	9月	10月	11月	12月
1日	オーリー	ハーミー	ガンバーニ	イクオル	オーリー	ハーミー	キック	ロミー	ロミー	ピオニー	ナチュール	フィック
2日	キック	ロミー	オーリー	ハーミー	キック	ロミー	ピオニー	ピオニー	ナチュール	フィック	ガンバーニ	エイト
3日	ピオニー	ピオニー	キック	ロミー	ピオニー	ピオニー	ロミー	フィック	ガンバーニ	エイト	オーリー	イクオル
4日	ロミー	フィック	ピオニー	ピオニー	ロミー	フィック	ナチュール	エイト	オーリー	イクオル	キック	ハーミー
5日	ナチュール	エイト	ロミー	フィック	ナチュール	エイト	ガンバーニ	イクオル	キック	ハーミー	キラメール	パフェキ
6日	ガンバーニ	イクオル	ナチュール	エイト	ガンバーニ	イクオル	オーリー	ハーミー	キラメール	パフェキ	キラメール	パフェキ
7日	オーリー	ハーミー	ガンバーニ	イクオル	オーリー	ハーミー	キック	パフェキ	キラメール	パフェキ	キック	ハーミー
8日	キック	パフェキ	オーリー	ハーミー	キック	パフェキ	キラメール	パフェキ	キック	ハーミー	オーリー	イクオル
9日	キラメール	パフェキ	キック	パフェキ	キラメール	パフェキ	キラメール	ハーミー	オーリー	イクオル	オーリー	イクオル
10日	キラメール	ハーミー	キラメール	パフェキ	キラメール	ハーミー	キック	イクオル	オーリー	イクオル	キック	ハーミー
11日	キック	イクオル	キラメール	ハーミー	キック	イクオル	オーリー	ハーミー	キック	ハーミー	キラメール	パフェキ
12日	オーリー	イクオル	キック	イクオル	オーリー	イクオル	オーリー	ハーミー	キラメール	パフェキ	キラメール	パフェキ
13日	オーリー	ハーミー	オーリー	イクオル	オーリー	ハーミー	キック	パフェキ	キラメール	パフェキ	キック	ハーミー
14日	キック	パフェキ	オーリー	ハーミー	キック	パフェキ	キラメール	パフェキ	キック	ハーミー	オーリー	イクオル
15日	キラメール	パフェキ	キック	パフェキ	キラメール	パフェキ	キラメール	ハーミー	オーリー	イクオル	ガンバーニ	エイト
16日	キラメール	ハーミー	キラメール	パフェキ	キラメール	ハーミー	キック	イクオル	ガンバーニ	エイト	ナチュール	フィック
17日	キック	イクオル	キラメール	ハーミー	キック	イクオル	オーリー	エイト	ナチュール	フィック	ロミー	ピオニー
18日	オーリー	エイト	キック	イクオル	オーリー	エイト	ガンバーニ	フィック	ロミー	ピオニー	ピオニー	ロミー
19日	ガンバーニ	フィック	オーリー	エイト	ガンバーニ	フィック	ナチュール	ピオニー	ピオニー	ロミー	キック	ハーミー
20日	ナチュール	ピオニー	ガンバーニ	フィック	ナチュール	ピオニー	ロミー	ロミー	ピオニー	キック	ハーミー	イクオル
21日	ロミー	ロミー	ナチュール	ピオニー	ロミー	ロミー	ピオニー	ハーミー	オーリー	イクオル	ガンバーニ	エイト
22日	ピオニー	ハーミー	ロミー	ロミー	ピオニー	ハーミー	キック	イクオル	ガンバーニ	エイト	ナチュール	フィック
23日	キック	イクオル	ピオニー	ハーミー	キック	イクオル	オーリー	エイト	ナチュール	フィック	ロミー	ピオニー
24日	オーリー	エイト	キック	イクオル	オーリー	エイト	ガンバーニ	フィック	ロミー	ピオニー	ピオニー	ロミー
25日	ガンバーニ	フィック	オーリー	エイト	ガンバーニ	フィック	ナチュール	ピオニー	ピオニー	ロミー	フィック	ナチュール
26日	ナチュール	ピオニー	ガンバーニ	フィック	ナチュール	ピオニー	ロミー	ロミー	フィック	ナチュール	エイト	ガンバーニ
27日	ロミー	ロミー	ナチュール	ピオニー	ロミー	ロミー	ピオニー	ナチュール	エイト	ガンバーニ	イクオル	オーリー
28日	ピオニー	ナチュール	ロミー	ロミー	ピオニー	ナチュール	フィック	ガンバーニ	イクオル	オーリー	ハーミー	キック
29日	フィック		ピオニー	ナチュール	フィック	ナチュール	エイト	オーリー	ハーミー	キック	ピオニー	ピオニー
30日	エイト		フィック	ガンバーニ	エイト	オーリー	イクオル	キック	ロミー	ピオニー	ピオニー	ロミー
31日	イクオル		エイト		イクオル		ハーミー	ピオニー		ロミー		ナチュール

1970　昭和45年

	1月	2月	3月	4月	5月	6月	7月	8月	9月	10月	11月	12月
1日	ガンバーニ	イクオル	ナチュール	エイト	ガンバーニ	イクオル	オーリー	ハーミー	キラメール	パフェキ	キラメール	パフェキ
2日	オーリー	ハーミー	ガンバーニ	イクオル	オーリー	ハーミー	キック	パフェキ	キラメール	パフェキ	キック	ハーミー
3日	キック	パフェキ	オーリー	ハーミー	キック	パフェキ	キラメール	パフェキ	キック	ハーミー	オーリー	イクオル
4日	キラメール	パフェキ	キック	パフェキ	キラメール	パフェキ	キラメール	パフェキ	ハーミー	オーリー	オーリー	パフェキ
5日	キラメール	ハーミー	キラメール	パフェキ	キラメール	ハーミー	キック	イクオル	オーリー	イクオル	キック	ハーミー
6日	キック	イクオル	キラメール	ハーミー	キック	イクオル	オーリー	イクオル	キック	ハーミー	キラメール	パフェキ
7日	オーリー	イクオル	キック	イクオル	オーリー	イクオル	オーリー	イクオル	ハーミー	キラメール	キラメール	ハーミー
8日	オーリー	ハーミー	オーリー	イクオル	オーリー	ハーミー	キック	パフェキ	キラメール	パフェキ	キック	ハーミー
9日	キック	パフェキ	オーリー	ハーミー	キック	パフェキ	キラメール	パフェキ	キック	ハーミー	オーリー	イクオル
10日	キラメール	パフェキ	キック	パフェキ	キラメール	ハーミー	キック	イクオル	ガンバーニ	エイト	ガンバーニ	エイト
11日	キラメール	ハーミー	キラメール	パフェキ	キラメール	ハーミー	キック	イクオル	ガンバーニ	エイト	ナチュール	フィック
12日	キック	イクオル	キラメール	ハーミー	キック	イクオル	オーリー	エイト	ナチュール	フィック	ロミー	ピオニー
13日	オーリー	エイト	キック	イクオル	オーリー	エイト	ガンバーニ	フィック	ロミー	ピオニー	ピオニー	ロミー
14日	ガンバーニ	フィック	オーリー	エイト	ガンバーニ	フィック	ナチュール	ピオニー	ピオニー	ロミー	キック	ハーミー
15日	ナチュール	ピオニー	ガンバーニ	フィック	ナチュール	ピオニー	ロミー	ロミー	キック	ハーミー	オーリー	イクオル
16日	ロミー	ロミー	ナチュール	ピオニー	ロミー	ロミー	ピオニー	ハーミー	オーリー	イクオル	ガンバーニ	エイト
17日	ピオニー	ハーミー	ロミー	ロミー	ピオニー	ハーミー	キック	イクオル	ガンバーニ	エイト	ナチュール	フィック
18日	キック	イクオル	ピオニー	ハーミー	キック	イクオル	オーリー	エイト	ナチュール	フィック	ロミー	ピオニー
19日	オーリー	エイト	キック	イクオル	オーリー	エイト	ガンバーニ	フィック	ロミー	ピオニー	フィック	ナチュール
20日	ガンバーニ	フィック	オーリー	エイト	ガンバーニ	フィック	ナチュール	ピオニー	ピオニー	ロミー	フィック	ナチュール
21日	ナチュール	ピオニー	ガンバーニ	フィック	ナチュール	ピオニー	ロミー	ロミー	フィック	ナチュール	エイト	ガンバーニ
22日	ロミー	ロミー	ナチュール	ピオニー	ロミー	ロミー	ナチュール	エイト	ガンバーニ	イクオル	オーリー	オーリー
23日	ピオニー	ナチュール	ロミー	ロミー	ピオニー	ナチュール	フィック	ガンバーニ	イクオル	オーリー	ハーミー	キック
24日	フィック	ガンバーニ	ピオニー	ナチュール	フィック	ガンバーニ	エイト	オーリー	ハーミー	キック	ロミー	ピオニー
25日	エイト	オーリー	フィック	ガンバーニ	エイト	オーリー	イクオル	キック	ロミー	ピオニー	ピオニー	ロミー
26日	イクオル	キック	エイト	オーリー	イクオル	キック	ハーミー	ピオニー	ピオニー	ロミー	フィック	ナチュール
27日	ハーミー	ピオニー	イクオル	キック	ハーミー	ピオニー	ロミー	ロミー	フィック	ナチュール	エイト	ガンバーニ
28日	ロミー	ロミー	ハーミー	ピオニー	ロミー	ロミー	ピオニー	ナチュール	エイト	ガンバーニ	イクオル	オーリー
29日	ピオニー		ロミー	ロミー	ピオニー	ナチュール	ナチュール	エイト	オーリー	オーリー	ハーミー	キック
30日	フィック		ピオニー	ナチュール	フィック	ガンバーニ	エイト	オーリー	ハーミー	キック	パフェキ	キラメール
31日	エイト		フィック		エイト		イクオル	キック		キラメール		キラメール

1971　昭和46年

	1月	2月	3月	4月	5月	6月	7月	8月	9月	10月	11月	12月
1日	キック	イクオル	キラメール	ハーミー	キック	イクオル	オーリー	イクオル	キック	パフェキ	キラメール	パフェキ
2日	オーリー	イクオル	キック	イクオル	オーリー	イクオル	オーリー	ハーミー	キラメール	パフェキ	キラメール	パフェキ
3日	オーリー	ハーミー	オーリー	イクオル	オーリー	ハーミー	キック	パフェキ	キラメール	パフェキ	キック	ハーミー
4日	キック	パフェキ	オーリー	ハーミー	キック	パフェキ	キラメール	パフェキ	ハーミー	オーリー	オーリー	イクオル
5日	キラメール	パフェキ	キック	パフェキ	キラメール	パフェキ	キラメール	パフェキ	オーリー	イクオル	ガンバーニ	エイト
6日	キラメール	ハーミー	キラメール	パフェキ	キラメール	ハーミー	キック	イクオル	ガンバーニ	エイト	ナチュール	フィック
7日	キック	イクオル	キラメール	ハーミー	キック	イクオル	オーリー	エイト	ナチュール	フィック	ロミー	ピオニー
8日	オーリー	エイト	キック	イクオル	オーリー	エイト	ガンバーニ	フィック	ロミー	ピオニー	ピオニー	ロミー
9日	ガンバーニ	フィック	オーリー	エイト	ガンバーニ	フィック	ナチュール	ピオニー	ピオニー	ロミー	キック	ハーミー
10日	ナチュール	ピオニー	ガンバーニ	フィック	ナチュール	ピオニー	ロミー	ロミー	キック	ハーミー	オーリー	イクオル
11日	ロミー	ロミー	ナチュール	ピオニー	ロミー	ロミー	ピオニー	ハーミー	オーリー	イクオル	ガンバーニ	エイト
12日	ピオニー	ハーミー	ロミー	ロミー	ピオニー	ハーミー	キック	イクオル	ガンバーニ	エイト	ナチュール	フィック
13日	キック	イクオル	ピオニー	ハーミー	キック	イクオル	オーリー	エイト	ナチュール	フィック	ロミー	ピオニー
14日	オーリー	エイト	キック	イクオル	オーリー	エイト	ガンバーニ	フィック	ロミー	ピオニー	ピオニー	ロミー
15日	ガンバーニ	フィック	オーリー	エイト	ガンバーニ	フィック	ナチュール	ピオニー	ピオニー	ロミー	フィック	ナチュール
16日	ナチュール	ピオニー	ガンバーニ	フィック	ナチュール	ピオニー	ロミー	ロミー	フィック	ナチュール	エイト	ガンバーニ
17日	ロミー	ロミー	ナチュール	ピオニー	ロミー	ロミー	ピオニー	ナチュール	エイト	イクオル	オーリー	オーリー
18日	ピオニー	ナチュール	ロミー	ロミー	ピオニー	ナチュール	フィック	ガンバーニ	イクオル	オーリー	ハーミー	キック
19日	フィック	ガンバーニ	ピオニー	ナチュール	フィック	ガンバーニ	エイト	オーリー	ハーミー	キック	ロミー	ピオニー
20日	エイト	オーリー	フィック	ガンバーニ	エイト	オーリー	イクオル	キック	ロミー	ピオニー	ピオニー	ロミー
21日	イクオル	キック	エイト	オーリー	イクオル	キック	ハーミー	ピオニー	ピオニー	ロミー	フィック	ナチュール
22日	ハーミー	ピオニー	イクオル	キック	ハーミー	ピオニー	ロミー	ロミー	フィック	ナチュール	エイト	ガンバーニ
23日	ロミー	ロミー	ハーミー	ピオニー	ロミー	ロミー	ピオニー	ナチュール	エイト	イクオル	イクオル	オーリー
24日	ピオニー	ナチュール	ロミー	ロミー	ピオニー	ナチュール	フィック	ガンバーニ	イクオル	オーリー	ハーミー	キック
25日	フィック	ガンバーニ	ピオニー	ナチュール	フィック	ガンバーニ	エイト	オーリー	ハーミー	キック	パフェキ	キラメール
26日	エイト	オーリー	フィック	ガンバーニ	エイト	オーリー	イクオル	キック	パフェキ	キラメール	パフェキ	キラメール
27日	イクオル	キック	エイト	オーリー	イクオル	キック	ハーミー	キラメール	パフェキ	キラメール	ハーミー	キック
28日	ハーミー	キラメール	イクオル	キック	ハーミー	キラメール	パフェキ	キラメール	ハーミー	キック	イクオル	オーリー
29日	パフェキ		ハーミー	キラメール	キラメール	パフェキ	キラメール	ハーミー	キック	イクオル	オーリー	オーリー
30日	パフェキ		パフェキ	キラメール	パフェキ	キック	ハーミー	キック	オーリー	オーリー	ハーミー	キック
31日	ハーミー		パフェキ		ハーミー		イクオル	オーリー		キック		キラメール

1972　昭和47年

	1月	2月	3月	4月	5月	6月	7月	8月	9月	10月	11月	12月
1日	キラメール	ハーミー	キラメール	ハーミー	キック	イクオル	オーリー	エイト	ナチュール	フィック	ロミー	ピオニー
2日	キック	イクオル	キック	イクオル	オーリー	エイト	ガンバーニ	フィック	ロミー	ピオニー	ピオニー	ロミー
3日	オーリー	エイト	オーリー	エイト	ガンバーニ	フィック	ナチュール	ピオニー	ピオニー	ロミー	キック	ピオニー
4日	ガンバーニ	フィック	ガンバーニ	フィック	ナチュール	ピオニー	ロミー	ロミー	キック	ハーミー	オーリー	イクオル
5日	ナチュール	ピオニー	ナチュール	ピオニー	ロミー	ロミー	ピオニー	ハーミー	オーリー	イクオル	ガンバーニ	エイト
6日	ロミー	ロミー	ロミー	ロミー	ピオニー	ハーミー	キック	イクオル	ガンバーニ	エイト	ナチュール	フィック
7日	ピオニー	ハーミー	ピオニー	ハーミー	キック	イクオル	オーリー	エイト	ナチュール	フィック	ロミー	ピオニー
8日	キック	イクオル	キック	イクオル	オーリー	エイト	ガンバーニ	フィック	ロミー	ピオニー	ピオニー	ロミー
9日	オーリー	エイト	オーリー	エイト	ガンバーニ	フィック	ナチュール	ピオニー	ピオニー	ロミー	フィック	ナチュール
10日	ガンバーニ	フィック	ガンバーニ	フィック	ナチュール	ピオニー	ロミー	ロミー	フィック	ナチュール	エイト	ガンバーニ
11日	ナチュール	ピオニー	ナチュール	ピオニー	ロミー	ロミー	ピオニー	ナチュール	エイト	ガンバーニ	イクオル	オーリー
12日	ロミー	ロミー	ロミー	ロミー	ピオニー	ナチュール	フィック	ガンバーニ	イクオル	オーリー	ハーミー	キック
13日	ピオニー	ナチュール	ピオニー	ナチュール	フィック	ガンバーニ	エイト	オーリー	ハーミー	キック	ピオニー	ロミー
14日	フィック	ガンバーニ	フィック	ガンバーニ	エイト	オーリー	イクオル	キック	ロミー	ピオニー	ピオニー	ロミー
15日	エイト	オーリー	エイト	オーリー	イクオル	キック	ハーミー	ピオニー	ピオニー	ロミー	フィック	ナチュール
16日	イクオル	キック	イクオル	キック	ハーミー	ピオニー	ロミー	ロミー	フィック	ナチュール	エイト	ガンバーニ
17日	ハーミー	ピオニー	ハーミー	ピオニー	ロミー	ロミー	ピオニー	ナチュール	エイト	ガンバーニ	イクオル	オーリー
18日	ロミー	ロミー	ロミー	ロミー	ピオニー	ナチュール	フィック	ガンバーニ	イクオル	オーリー	ハーミー	キック
19日	ピオニー	ナチュール	ピオニー	ナチュール	フィック	ガンバーニ	エイト	オーリー	ハーミー	キック	パフェキ	キラメール
20日	フィック	ガンバーニ	フィック	ガンバーニ	エイト	オーリー	イクオル	キック	パフェキ	キラメール	パフェキ	キラメール
21日	エイト	オーリー	エイト	オーリー	イクオル	キック	ハーミー	キラメール	パフェキ	キラメール	ハーミー	キック
22日	イクオル	キック	イクオル	キック	ハーミー	キラメール	パフェキ	キラメール	ハーミー	キック	イクオル	オーリー
23日	ハーミー	キラメール	ハーミー	キラメール	パフェキ	キラメール	パフェキ	キック	イクオル	オーリー	イクオル	オーリー
24日	パフェキ	キラメール	パフェキ	キラメール	パフェキ	キック	オーリー	イクオル	オーリー	ハーミー	ハーミー	キック
25日	パフェキ	キック	パフェキ	キック	ハーミー	キック	イクオル	オーリー	ハーミー	キック	パフェキ	キラメール
26日	ハーミー	オーリー	ハーミー	オーリー	イクオル	オーリー	イクオル	キック	パフェキ	キラメール	パフェキ	キラメール
27日	イクオル	オーリー	イクオル	オーリー	イクオル	キック	ハーミー	キラメール	パフェキ	キラメール	ハーミー	キック
28日	キック	イクオル	キック	イクオル	ハーミー	キラメール	パフェキ	キラメール	ハーミー	キック	イクオル	オーリー
29日	ハーミー	キラメール	ハーミー	キラメール	パフェキ	キラメール	パフェキ	キック	イクオル	オーリー	エイト	ガンバーニ
30日	パフェキ		パフェキ	キラメール	パフェキ	キック	ハーミー	オーリー	エイト	ガンバーニ	フィック	ナチュール
31日	パフェキ		パフェキ		ハーミー		イクオル	ガンバーニ		ナチュール		ロミー

1973　昭和48年

	1月	2月	3月	4月	5月	6月	7月	8月	9月	10月	11月	12月
1日	ピオニー	ハーミー	ロミー	ロミー	ピオニー	ハーミー	キック	イクオル	ガンバーニ	エイト	ナチュール	フィック
2日	キック	イクオル	ピオニー	ハーミー	キック	イクオル	オーリー	エイト	ナチュール	フィック	ロミー	ピオニー
3日	オーリー	エイト	キック	イクオル	オーリー	エイト	ガンバーニ	フィック	ロミー	ピオニー	ピオニー	ロミー
4日	ガンバーニ	フィック	オーリー	エイト	ガンバーニ	フィック	ナチュール	ピオニー	ピオニー	ロミー	キック	ナチュール
5日	ナチュール	ピオニー	ガンバーニ	フィック	ナチュール	ピオニー	ロミー	ロミー	フィック	ナチュール	エイト	ガンバーニ
6日	ロミー	ロミー	ナチュール	ピオニー	ロミー	ロミー	ピオニー	ナチュール	エイト	ガンバーニ	イクオル	オーリー
7日	ピオニー	ナチュール	ロミー	ロミー	ピオニー	ナチュール	フィック	ガンバーニ	イクオル	オーリー	ハーミー	キック
8日	フィック	ガンバーニ	ピオニー	ナチュール	フィック	ガンバーニ	エイト	オーリー	ハーミー	キック	ロミー	ピオニー
9日	エイト	オーリー	フィック	ガンバーニ	エイト	オーリー	イクオル	キック	ロミー	ピオニー	ピオニー	ロミー
10日	イクオル	キック	エイト	オーリー	イクオル	キック	ハーミー	ピオニー	ピオニー	ロミー	フィック	ナチュール
11日	ハーミー	ピオニー	イクオル	キック	ハーミー	ピオニー	ロミー	ロミー	フィック	ナチュール	エイト	ガンバーニ
12日	ロミー	ロミー	ハーミー	ピオニー	ロミー	ロミー	ピオニー	ナチュール	エイト	ガンバーニ	イクオル	オーリー
13日	ピオニー	ナチュール	ロミー	ロミー	ピオニー	ナチュール	フィック	ガンバーニ	イクオル	オーリー	ハーミー	キック
14日	フィック	ガンバーニ	ピオニー	ナチュール	フィック	ガンバーニ	エイト	オーリー	ハーミー	キック	パフェキ	キラメール
15日	エイト	オーリー	フィック	ガンバーニ	エイト	オーリー	イクオル	キック	パフェキ	キラメール	パフェキ	キラメール
16日	イクオル	キック	エイト	オーリー	イクオル	キック	ハーミー	キラメール	パフェキ	キラメール	ハーミー	キック
17日	ハーミー	キラメール	イクオル	キック	ハーミー	キラメール	パフェキ	キラメール	ハーミー	キック	イクオル	オーリー
18日	パフェキ	キラメール	ハーミー	キラメール	パフェキ	キラメール	パフェキ	キック	イクオル	オーリー	イクオル	オーリー
19日	パフェキ	キック	パフェキ	キック	パフェキ	キック	ハーミー	オーリー	イクオル	オーリー	ハーミー	キック
20日	ハーミー	オーリー	パフェキ	キック	ハーミー	オーリー	イクオル	キック	ハーミー	キック	パフェキ	キラメール
21日	イクオル	オーリー	ハーミー	オーリー	イクオル	オーリー	イクオル	キック	パフェキ	キラメール	パフェキ	キラメール
22日	キック	イクオル	イクオル	オーリー	イクオル	キック	ハーミー	キラメール	パフェキ	キラメール	ハーミー	キック
23日	ハーミー	キラメール	イクオル	キック	ハーミー	キラメール	パフェキ	キラメール	ハーミー	キック	イクオル	オーリー
24日	パフェキ	キラメール	ハーミー	キラメール	パフェキ	キラメール	パフェキ	キック	イクオル	オーリー	エイト	ガンバーニ
25日	パフェキ	キック	パフェキ	キラメール	パフェキ	キック	イクオル	オーリー	エイト	ガンバーニ	フィック	ナチュール
26日	ハーミー	オーリー	パフェキ	キック	ハーミー	オーリー	イクオル	ガンバーニ	フィック	ナチュール	ピオニー	ロミー
27日	イクオル	ガンバーニ	ハーミー	オーリー	イクオル	ガンバーニ	エイト	ナチュール	ピオニー	ロミー	ロミー	ピオニー
28日	エイト	ナチュール	イクオル	ガンバーニ	エイト	ナチュール	フィック	ロミー	ロミー	ピオニー	ピオニー	キック
29日	フィック		エイト	ナチュール	フィック	ロミー	ピオニー	ピオニー	ハーミー	キック	イクオル	オーリー
30日	ピオニー		フィック	ロミー	ピオニー	ピオニー	ロミー	キック	イクオル	オーリー	エイト	ガンバーニ
31日	ロミー		ピオニー		ロミー		ハーミー	オーリー		ガンバーニ		ナチュール

1974　昭和49年

	1月	2月	3月	4月	5月	6月	7月	8月	9月	10月	11月	12月
1日	ロミー	ロミー	ナチュール	ピオニー	ロミー	ロミー	ピオニー	ナチュール	エイト	ガンバーニ	イクオル	オーリー
2日	ピオニー	ナチュール	ロミー	ロミー	ピオニー	ナチュール	フィック	ガンバーニ	イクオル	オーリー	ハーミー	キック
3日	フィック	ガンバーニ	ピオニー	ナチュール	フィック	ガンバーニ	エイト	オーリー	ハーミー	キック	ロミー	ピオニー
4日	エイト	オーリー	フィック	ガンバーニ	エイト	オーリー	イクオル	キック	ロミー	ピオニー	ピオニー	ロミー
5日	イクオル	キック	エイト	オーリー	イクオル	キック	ハーミー	ピオニー	ピオニー	ロミー	フィック	ナチュール
6日	ハーミー	ピオニー	イクオル	キック	ハーミー	ピオニー	ロミー	ロミー	フィック	ナチュール	エイト	ガンバーニ
7日	イクオル	ロミー	ハーミー	ピオニー	イクオル	ロミー	ロミー	ナチュール	エイト	ガンバーニ	フィック	オーリー
8日	ピオニー	ナチュール	ロミー	ロミー	ピオニー	ナチュール	フィック	ガンバーニ	イクオル	オーリー	ハーミー	キック
9日	フィック	ガンバーニ	ピオニー	ナチュール	フィック	ガンバーニ	エイト	オーリー	ハーミー	キック	パフェキ	キラメール
10日	エイト	オーリー	フィック	ガンバーニ	エイト	オーリー	イクオル	キック	パフェキ	パフェキ	キラメール	キラメール
11日	イクオル	キック	エイト	オーリー	イクオル	キック	ハーミー	キラメール	パフェキ	キラメール	ハーミー	キック
12日	ハーミー	キラメール	イクオル	キック	ハーミー	キラメール	パフェキ	キラメール	ハーミー	キック	イクオル	オーリー
13日	パフェキ	キラメール	ハーミー	キラメール	パフェキ	キラメール	パフェキ	キック	イクオル	オーリー	イクオル	オーリー
14日	パフェキ	キック	パフェキ	キラメール	パフェキ	キック	ハーミー	オーリー	イクオル	オーリー	ハーミー	キック
15日	ハーミー	オーリー	パフェキ	キック	ハーミー	オーリー	イクオル	オーリー	ハーミー	キック	パフェキ	キラメール
16日	イクオル	オーリー	ハーミー	オーリー	イクオル	オーリー	イクオル	キック	パフェキ	キラメール	パフェキ	キラメール
17日	イクオル	キック	イクオル	オーリー	イクオル	キック	ハーミー	キラメール	パフェキ	キラメール	ハーミー	キック
18日	ハーミー	キラメール	イクオル	キック	ハーミー	キラメール	パフェキ	キラメール	ハーミー	キック	イクオル	オーリー
19日	パフェキ	キラメール	ハーミー	キラメール	パフェキ	キラメール	パフェキ	キック	イクオル	オーリー	イクオル	オーリー
20日	パフェキ	キック	パフェキ	キラメール	パフェキ	キック	ハーミー	オーリー	エイト	ガンバーニ	フィック	ナチュール
21日	ハーミー	オーリー	パフェキ	キック	ハーミー	オーリー	イクオル	ガンバーニ	フィック	ナチュール	ピオニー	ロミー
22日	イクオル	ガンバーニ	ハーミー	オーリー	イクオル	ガンバーニ	エイト	ナチュール	ピオニー	ロミー	ロミー	ピオニー
23日	エイト	ナチュール	イクオル	ガンバーニ	エイト	ナチュール	フィック	ロミー	ロミー	ピオニー	ハーミー	キック
24日	フィック	ロミー	エイト	ナチュール	フィック	ロミー	ピオニー	ピオニー	ハーミー	キック	イクオル	オーリー
25日	ピオニー	ピオニー	フィック	ロミー	ピオニー	ピオニー	ロミー	キック	イクオル	オーリー	ハーミー	キック
26日	ロミー	キック	ピオニー	ピオニー	ロミー	キック	ハーミー	オーリー	エイト	ガンバーニ	フィック	ナチュール
27日	ハーミー	オーリー	ロミー	キック	ハーミー	オーリー	イクオル	ガンバーニ	フィック	ナチュール	ピオニー	ロミー
28日	イクオル	ガンバーニ	ハーミー	オーリー	イクオル	ガンバーニ	エイト	ナチュール	ピオニー	ロミー	ロミー	ピオニー
29日	エイト		イクオル	ガンバーニ	エイト	ナチュール	フィック	ロミー	ロミー	ピオニー	ナチュール	フィック
30日	フィック		エイト	ナチュール	フィック	ロミー	ピオニー	ピオニー	ナチュール	フィック	ガンバーニ	エイト
31日	ピオニー		フィック		ピオニー		ロミー	フィック		エイト		イクオル

1975　昭和50年

	1月	2月	3月	4月	5月	6月	7月	8月	9月	10月	11月	12月
1日	ハーミー	ピオニー	イクオル	キック	ハーミー	ピオニー	ロミー	ロミー	フィック	ナチュール	エイト	ガンバーニ
2日	ロミー	ロミー	ハーミー	ピオニー	ロミー	ロミー	ピオニー	ナチュール	エイト	ガンバーニ	イクオル	オーリー
3日	ピオニー	ナチュール	ロミー	ロミー	ピオニー	ナチュール	フィック	ガンバーニ	イクオル	オーリー	ハーミー	キック
4日	フィック	ガンバーニ	ピオニー	ナチュール	フィック	ガンバーニ	エイト	オーリー	ハーミー	キック	パフェキ	キラメール
5日	エイト	オーリー	フィック	ガンバーニ	エイト	オーリー	イクオル	キック	パフェキ	キラメール	パフェキ	キラメール
6日	イクオル	キック	エイト	オーリー	イクオル	キック	ハーミー	キラメール	パフェキ	キラメール	ハーミー	キック
7日	ハーミー	キラメール	イクオル	キック	ハーミー	キラメール	パフェキ	キラメール	ハーミー	キック	イクオル	オーリー
8日	パフェキ	キラメール	ハーミー	キラメール	パフェキ	キラメール	パフェキ	キック	イクオル	オーリー	イクオル	オーリー
9日	パフェキ	キック	パフェキ	キラメール	パフェキ	キック	ハーミー	オーリー	イクオル	オーリー	ハーミー	キック
10日	ハーミー	オーリー	パフェキ	キック	ハーミー	オーリー	イクオル	オーリー	ハーミー	キック	パフェキ	キラメール
11日	イクオル	オーリー	ハーミー	オーリー	イクオル	オーリー	イクオル	キック	パフェキ	キラメール	パフェキ	キラメール
12日	イクオル	キック	イクオル	オーリー	イクオル	キック	ハーミー	キラメール	パフェキ	キラメール	ハーミー	キック
13日	ハーミー	キラメール	イクオル	キック	ハーミー	キラメール	パフェキ	キラメール	ハーミー	キック	イクオル	オーリー
14日	パフェキ	キラメール	ハーミー	キラメール	パフェキ	キラメール	パフェキ	キック	イクオル	オーリー	エイト	ガンバーニ
15日	パフェキ	キック	パフェキ	キラメール	パフェキ	キック	ハーミー	オーリー	エイト	ガンバーニ	フィック	ナチュール
16日	ハーミー	オーリー	パフェキ	キック	ハーミー	オーリー	イクオル	ガンバーニ	フィック	ナチュール	ピオニー	ロミー
17日	イクオル	ガンバーニ	ハーミー	オーリー	イクオル	ガンバーニ	エイト	ナチュール	ピオニー	ロミー	ロミー	ピオニー
18日	エイト	ナチュール	イクオル	ガンバーニ	エイト	ナチュール	フィック	ロミー	ロミー	ピオニー	ハーミー	キック
19日	フィック	ロミー	エイト	ナチュール	フィック	ロミー	ピオニー	ピオニー	ハーミー	キック	イクオル	オーリー
20日	ピオニー	ピオニー	フィック	ロミー	ピオニー	ピオニー	ロミー	キック	イクオル	オーリー	エイト	ガンバーニ
21日	ロミー	キック	ピオニー	ピオニー	ロミー	キック	ハーミー	オーリー	エイト	ガンバーニ	フィック	ナチュール
22日	ハーミー	オーリー	ロミー	キック	ハーミー	オーリー	イクオル	ガンバーニ	フィック	ナチュール	ピオニー	ロミー
23日	イクオル	ガンバーニ	ハーミー	オーリー	イクオル	ガンバーニ	エイト	ナチュール	ピオニー	ロミー	ロミー	ピオニー
24日	エイト	ナチュール	イクオル	ガンバーニ	エイト	ナチュール	フィック	ロミー	ロミー	ピオニー	ナチュール	フィック
25日	フィック	ロミー	エイト	ナチュール	フィック	ロミー	ピオニー	ピオニー	ナチュール	フィック	ガンバーニ	エイト
26日	ピオニー	ピオニー	フィック	ロミー	ピオニー	ピオニー	ロミー	フィック	ガンバーニ	エイト	オーリー	イクオル
27日	ロミー	フィック	ピオニー	ピオニー	ロミー	フィック	ナチュール	エイト	オーリー	イクオル	キック	ハーミー
28日	ナチュール	エイト	ロミー	フィック	ナチュール	エイト	ガンバーニ	オーリー	イクオル	キック	ハーミー	ロミー
29日	ガンバーニ		ナチュール	エイト	ガンバーニ	イクオル	オーリー	ハーミー	ピオニー	ロミー	ロミー	ピオニー
30日	オーリー		ガンバーニ	イクオル	オーリー	ハーミー	キック	ロミー	ロミー	ピオニー	ナチュール	フィック
31日	キック		オーリー		キック		ピオニー	ピオニー		フィック		エイト

1976　昭和51年

	1月	2月	3月	4月	5月	6月	7月	8月	9月	10月	11月	12月
1日	イクオル	キック	イクオル	キック	ハーミー	キラメール	パフェキ	キラメール	ハーミー	キック	イクオル	オーリー
2日	ハーミー	キラメール	ハーミー	キラメール	パフェキ	キラメール	パフェキ	キック	イクオル	オーリー	イクオル	オーリー
3日	パフェキ	キラメール	パフェキ	キラメール	パフェキ	キック	ハーミー	オーリー	イクオル	オーリー	ハーミー	キック
4日	パフェキ	キック	パフェキ	キック	ハーミー	オーリー	イクオル	オーリー	ハーミー	キック	パフェキ	キラメール
5日	ハーミー	オーリー	ハーミー	オーリー	イクオル	オーリー	イクオル	キック	パフェキ	キラメール	パフェキ	キック
6日	イクオル	オーリー	イクオル	オーリー	イクオル	キック	ハーミー	キラメール	パフェキ	キラメール	ハーミー	キック
7日	イクオル	キック	イクオル	キック	ハーミー	キラメール	パフェキ	キラメール	ハーミー	キック	イクオル	オーリー
8日	ハーミー	キラメール	ハーミー	キラメール	パフェキ	キラメール	パフェキ	キック	イクオル	オーリー	エイト	ガンバーニ
9日	パフェキ	キラメール	パフェキ	キラメール	パフェキ	キック	ハーミー	オーリー	エイト	ガンバーニ	フィック	ナチュール
10日	パフェキ	キック	パフェキ	キック	ハーミー	オーリー	イクオル	ガンバーニ	フィック	ナチュール	ピオニー	ロミー
11日	ハーミー	オーリー	ハーミー	オーリー	イクオル	ガンバーニ	エイト	ナチュール	ピオニー	ロミー	ロミー	ピオニー
12日	イクオル	ガンバーニ	イクオル	ガンバーニ	エイト	ナチュール	フィック	ロミー	ロミー	ピオニー	ハーミー	キック
13日	エイト	ナチュール	エイト	ナチュール	フィック	ロミー	ピオニー	ピオニー	ハーミー	キック	イクオル	オーリー
14日	ロミー	フィック	ロミー	フィック	ピオニー	ピオニー	キック	イクオル	イクオル	オーリー	エイト	ガンバーニ
15日	ピオニー	ピオニー	ピオニー	ピオニー	ロミー	キック	ハーミー	オーリー	エイト	ガンバーニ	フィック	ナチュール
16日	ロミー	キック	ロミー	キック	ハーミー	オーリー	イクオル	ガンバーニ	フィック	ナチュール	ピオニー	ロミー
17日	ハーミー	オーリー	ハーミー	オーリー	イクオル	ガンバーニ	エイト	ナチュール	ピオニー	ロミー	ロミー	ピオニー
18日	イクオル	ガンバーニ	イクオル	ガンバーニ	エイト	ナチュール	フィック	ロミー	ロミー	ピオニー	ナチュール	フィック
19日	エイト	ナチュール	エイト	ナチュール	フィック	ロミー	ピオニー	ピオニー	ナチュール	フィック	ガンバーニ	エイト
20日	ロミー	フィック	ロミー	フィック	ピオニー	ピオニー	フィック	ガンバーニ	ガンバーニ	エイト	オーリー	イクオル
21日	ピオニー	ピオニー	ピオニー	ピオニー	ロミー	フィック	ナチュール	エイト	オーリー	イクオル	キック	ハーミー
22日	ロミー	フィック	ロミー	フィック	ナチュール	エイト	ガンバーニ	イクオル	キック	ハーミー	ピオニー	ロミー
23日	ナチュール	イクオル	エイト	ナチュール	ガンバーニ	イクオル	オーリー	ハーミー	ピオニー	ロミー	ロミー	ピオニー
24日	ガンバーニ	イクオル	ガンバーニ	イクオル	オーリー	ハーミー	キック	ロミー	ロミー	ピオニー	ナチュール	フィック
25日	オーリー	ハーミー	オーリー	ハーミー	キック	ロミー	ピオニー	ピオニー	ナチュール	フィック	ガンバーニ	エイト
26日	キック	ロミー	キック	ロミー	ピオニー	ピオニー	ロミー	フィック	ガンバーニ	エイト	オーリー	イクオル
27日	ピオニー	ロミー	ピオニー	ピオニー	ロミー	フィック	ナチュール	エイト	オーリー	イクオル	キック	ハーミー
28日	ロミー	フィック	ロミー	フィック	ナチュール	エイト	ガンバーニ	イクオル	キック	ハーミー	キラメール	パフェキ
29日	ナチュール	エイト	ナチュール	ガンバーニ	イクオル	オーリー	ハーミー	キラメール	パフェキ	キラメール	パフェキ	パフェキ
30日	ガンバーニ		ガンバーニ	イクオル	オーリー	ハーミー	キック	パフェキ	キラメール	パフェキ	キック	キック
31日	オーリー		オーリー		キック		キラメール	パフェキ		ハーミー		イクオル

1977　昭和52年

	1月	2月	3月	4月	5月	6月	7月	8月	9月	10月	11月	12月
1日	イクオル	キック	イクオル	オーリー	イクオル	キック	ハーミー	キラメール	パフェキ	キラメール	ハーミー	キック
2日	ハーミー	キラメール	ハーミー	キラメール	ハーミー	キラメール	パフェキ	キラメール	ハーミー	キック	イクオル	オーリー
3日	パフェキ	キラメール	ハーミー	キラメール	パフェキ	キラメール	パフェキ	キック	イクオル	オーリー	エイト	ガンバーニ
4日	パフェキ	キック	パフェキ	キラメール	パフェキ	キック	ハーミー	オーリー	エイト	ガンバーニ	フィック	ナチュール
5日	ハーミー	オーリー	ハーミー	オーリー	ハーミー	オーリー	イクオル	ガンバーニ	フィック	ナチュール	ピオニー	ロミー
6日	イクオル	ガンバーニ	ハーミー	オーリー	イクオル	ガンバーニ	エイト	ナチュール	ピオニー	ロミー	ロミー	ピオニー
7日	エイト	ナチュール	イクオル	ガンバーニ	エイト	ナチュール	フィック	ロミー	ロミー	ピオニー	ハーミー	キック
8日	フィック	ロミー	ナチュール	ナチュール	フィック	ロミー	ピオニー	ピオニー	ハーミー	キック	イクオル	オーリー
9日	ピオニー	ピオニー	フィック	ロミー	ピオニー	ピオニー	ロミー	キック	イクオル	オーリー	エイト	ガンバーニ
10日	ロミー	キック	ピオニー	ピオニー	ロミー	キック	ハーミー	オーリー	エイト	ガンバーニ	フィック	ナチュール
11日	ハーミー	オーリー	ロミー	キック	ハーミー	オーリー	イクオル	ガンバーニ	フィック	ナチュール	ピオニー	ロミー
12日	イクオル	ガンバーニ	ハーミー	オーリー	イクオル	ガンバーニ	エイト	ナチュール	ピオニー	ロミー	ロミー	ピオニー
13日	エイト	ナチュール	イクオル	ガンバーニ	エイト	ナチュール	フィック	ロミー	ロミー	ピオニー	ナチュール	フィック
14日	フィック	ロミー	エイト	ナチュール	フィック	ロミー	ピオニー	ピオニー	ナチュール	フィック	ガンバーニ	エイト
15日	ピオニー	ピオニー	フィック	ロミー	ピオニー	ピオニー	ロミー	フィック	ガンバーニ	エイト	オーリー	イクオル
16日	ロミー	フィック	ピオニー	ピオニー	ロミー	フィック	ナチュール	エイト	オーリー	イクオル	キック	ハーミー
17日	ナチュール	エイト	ピオニー	フィック	ナチュール	エイト	ガンバーニ	イクオル	キック	ハーミー	ピオニー	ロミー
18日	ガンバーニ	イクオル	ナチュール	エイト	ガンバーニ	イクオル	オーリー	ハーミー	ピオニー	ロミー	ロミー	ピオニー
19日	オーリー	ハーミー	ガンバーニ	イクオル	オーリー	ハーミー	キック	ロミー	ロミー	ピオニー	ナチュール	フィック
20日	キック	ロミー	オーリー	ハーミー	キック	ロミー	ピオニー	ピオニー	ナチュール	フィック	ガンバーニ	エイト
21日	ピオニー	ピオニー	キック	ロミー	ピオニー	ピオニー	ロミー	フィック	ガンバーニ	エイト	オーリー	イクオル
22日	ロミー	フィック	ピオニー	ピオニー	ロミー	フィック	ナチュール	エイト	オーリー	イクオル	キック	ハーミー
23日	ナチュール	エイト	ピオニー	フィック	ナチュール	エイト	ガンバーニ	イクオル	キック	ハーミー	キラメール	パフェキ
24日	ガンバーニ	イクオル	ナチュール	エイト	ガンバーニ	イクオル	オーリー	ハーミー	キラメール	パフェキ	キラメール	パフェキ
25日	オーリー	ハーミー	ガンバーニ	イクオル	オーリー	ハーミー	キック	パフェキ	キラメール	パフェキ	キック	ハーミー
26日	キック	パフェキ	オーリー	ハーミー	キック	パフェキ	キラメール	パフェキ	キック	ハーミー	オーリー	イクオル
27日	キラメール	パフェキ	キック	パフェキ	キラメール	パフェキ	キラメール	ハーミー	オーリー	イクオル	オーリー	イクオル
28日	キラメール	ハーミー	キラメール	パフェキ	キラメール	ハーミー	キック	イクオル	オーリー	イクオル	キック	ハーミー
29日	ハーミー		キラメール	ハーミー	キック	イクオル	オーリー	ハーミー	キラメール	パフェキ	キラメール	パフェキ
30日	オーリー		キラメール	ハーミー	オーリー	ハーミー	キック	キラメール	パフェキ	キラメール	キラメール	パフェキ
31日	オーリー		オーリー		オーリー		キック	パフェキ		パフェキ		ハーミー

1978　昭和53年

	1月	2月	3月	4月	5月	6月	7月	8月	9月	10月	11月	12月
1日	イクオル	ガンバーニ	ハーミー	オーリー	イクオル	ガンバーニ	エイト	ナチュール	ピオニー	ロミー	ロミー	ピオニー
2日	エイト	ナチュール	イクオル	ガンバーニ	エイト	ナチュール	フィック	ロミー	ロミー	ピオニー	ハーミー	キック
3日	フィック	ロミー	エイト	ナチュール	フィック	ロミー	ピオニー	ピオニー	ハーミー	キック	イクオル	オーリー
4日	ピオニー	ピオニー	フィック	ロミー	ピオニー	ピオニー	ロミー	キック	イクオル	オーリー	エイト	ガンバーニ
5日	ロミー	キック	ピオニー	ピオニー	ロミー	キック	ハーミー	オーリー	エイト	ガンバーニ	フィック	ナチュール
6日	ハーミー	オーリー	ロミー	キック	ハーミー	オーリー	イクオル	ガンバーニ	フィック	ナチュール	ピオニー	ロミー
7日	イクオル	ガンバーニ	ハーミー	オーリー	イクオル	ガンバーニ	エイト	ナチュール	ピオニー	ロミー	ロミー	ピオニー
8日	エイト	ナチュール	イクオル	ガンバーニ	エイト	ナチュール	フィック	ロミー	ロミー	ピオニー	ナチュール	フィック
9日	フィック	ロミー	エイト	ナチュール	フィック	ロミー	ピオニー	ピオニー	ナチュール	フィック	ガンバーニ	エイト
10日	ピオニー	ピオニー	フィック	ロミー	ピオニー	ピオニー	ロミー	フィック	ガンバーニ	エイト	オーリー	イクオル
11日	ロミー	フィック	ピオニー	ピオニー	ロミー	フィック	ナチュール	エイト	オーリー	イクオル	キック	ハーミー
12日	ナチュール	エイト	ロミー	フィック	ナチュール	エイト	ガンバーニ	イクオル	キック	ハーミー	ピオニー	ロミー
13日	ガンバーニ	イクオル	ナチュール	エイト	ガンバーニ	イクオル	オーリー	ハーミー	ピオニー	ロミー	ロミー	ピオニー
14日	オーリー	ハーミー	ガンバーニ	イクオル	オーリー	ハーミー	キック	ロミー	ロミー	ピオニー	ナチュール	フィック
15日	キック	ロミー	オーリー	ハーミー	キック	ロミー	ピオニー	ピオニー	ナチュール	フィック	ガンバーニ	エイト
16日	ピオニー	ピオニー	キック	ロミー	ピオニー	ピオニー	ロミー	フィック	ガンバーニ	エイト	オーリー	イクオル
17日	ロミー	フィック	ピオニー	ピオニー	ロミー	フィック	ナチュール	エイト	オーリー	イクオル	キック	ハーミー
18日	ナチュール	エイト	ロミー	フィック	ナチュール	エイト	ガンバーニ	イクオル	キック	ハーミー	キラメール	パフェキ
19日	ガンバーニ	イクオル	ナチュール	エイト	ガンバーニ	イクオル	オーリー	ハーミー	キラメール	パフェキ	キラメール	パフェキ
20日	オーリー	ハーミー	ガンバーニ	イクオル	オーリー	ハーミー	キック	パフェキ	キラメール	パフェキ	キック	ハーミー
21日	キック	パフェキ	オーリー	ハーミー	キック	パフェキ	キラメール	パフェキ	キック	ハーミー	オーリー	イクオル
22日	キラメール	パフェキ	キック	パフェキ	キラメール	パフェキ	キラメール	ハーミー	オーリー	イクオル	オーリー	イクオル
23日	キラメール	ハーミー	キラメール	パフェキ	キラメール	ハーミー	キック	イクオル	オーリー	イクオル	キック	ハーミー
24日	キック	イクオル	キラメール	ハーミー	キック	イクオル	オーリー	イクオル	キック	ハーミー	キラメール	パフェキ
25日	オーリー	イクオル	キック	イクオル	オーリー	イクオル	オーリー	ハーミー	キラメール	パフェキ	キラメール	パフェキ
26日	オーリー	ハーミー	オーリー	イクオル	オーリー	ハーミー	キック	パフェキ	キラメール	パフェキ	キック	ハーミー
27日	キック	パフェキ	オーリー	ハーミー	キック	パフェキ	キラメール	パフェキ	キック	ハーミー	オーリー	イクオル
28日	キラメール	パフェキ	キック	パフェキ	キラメール	パフェキ	キラメール	ハーミー	オーリー	イクオル	ガンバーニ	エイト
29日	キラメール		キラメール	パフェキ	キラメール	ハーミー	キック	イクオル	ガンバーニ	エイト	ナチュール	フィック
30日	キック		キラメール	ハーミー	キック	イクオル	オーリー	エイト	ナチュール	フィック	ロミー	ピオニー
31日	オーリー		キック		オーリー		ガンバーニ	フィック		ピオニー		ロミー

1979　昭和54年

	1月	2月	3月	4月	5月	6月	7月	8月	9月	10月	11月	12月
1日	ハーミー	オーリー	ロミー	キック	ハーミー	オーリー	イクオル	ガンバーニ	フィック	ナチュール	ピオニー	ロミー
2日	イクオル	ガンバーニ	ハーミー	オーリー	イクオル	ガンバーニ	エイト	ナチュール	ピオニー	ピオニー	ロミー	ピオニー
3日	エイト	ナチュール	イクオル	ガンバーニ	エイト	ナチュール	フィック	ロミー	ロミー	ピオニー	ナチュール	フィック
4日	フィック	ロミー	エイト	ナチュール	フィック	ロミー	ピオニー	ピオニー	ナチュール	フィック	ガンバーニ	エイト
5日	ピオニー	ピオニー	フィック	ロミー	ピオニー	ピオニー	ロミー	フィック	ガンバーニ	エイト	オーリー	イクオル
6日	ロミー	フィック	ピオニー	ピオニー	ロミー	フィック	ナチュール	エイト	オーリー	イクオル	キック	ハーミー
7日	ナチュール	エイト	ロミー	フィック	ナチュール	エイト	ガンバーニ	イクオル	キック	ハーミー	ピオニー	ロミー
8日	ガンバーニ	イクオル	ナチュール	エイト	ガンバーニ	イクオル	オーリー	ハーミー	ピオニー	ロミー	ロミー	ピオニー
9日	オーリー	ハーミー	ガンバーニ	イクオル	オーリー	ハーミー	キック	ロミー	ロミー	ピオニー	ナチュール	フィック
10日	キック	ロミー	オーリー	ハーミー	キック	ロミー	ピオニー	ピオニー	ナチュール	フィック	ガンバーニ	エイト
11日	ピオニー	ピオニー	キック	ロミー	ピオニー	ピオニー	ロミー	フィック	ガンバーニ	エイト	オーリー	イクオル
12日	ロミー	フィック	ピオニー	ピオニー	ロミー	フィック	ナチュール	エイト	オーリー	イクオル	キック	ハーミー
13日	ナチュール	エイト	ロミー	フィック	ナチュール	エイト	ガンバーニ	イクオル	キック	ハーミー	キラメール	パフェキ
14日	ガンバーニ	イクオル	ナチュール	エイト	ガンバーニ	イクオル	オーリー	ハーミー	キラメール	パフェキ	キラメール	パフェキ
15日	オーリー	ハーミー	ガンバーニ	イクオル	オーリー	ハーミー	キック	パフェキ	キラメール	パフェキ	キック	ハーミー
16日	キック	パフェキ	オーリー	ハーミー	キック	パフェキ	キラメール	パフェキ	キック	ハーミー	オーリー	イクオル
17日	キラメール	パフェキ	キック	パフェキ	キラメール	パフェキ	キラメール	ハーミー	オーリー	イクオル	オーリー	イクオル
18日	キラメール	ハーミー	キラメール	パフェキ	キラメール	ハーミー	キック	イクオル	オーリー	イクオル	キック	ハーミー
19日	キック	イクオル	キラメール	ハーミー	キック	イクオル	オーリー	イクオル	キック	ハーミー	キラメール	パフェキ
20日	オーリー	イクオル	キック	イクオル	オーリー	イクオル	オーリー	ハーミー	キラメール	パフェキ	キラメール	パフェキ
21日	オーリー	ハーミー	オーリー	イクオル	オーリー	ハーミー	キック	パフェキ	キラメール	パフェキ	キック	ハーミー
22日	キック	パフェキ	オーリー	ハーミー	キック	パフェキ	キラメール	パフェキ	キック	ハーミー	オーリー	イクオル
23日	キラメール	パフェキ	キック	パフェキ	キラメール	パフェキ	キラメール	ハーミー	オーリー	イクオル	ガンバーニ	エイト
24日	キラメール	ハーミー	キラメール	パフェキ	キラメール	ハーミー	キック	イクオル	ガンバーニ	エイト	ナチュール	フィック
25日	キック	イクオル	キラメール	ハーミー	キック	イクオル	オーリー	エイト	ナチュール	フィック	ロミー	ピオニー
26日	オーリー	エイト	キック	イクオル	オーリー	エイト	ガンバーニ	フィック	ロミー	ピオニー	ピオニー	ロミー
27日	ガンバーニ	フィック	オーリー	イクオル	ガンバーニ	フィック	ナチュール	ピオニー	ピオニー	ロミー	キック	ハーミー
28日	ナチュール	ピオニー	ガンバーニ	フィック	ナチュール	ピオニー	ロミー	ロミー	キック	ハーミー	オーリー	イクオル
29日	ロミー		ナチュール	ピオニー	ロミー	ロミー	ピオニー	ハーミー	オーリー	イクオル	ガンバーニ	エイト
30日	ピオニー		ロミー	ロミー	ピオニー	ハーミー	イクオル	エイト	ガンバーニ	エイト	ナチュール	フィック
31日	キック		ピオニー		キック		オーリー	エイト		フィック		ピオニー

1980　昭和55年

	1月	2月	3月	4月	5月	6月	7月	8月	9月	10月	11月	12月
1日	ロミー	フィック	ロミー	フィック	ナチュール	フィック	ガンバーニ	イクオル	キック	ハーミー	ピオニー	ロミー
2日	ナチュール	エイト	ナチュール	エイト	ガンバーニ	イクオル	オーリー	ハーミー	ピオニー	ロミー	ロミー	ピオニー
3日	ガンバーニ	イクオル	ガンバーニ	イクオル	オーリー	ハーミー	キック	ロミー	ロミー	ピオニー	ナチュール	フィック
4日	オーリー	ハーミー	オーリー	ハーミー	キック	ロミー	ピオニー	ピオニー	ナチュール	フィック	ガンバーニ	エイト
5日	キック	ロミー	キック	ロミー	ピオニー	ピオニー	ロミー	フィック	ガンバーニ	エイト	オーリー	イクオル
6日	ピオニー	ピオニー	ピオニー	ピオニー	ロミー	フィック	ナチュール	エイト	オーリー	イクオル	キック	ハーミー
7日	ロミー	フィック	ロミー	フィック	ナチュール	エイト	ガンバーニ	イクオル	キック	ハーミー	キラメール	パフェキ
8日	ナチュール	エイト	ナチュール	エイト	ガンバーニ	イクオル	オーリー	ハーミー	キラメール	パフェキ	キラメール	パフェキ
9日	ガンバーニ	イクオル	ガンバーニ	イクオル	オーリー	ハーミー	キック	パフェキ	キラメール	パフェキ	キック	ハーミー
10日	オーリー	ハーミー	オーリー	ハーミー	キック	パフェキ	キラメール	ハーミー	キック	ハーミー	オーリー	イクオル
11日	キック	パフェキ	キック	パフェキ	キラメール	パフェキ	キラメール	ハーミー	オーリー	イクオル	オーリー	イクオル
12日	キラメール	パフェキ	キラメール	パフェキ	キラメール	ハーミー	キック	イクオル	オーリー	イクオル	キック	ハーミー
13日	キラメール	ハーミー	キラメール	ハーミー	キック	イクオル	オーリー	イクオル	キック	ハーミー	キラメール	パフェキ
14日	キック	イクオル	キック	イクオル	オーリー	イクオル	オーリー	ハーミー	キラメール	パフェキ	キラメール	パフェキ
15日	オーリー	イクオル	オーリー	イクオル	オーリー	ハーミー	キック	パフェキ	キラメール	パフェキ	キック	ハーミー
16日	オーリー	ハーミー	オーリー	ハーミー	キック	パフェキ	キラメール	パフェキ	キック	ハーミー	オーリー	イクオル
17日	キック	パフェキ	キック	パフェキ	キラメール	パフェキ	キラメール	ハーミー	オーリー	イクオル	ガンバーニ	エイト
18日	キラメール	パフェキ	キラメール	パフェキ	キラメール	ハーミー	キック	イクオル	ガンバーニ	エイト	ナチュール	フィック
19日	キラメール	ハーミー	キラメール	ハーミー	キック	イクオル	オーリー	エイト	ナチュール	フィック	ロミー	ピオニー
20日	キック	イクオル	キック	イクオル	オーリー	エイト	ガンバーニ	フィック	ロミー	ピオニー	ピオニー	ロミー
21日	オーリー	エイト	オーリー	エイト	ガンバーニ	フィック	ナチュール	ピオニー	ピオニー	ロミー	キック	ハーミー
22日	ガンバーニ	フィック	ガンバーニ	フィック	ナチュール	ピオニー	ロミー	ロミー	キック	ハーミー	オーリー	イクオル
23日	ナチュール	ピオニー	ナチュール	ピオニー	ロミー	ロミー	ピオニー	ハーミー	オーリー	イクオル	ガンバーニ	エイト
24日	ロミー	ロミー	ロミー	ロミー	ピオニー	ハーミー	キック	イクオル	ガンバーニ	エイト	ナチュール	フィック
25日	ピオニー	ハーミー	ピオニー	ハーミー	キック	イクオル	オーリー	エイト	ナチュール	フィック	ロミー	ピオニー
26日	キック	イクオル	キック	イクオル	オーリー	エイト	ガンバーニ	フィック	ロミー	ピオニー	ピオニー	ロミー
27日	オーリー	エイト	オーリー	エイト	ガンバーニ	フィック	ナチュール	ピオニー	ピオニー	ロミー	フィック	ナチュール
28日	ガンバーニ	フィック	ガンバーニ	フィック	ナチュール	ピオニー	ロミー	ロミー	フィック	ナチュール	エイト	ガンバーニ
29日	ナチュール	ピオニー	ナチュール	ピオニー	ロミー	ロミー	ピオニー	ナチュール	エイト	ガンバーニ	イクオル	オーリー
30日	ロミー		ロミー	ロミー	ピオニー	ナチュール	フィック	ガンバーニ	イクオル	オーリー	ハーミー	キック
31日	ピオニー		ピオニー		フィック		エイト	オーリー		キック		ピオニー

1981　昭和56年

	1月	2月	3月	4月	5月	6月	7月	8月	9月	10月	11月	12月
1日	ロミー	フィック	ピオニー	ロミー	ロミー	フィック	ナチュール	エイト	オーリー	イクオル	キック	ハーミー
2日	ナチュール	エイト	ロミー	フィック	ナチュール	エイト	ガンバーニ	イクオル	キック	ハーミー	キラメール	パフェキ
3日	ガンバーニ	イクオル	ナチュール	エイト	ガンバーニ	イクオル	オーリー	ハーミー	キラメール	パフェキ	キラメール	パフェキ
4日	オーリー	ハーミー	ガンバーニ	イクオル	オーリー	ハーミー	キック	パフェキ	キラメール	パフェキ	キック	ハーミー
5日	キック	パフェキ	オーリー	ハーミー	キック	パフェキ	キラメール	パフェキ	キック	ハーミー	オーリー	イクオル
6日	キラメール	パフェキ	キック	パフェキ	キラメール	パフェキ	キラメール	ハーミー	オーリー	イクオル	オーリー	イクオル
7日	キラメール	ハーミー	キラメール	パフェキ	キラメール	ハーミー	キック	イクオル	オーリー	イクオル	キック	ハーミー
8日	キック	イクオル	キラメール	ハーミー	キック	イクオル	オーリー	イクオル	キック	ハーミー	キラメール	パフェキ
9日	オーリー	イクオル	キック	イクオル	オーリー	イクオル	オーリー	ハーミー	キラメール	パフェキ	キラメール	パフェキ
10日	オーリー	ハーミー	オーリー	イクオル	オーリー	ハーミー	キック	パフェキ	キラメール	パフェキ	キック	ハーミー
11日	キック	パフェキ	オーリー	ハーミー	キック	パフェキ	キラメール	パフェキ	キック	ハーミー	オーリー	イクオル
12日	キラメール	パフェキ	キック	パフェキ	キラメール	パフェキ	キラメール	ハーミー	オーリー	イクオル	ガンバーニ	エイト
13日	キラメール	ハーミー	キラメール	パフェキ	キラメール	ハーミー	キック	イクオル	ガンバーニ	エイト	ナチュール	フィック
14日	キック	イクオル	キラメール	ハーミー	キック	イクオル	オーリー	エイト	ナチュール	フィック	ロミー	ピオニー
15日	オーリー	エイト	キック	イクオル	オーリー	エイト	ガンバーニ	フィック	ロミー	ピオニー	ピオニー	ロミー
16日	ガンバーニ	フィック	オーリー	エイト	ガンバーニ	フィック	ナチュール	ピオニー	ピオニー	ロミー	キック	ハーミー
17日	ナチュール	ピオニー	ガンバーニ	フィック	ナチュール	ピオニー	ロミー	ロミー	キック	ハーミー	オーリー	イクオル
18日	ロミー	ロミー	ナチュール	ピオニー	ロミー	ロミー	ピオニー	ハーミー	オーリー	イクオル	ガンバーニ	エイト
19日	ピオニー	ハーミー	ロミー	ロミー	ピオニー	ハーミー	キック	イクオル	ガンバーニ	エイト	ナチュール	フィック
20日	キック	イクオル	ピオニー	ハーミー	キック	イクオル	オーリー	エイト	ナチュール	フィック	ロミー	ピオニー
21日	オーリー	エイト	キック	イクオル	オーリー	エイト	ガンバーニ	フィック	ロミー	ピオニー	ピオニー	ロミー
22日	ガンバーニ	フィック	オーリー	エイト	ガンバーニ	フィック	ナチュール	ピオニー	ピオニー	ロミー	フィック	ナチュール
23日	ナチュール	ピオニー	ガンバーニ	フィック	ナチュール	ピオニー	ロミー	ロミー	フィック	ナチュール	エイト	ガンバーニ
24日	ロミー	ロミー	ナチュール	ピオニー	ロミー	ロミー	ピオニー	ナチュール	エイト	ガンバーニ	イクオル	オーリー
25日	ピオニー	ナチュール	ロミー	ロミー	ピオニー	ナチュール	フィック	ガンバーニ	イクオル	オーリー	ハーミー	キック
26日	フィック	ガンバーニ	ピオニー	ナチュール	フィック	ガンバーニ	エイト	オーリー	ハーミー	キック	ロミー	ピオニー
27日	エイト	オーリー	フィック	ガンバーニ	エイト	オーリー	イクオル	キック	ロミー	ピオニー	ピオニー	ロミー
28日	イクオル	キック	エイト	オーリー	イクオル	キック	ハーミー	ピオニー	ピオニー	ロミー	フィック	ナチュール
29日	ハーミー		イクオル	キック	ハーミー	ピオニー	ロミー	ロミー	フィック	ナチュール	エイト	ガンバーニ
30日	ロミー		ハーミー	ピオニー	ロミー	ロミー	ピオニー	ナチュール	エイト	ガンバーニ	イクオル	オーリー
31日	ピオニー		ロミー		ピオニー		フィック	ガンバーニ		オーリー		キック

1982　昭和57年

	1月	2月	3月	4月	5月	6月	7月	8月	9月	10月	11月	12月
1日	キラメール	パフェキ	キック	パフェキ	キラメール	パフェキ	キラメール	ハーミー	オーリー	イクオル	オーリー	イクオル
2日	キラメール	ハーミー	キラメール	パフェキ	キラメール	ハーミー	キック	イクオル	オーリー	イクオル	キック	ハーミー
3日	キック	イクオル	キラメール	ハーミー	キック	イクオル	オーリー	イクオル	キック	ハーミー	キラメール	パフェキ
4日	オーリー	イクオル	キック	イクオル	オーリー	イクオル	オーリー	ハーミー	パフェキ	キラメール	キラメール	パフェキ
5日	オーリー	ハーミー	オーリー	イクオル	オーリー	ハーミー	キック	パフェキ	キラメール	パフェキ	キック	ハーミー
6日	キック	パフェキ	オーリー	ハーミー	キック	パフェキ	キラメール	パフェキ	キック	ハーミー	オーリー	イクオル
7日	キラメール	パフェキ	キック	パフェキ	キラメール	パフェキ	キラメール	ハーミー	オーリー	イクオル	ガンバーニ	エイト
8日	キラメール	ハーミー	キラメール	パフェキ	キラメール	ハーミー	キック	イクオル	ガンバーニ	エイト	ナチュール	フィック
9日	キック	イクオル	キラメール	ハーミー	キック	イクオル	オーリー	エイト	ナチュール	フィック	ロミー	ピオニー
10日	オーリー	エイト	キック	イクオル	オーリー	エイト	ハーミー	ガンバーニ	ロミー	ピオニー	ピオニー	ロミー
11日	ガンバーニ	フィック	オーリー	エイト	ガンバーニ	フィック	ナチュール	ピオニー	ピオニー	ロミー	キック	ハーミー
12日	ナチュール	ピオニー	ガンバーニ	フィック	ナチュール	ピオニー	ロミー	ロミー	キック	ハーミー	オーリー	イクオル
13日	ロミー	ロミー	ナチュール	ピオニー	ロミー	ロミー	ピオニー	ハーミー	ハーミー	オーリー	ガンバーニ	エイト
14日	ピオニー	ハーミー	ロミー	ロミー	ピオニー	ハーミー	キック	イクオル	ガンバーニ	エイト	ナチュール	フィック
15日	キック	イクオル	ピオニー	ハーミー	キック	イクオル	オーリー	エイト	ナチュール	フィック	ロミー	ピオニー
16日	オーリー	エイト	キック	イクオル	オーリー	エイト	ガンバーニ	フィック	ロミー	ピオニー	ピオニー	ロミー
17日	ガンバーニ	フィック	オーリー	エイト	ガンバーニ	フィック	ナチュール	ピオニー	ピオニー	ロミー	フィック	ナチュール
18日	ナチュール	ピオニー	ガンバーニ	フィック	ナチュール	ピオニー	ロミー	ロミー	フィック	ナチュール	エイト	ガンバーニ
19日	ロミー	ロミー	ナチュール	ピオニー	ロミー	ロミー	ピオニー	ナチュール	エイト	ガンバーニ	イクオル	オーリー
20日	ピオニー	ナチュール	ロミー	ロミー	ピオニー	ナチュール	フィック	ガンバーニ	イクオル	オーリー	ハーミー	キック
21日	フィック	ガンバーニ	ピオニー	ナチュール	フィック	ガンバーニ	エイト	オーリー	ハーミー	キック	ロミー	ピオニー
22日	エイト	オーリー	フィック	ガンバーニ	エイト	オーリー	イクオル	キック	キック	ピオニー	ピオニー	ロミー
23日	イクオル	キック	エイト	オーリー	イクオル	キック	ハーミー	ピオニー	ピオニー	ロミー	フィック	ナチュール
24日	ハーミー	ピオニー	イクオル	キック	ハーミー	ピオニー	ロミー	ロミー	フィック	ナチュール	エイト	ガンバーニ
25日	ロミー	ロミー	ハーミー	ピオニー	ロミー	ロミー	ピオニー	ナチュール	ナチュール	エイト	ガンバーニ	オーリー
26日	ピオニー	ナチュール	ロミー	ロミー	ピオニー	ナチュール	フィック	ガンバーニ	イクオル	オーリー	イクオル	キック
27日	フィック	ガンバーニ	ピオニー	ナチュール	フィック	ガンバーニ	エイト	オーリー	ハーミー	キック	パフェキ	キラメール
28日	エイト	オーリー	フィック	ガンバーニ	エイト	オーリー	イクオル	キック	パフェキ	パフェキ	パフェキ	キラメール
29日	イクオル		エイト	オーリー	イクオル	キック	ハーミー	キラメール	パフェキ	キラメール	パフェキ	キック
30日	ハーミー		イクオル	キック	ハーミー	キラメール	パフェキ	キラメール	ハーミー	キック	イクオル	オーリー
31日	パフェキ		ハーミー		パフェキ		パフェキ	キック		オーリー		オーリー

1983　昭和58年

	1月	2月	3月	4月	5月	6月	7月	8月	9月	10月	11月	12月
1日	キック	パフェキ	オーリー	ハーミー	キック	パフェキ	キラメール	パフェキ	オーリー	ハーミー	オーリー	イクオル
2日	キラメール	パフェキ	キック	パフェキ	キラメール	パフェキ	キラメール	ハーミー	オーリー	イクオル	ガンバーニ	エイト
3日	キラメール	ハーミー	キラメール	パフェキ	キラメール	ハーミー	キック	イクオル	ガンバーニ	エイト	ナチュール	フィック
4日	キック	イクオル	キラメール	ハーミー	キック	イクオル	オーリー	エイト	ナチュール	フィック	ロミー	ピオニー
5日	オーリー	エイト	キック	イクオル	オーリー	エイト	ガンバーニ	フィック	ロミー	ピオニー	ピオニー	ロミー
6日	ガンバーニ	フィック	オーリー	エイト	ガンバーニ	フィック	ナチュール	ピオニー	ピオニー	ロミー	キック	ハーミー
7日	ナチュール	ピオニー	ガンバーニ	フィック	ナチュール	ピオニー	ロミー	ロミー	キック	ハーミー	オーリー	イクオル
8日	ロミー	ロミー	ナチュール	ピオニー	ロミー	ロミー	ピオニー	ハーミー	オーリー	イクオル	ガンバーニ	エイト
9日	ピオニー	ハーミー	ロミー	ロミー	ピオニー	ハーミー	キック	イクオル	ガンバーニ	エイト	ナチュール	フィック
10日	キック	イクオル	ピオニー	ハーミー	キック	イクオル	オーリー	エイト	ナチュール	フィック	ロミー	ピオニー
11日	オーリー	エイト	キック	イクオル	オーリー	エイト	ガンバーニ	フィック	ロミー	ピオニー	ピオニー	ロミー
12日	ガンバーニ	フィック	オーリー	エイト	ガンバーニ	フィック	ナチュール	ピオニー	ピオニー	ロミー	フィック	ナチュール
13日	ナチュール	ピオニー	ガンバーニ	フィック	ナチュール	ピオニー	ロミー	ロミー	フィック	ナチュール	エイト	ガンバーニ
14日	ロミー	ロミー	ナチュール	ピオニー	ロミー	ロミー	ピオニー	ナチュール	エイト	ガンバーニ	イクオル	オーリー
15日	ピオニー	ナチュール	ロミー	ロミー	ピオニー	ナチュール	フィック	ガンバーニ	イクオル	オーリー	ハーミー	キック
16日	フィック	ガンバーニ	ピオニー	ナチュール	フィック	ガンバーニ	エイト	オーリー	ハーミー	キック	ロミー	ピオニー
17日	エイト	オーリー	フィック	ガンバーニ	エイト	オーリー	イクオル	キック	キック	ピオニー	ピオニー	ロミー
18日	イクオル	キック	エイト	オーリー	イクオル	キック	ハーミー	ピオニー	ピオニー	ロミー	フィック	ナチュール
19日	ハーミー	ピオニー	イクオル	キック	ハーミー	ピオニー	ロミー	ロミー	フィック	ナチュール	エイト	ガンバーニ
20日	ロミー	ロミー	ハーミー	ピオニー	ロミー	ロミー	ピオニー	ナチュール	エイト	ガンバーニ	イクオル	オーリー
21日	ピオニー	ナチュール	ロミー	ロミー	ピオニー	ナチュール	フィック	ガンバーニ	イクオル	オーリー	ハーミー	キック
22日	フィック	ガンバーニ	ピオニー	ナチュール	フィック	ガンバーニ	エイト	オーリー	ハーミー	キック	パフェキ	キラメール
23日	エイト	オーリー	フィック	ガンバーニ	エイト	オーリー	イクオル	キック	パフェキ	キラメール	パフェキ	キラメール
24日	イクオル	キック	エイト	オーリー	イクオル	キック	ハーミー	キラメール	キラメール	パフェキ	キラメール	キック
25日	ハーミー	キラメール	イクオル	キック	ハーミー	キラメール	パフェキ	キラメール	ハーミー	キック	イクオル	オーリー
26日	パフェキ	キラメール	ハーミー	キラメール	パフェキ	キラメール	キラメール	パフェキ	イクオル	オーリー	イクオル	キック
27日	パフェキ	キック	パフェキ	キラメール	パフェキ	キック	ハーミー	オーリー	オーリー	オーリー	ハーミー	キック
28日	ハーミー	オーリー	パフェキ	キック	ハーミー	オーリー	イクオル	オーリー	ハーミー	キック	パフェキ	キラメール
29日	イクオル		イクオル	オーリー	イクオル	キック	オーリー	ハーミー	キック	パフェキ	キラメール	キラメール
30日	イクオル		イクオル	オーリー	イクオル	キック	ハーミー	キラメール	パフェキ	キラメール	ハーミー	キック
31日	ハーミー		イクオル		ハーミー		パフェキ	キラメール		キック		オーリー

1984　昭和59年

	1月	2月	3月	4月	5月	6月	7月	8月	9月	10月	11月	12月
1日	ガンバーニ	フィック	ガンバーニ	フィック	ナチュール	ピオニー	ロミー	ロミー	キック	ハーミー	オーリー	イクオル
2日	ナチュール	ピオニー	ナチュール	ピオニー	ロミー	ロミー	ピオニー	ハーミー	オーリー	イクオル	ガンバーニ	エイト
3日	ロミー	ロミー	ロミー	ロミー	ピオニー	ハーミー	キック	イクオル	ガンバーニ	エイト	ナチュール	フィック
4日	ピオニー	ハーミー	ピオニー	ハーミー	キック	イクオル	オーリー	エイト	ナチュール	フィック	ロミー	ガンバーニ
5日	キック	イクオル	キック	イクオル	オーリー	エイト	ガンバーニ	フィック	ロミー	ピオニー	ピオニー	ロミー
6日	オーリー	エイト	オーリー	エイト	ガンバーニ	フィック	ナチュール	ピオニー	ピオニー	ロミー	フィック	ナチュール
7日	ガンバーニ	フィック	ガンバーニ	フィック	ナチュール	ピオニー	ロミー	ロミー	フィック	ナチュール	エイト	ガンバーニ
8日	ナチュール	ピオニー	ナチュール	ピオニー	ロミー	ロミー	ピオニー	ナチュール	エイト	ガンバーニ	イクオル	オーリー
9日	ロミー	ロミー	ロミー	ロミー	ピオニー	ナチュール	フィック	ガンバーニ	イクオル	オーリー	ハーミー	キック
10日	ロミー	ナチュール	ピオニー	ナチュール	フィック	ガンバーニ	エイト	オーリー	ハーミー	キック	ピオニー	ピオニー
11日	フィック	ガンバーニ	フィック	ガンバーニ	エイト	オーリー	イクオル	キック	ロミー	ピオニー	ピオニー	ロミー
12日	エイト	オーリー	エイト	オーリー	イクオル	キック	ハーミー	ピオニー	ピオニー	ロミー	フィック	ナチュール
13日	イクオル	キック	イクオル	キック	ハーミー	ピオニー	ロミー	ロミー	フィック	ナチュール	エイト	ガンバーニ
14日	ハーミー	ピオニー	ハーミー	ピオニー	ロミー	ロミー	ピオニー	ナチュール	エイト	ガンバーニ	イクオル	オーリー
15日	ロミー	ロミー	ロミー	ロミー	ピオニー	ナチュール	フィック	ガンバーニ	イクオル	オーリー	ハーミー	キック
16日	ピオニー	ナチュール	ピオニー	ナチュール	フィック	ガンバーニ	エイト	オーリー	ハーミー	キック	パフェキ	キラメール
17日	フィック	ガンバーニ	フィック	ガンバーニ	エイト	オーリー	イクオル	キック	パフェキ	キラメール	パフェキ	キラメール
18日	エイト	オーリー	エイト	オーリー	イクオル	キック	ハーミー	キラメール	パフェキ	キラメール	ハーミー	キック
19日	イクオル	キック	イクオル	キック	ハーミー	キラメール	パフェキ	ハーミー	キック	イクオル	オーリー	キック
20日	ハーミー	キラメール	ハーミー	キラメール	パフェキ	キラメール	パフェキ	キック	イクオル	オーリー	イクオル	オーリー
21日	パフェキ	キラメール	パフェキ	キラメール	パフェキ	キック	ハーミー	オーリー	イクオル	オーリー	ハーミー	キック
22日	パフェキ	キック	パフェキ	キック	ハーミー	オーリー	イクオル	オーリー	ハーミー	キック	パフェキ	キラメール
23日	ハーミー	オーリー	ハーミー	オーリー	イクオル	オーリー	イクオル	キック	パフェキ	キラメール	パフェキ	キラメール
24日	イクオル	オーリー	イクオル	オーリー	イクオル	キック	ハーミー	キラメール	パフェキ	キラメール	ハーミー	キック
25日	イクオル	キック	イクオル	キック	ハーミー	キラメール	パフェキ	キラメール	ハーミー	キック	イクオル	オーリー
26日	ハーミー	キラメール	ハーミー	キラメール	パフェキ	キラメール	パフェキ	キック	イクオル	オーリー	エイト	ガンバーニ
27日	パフェキ	キラメール	パフェキ	キラメール	パフェキ	キック	ハーミー	オーリー	エイト	ガンバーニ	フィック	ナチュール
28日	パフェキ	キック	パフェキ	キック	ハーミー	オーリー	イクオル	ガンバーニ	フィック	ナチュール	ピオニー	ロミー
29日	ハーミー	オーリー	ハーミー	オーリー	イクオル	ガンバーニ	エイト	ナチュール	ピオニー	ロミー	ロミー	ピオニー
30日	イクオル		イクオル	ガンバーニ	エイト	ナチュール	フィック	ロミー	ロミー	ピオニー	ハーミー	キック
31日	エイト		エイト		フィック		ピオニー	ピオニー		キック		オーリー

1985　昭和60年

	1月	2月	3月	4月	5月	6月	7月	8月	9月	10月	11月	12月
1日	ガンバーニ	フィック	オーリー	エイト	ガンバーニ	フィック	ナチュール	ピオニー	ピオニー	ロミー	フィック	ナチュール
2日	ナチュール	ピオニー	ガンバーニ	フィック	ナチュール	ピオニー	ロミー	ロミー	フィック	ナチュール	エイト	ガンバーニ
3日	ロミー	ロミー	ナチュール	ピオニー	ロミー	ロミー	ピオニー	ナチュール	エイト	ガンバーニ	イクオル	オーリー
4日	ピオニー	ナチュール	ロミー	ロミー	ピオニー	ナチュール	フィック	ガンバーニ	イクオル	オーリー	ハーミー	キック
5日	フィック	ガンバーニ	ピオニー	ナチュール	フィック	ガンバーニ	エイト	オーリー	ハーミー	キック	ロミー	ピオニー
6日	エイト	オーリー	フィック	ガンバーニ	エイト	オーリー	イクオル	キック	ロミー	ピオニー	ピオニー	ロミー
7日	イクオル	キック	エイト	オーリー	イクオル	キック	ハーミー	ピオニー	ピオニー	ロミー	フィック	ナチュール
8日	ハーミー	ピオニー	イクオル	キック	ハーミー	ピオニー	ロミー	ロミー	フィック	ナチュール	エイト	ガンバーニ
9日	ロミー	ロミー	ハーミー	ピオニー	ロミー	ロミー	ピオニー	ナチュール	エイト	ガンバーニ	イクオル	オーリー
10日	ロミー	ナチュール	ロミー	ナチュール	ピオニー	ナチュール	フィック	ガンバーニ	イクオル	オーリー	ハーミー	キック
11日	フィック	ガンバーニ	ピオニー	ナチュール	フィック	ガンバーニ	エイト	オーリー	ハーミー	キック	パフェキ	キラメール
12日	エイト	オーリー	フィック	ガンバーニ	エイト	オーリー	イクオル	キック	パフェキ	キラメール	パフェキ	キラメール
13日	イクオル	キック	エイト	オーリー	イクオル	キック	ハーミー	キラメール	パフェキ	キラメール	ハーミー	キック
14日	ハーミー	キラメール	イクオル	キック	ハーミー	キラメール	パフェキ	キラメール	ハーミー	キック	イクオル	オーリー
15日	パフェキ	キラメール	ハーミー	キラメール	パフェキ	キラメール	パフェキ	キック	イクオル	オーリー	イクオル	オーリー
16日	パフェキ	キック	パフェキ	キラメール	パフェキ	キック	ハーミー	オーリー	イクオル	オーリー	ハーミー	キック
17日	ハーミー	オーリー	パフェキ	キック	ハーミー	オーリー	イクオル	オーリー	ハーミー	キック	パフェキ	キラメール
18日	イクオル	オーリー	ハーミー	オーリー	イクオル	オーリー	イクオル	キック	パフェキ	キラメール	パフェキ	キラメール
19日	イクオル	キック	イクオル	オーリー	イクオル	キック	ハーミー	キラメール	パフェキ	キラメール	ハーミー	キック
20日	ハーミー	キラメール	イクオル	キック	ハーミー	キラメール	パフェキ	キラメール	ハーミー	キック	イクオル	オーリー
21日	パフェキ	キラメール	ハーミー	キラメール	パフェキ	キラメール	パフェキ	キック	イクオル	オーリー	エイト	ガンバーニ
22日	パフェキ	キック	パフェキ	キラメール	パフェキ	キック	ハーミー	オーリー	エイト	ガンバーニ	フィック	ナチュール
23日	ハーミー	オーリー	パフェキ	キック	ハーミー	オーリー	イクオル	ガンバーニ	フィック	ナチュール	ピオニー	ロミー
24日	イクオル	ガンバーニ	ハーミー	オーリー	イクオル	ガンバーニ	エイト	ナチュール	ピオニー	ロミー	ロミー	ピオニー
25日	エイト	ナチュール	イクオル	ガンバーニ	エイト	ナチュール	フィック	ロミー	ロミー	ピオニー	ピオニー	ロミー
26日	フィック	ロミー	エイト	ナチュール	フィック	ロミー	ピオニー	ピオニー	ハーミー	キック	イクオル	オーリー
27日	ピオニー	ピオニー	フィック	ロミー	ピオニー	ピオニー	ロミー	キック	イクオル	オーリー	エイト	ガンバーニ
28日	ロミー	キック	ピオニー	ピオニー	ロミー	キック	ハーミー	オーリー	エイト	ガンバーニ	フィック	ナチュール
29日	ハーミー		ピオニー	ピオニー	ハーミー	オーリー	イクオル	ガンバーニ	フィック	ナチュール	ピオニー	ロミー
30日	イクオル		ハーミー	オーリー	イクオル	ガンバーニ	エイト	ナチュール	ピオニー	ロミー	ロミー	ピオニー
31日	エイト		イクオル		エイト		フィック	ロミー		ピオニー		フィック

1986　昭和61年

日	1月	2月	3月	4月	5月	6月	7月	8月	9月	10月	11月	12月
1日	エイト	オーリー	フィック	ガンバーニ	エイト	オーリー	イクオル	キック	ロミー	ロミー	ピオニー	ロミー
2日	イクオル	キック	エイト	オーリー	イクオル	キック	ハーミー	ピオニー	ピオニー	ロミー	フィック	ナチュール
3日	ハーミー	ピオニー	イクオル	キック	ハーミー	ピオニー	ロミー	ロミー	フィック	ナチュール	エイト	ガンバーニ
4日	ロミー	ロミー	ハーミー	ピオニー	ロミー	ロミー	ピオニー	ナチュール	エイト	フィック	イクオル	オーリー
5日	ピオニー	ナチュール	ロミー	ロミー	ピオニー	ナチュール	フィック	ガンバーニ	イクオル	オーリー	ハーミー	キック
6日	フィック	ガンバーニ	ピオニー	ナチュール	フィック	ガンバーニ	エイト	オーリー	ハーミー	キック	パフェキ	キラメール
7日	エイト	オーリー	フィック	ガンバーニ	エイト	オーリー	イクオル	キック	パフェキ	キラメール	パフェキ	キラメール
8日	イクオル	キック	エイト	オーリー	イクオル	キック	ハーミー	キラメール	パフェキ	キラメール	ハーミー	キック
9日	ハーミー	キラメール	イクオル	キック	ハーミー	キラメール	パフェキ	キラメール	ハーミー	キック	イクオル	オーリー
10日	パフェキ	キラメール	ハーミー	キラメール	パフェキ	キラメール	パフェキ	キック	イクオル	オーリー	イクオル	オーリー
11日	パフェキ	キック	パフェキ	キラメール	パフェキ	キック	ハーミー	オーリー	イクオル	オーリー	ハーミー	キック
12日	ハーミー	オーリー	パフェキ	キック	ハーミー	オーリー	イクオル	オーリー	ハーミー	キック	パフェキ	キラメール
13日	イクオル	オーリー	ハーミー	オーリー	イクオル	オーリー	イクオル	キック	パフェキ	キラメール	パフェキ	キラメール
14日	イクオル	キック	イクオル	オーリー	イクオル	キック	ハーミー	キラメール	パフェキ	キラメール	ハーミー	キック
15日	ハーミー	キラメール	イクオル	キック	ハーミー	キラメール	パフェキ	キラメール	ハーミー	キック	イクオル	オーリー
16日	パフェキ	キラメール	ハーミー	キラメール	パフェキ	キラメール	パフェキ	キック	イクオル	オーリー	エイト	ガンバーニ
17日	パフェキ	キック	パフェキ	キラメール	パフェキ	キック	ハーミー	オーリー	エイト	ガンバーニ	フィック	ナチュール
18日	ハーミー	オーリー	パフェキ	キック	ハーミー	オーリー	イクオル	ガンバーニ	フィック	ナチュール	ピオニー	ロミー
19日	イクオル	ガンバーニ	ハーミー	オーリー	イクオル	ガンバーニ	エイト	ナチュール	ピオニー	ロミー	ロミー	ピオニー
20日	エイト	ナチュール	イクオル	ガンバーニ	エイト	ナチュール	フィック	ロミー	ロミー	ピオニー	ハーミー	キック
21日	フィック	ロミー	エイト	ナチュール	フィック	ロミー	ピオニー	ピオニー	ハーミー	キック	イクオル	オーリー
22日	ピオニー	ピオニー	フィック	ロミー	ピオニー	ピオニー	ロミー	キック	イクオル	オーリー	エイト	ガンバーニ
23日	ロミー	キック	ピオニー	ピオニー	ロミー	キック	ハーミー	オーリー	エイト	ガンバーニ	フィック	ナチュール
24日	ハーミー	オーリー	ロミー	キック	ハーミー	オーリー	イクオル	ガンバーニ	フィック	ナチュール	ピオニー	ロミー
25日	イクオル	ガンバーニ	ハーミー	オーリー	イクオル	ガンバーニ	エイト	ナチュール	ピオニー	ロミー	ロミー	ピオニー
26日	エイト	ナチュール	イクオル	ガンバーニ	エイト	ナチュール	フィック	ロミー	ロミー	ピオニー	ナチュール	フィック
27日	フィック	ロミー	エイト	ナチュール	フィック	ロミー	ピオニー	ピオニー	ナチュール	フィック	ガンバーニ	エイト
28日	ピオニー	ピオニー	フィック	ロミー	ピオニー	ピオニー	ロミー	フィック	ガンバーニ	エイト	オーリー	イクオル
29日	ロミー		ピオニー	ピオニー	ロミー	フィック	ナチュール	エイト	オーリー	イクオル	キック	ハーミー
30日	ナチュール		ロミー	フィック	ナチュール	エイト	ガンバーニ	イクオル	キック	ハーミー	ピオニー	ロミー
31日	ガンバーニ		ナチュール		ガンバーニ		オーリー	ハーミー		ピオニー		ピオニー

1987　昭和62年

日	1月	2月	3月	4月	5月	6月	7月	8月	9月	10月	11月	12月
1日	フィック	ガンバーニ	ピオニー	ナチュール	フィック	ガンバーニ	エイト	オーリー	ハーミー	キック	パフェキ	キラメール
2日	エイト	オーリー	フィック	ガンバーニ	エイト	オーリー	イクオル	キック	パフェキ	キラメール	パフェキ	キラメール
3日	イクオル	キック	エイト	オーリー	イクオル	キック	ハーミー	キラメール	パフェキ	キラメール	ハーミー	キック
4日	ハーミー	キラメール	イクオル	キック	ハーミー	キラメール	パフェキ	キラメール	ハーミー	キック	イクオル	オーリー
5日	パフェキ	キラメール	ハーミー	キラメール	パフェキ	キラメール	パフェキ	キック	イクオル	オーリー	イクオル	オーリー
6日	パフェキ	キック	パフェキ	キラメール	パフェキ	キック	ハーミー	オーリー	イクオル	オーリー	ハーミー	キック
7日	ハーミー	オーリー	パフェキ	キック	ハーミー	オーリー	イクオル	オーリー	ハーミー	キック	パフェキ	キラメール
8日	イクオル	オーリー	ハーミー	オーリー	イクオル	オーリー	イクオル	キック	パフェキ	キラメール	パフェキ	キラメール
9日	イクオル	キック	イクオル	オーリー	イクオル	キック	ハーミー	キラメール	パフェキ	キラメール	ハーミー	キック
10日	ハーミー	キラメール	イクオル	キック	ハーミー	キラメール	パフェキ	キラメール	ハーミー	キック	イクオル	オーリー
11日	パフェキ	キラメール	ハーミー	キラメール	パフェキ	キラメール	パフェキ	キック	イクオル	オーリー	エイト	ガンバーニ
12日	パフェキ	キック	パフェキ	キラメール	パフェキ	キック	ハーミー	オーリー	エイト	ガンバーニ	フィック	ナチュール
13日	ハーミー	オーリー	パフェキ	キック	ハーミー	オーリー	イクオル	ガンバーニ	フィック	ナチュール	ピオニー	ロミー
14日	イクオル	ガンバーニ	ハーミー	オーリー	イクオル	ガンバーニ	エイト	ナチュール	ピオニー	ロミー	ロミー	ピオニー
15日	エイト	ナチュール	イクオル	ガンバーニ	エイト	ナチュール	フィック	ロミー	ロミー	ピオニー	ハーミー	キック
16日	フィック	ロミー	エイト	ナチュール	フィック	ロミー	ピオニー	ピオニー	ハーミー	キック	イクオル	オーリー
17日	ピオニー	ピオニー	フィック	ロミー	ピオニー	ピオニー	ロミー	キック	イクオル	オーリー	エイト	ガンバーニ
18日	ロミー	キック	ピオニー	ピオニー	ロミー	キック	ハーミー	オーリー	エイト	ガンバーニ	フィック	ナチュール
19日	ハーミー	オーリー	ロミー	キック	ハーミー	オーリー	イクオル	ガンバーニ	フィック	ナチュール	ピオニー	ロミー
20日	イクオル	ガンバーニ	ハーミー	オーリー	イクオル	ガンバーニ	エイト	ナチュール	ピオニー	ロミー	ロミー	ピオニー
21日	エイト	ナチュール	イクオル	ガンバーニ	エイト	ナチュール	フィック	ロミー	ロミー	ピオニー	ナチュール	フィック
22日	フィック	ロミー	エイト	ナチュール	フィック	ロミー	ピオニー	ピオニー	ナチュール	フィック	ガンバーニ	エイト
23日	ピオニー	ピオニー	フィック	ロミー	ピオニー	ピオニー	ロミー	フィック	ガンバーニ	エイト	オーリー	イクオル
24日	ロミー	フィック	ピオニー	ピオニー	ロミー	フィック	ナチュール	エイト	オーリー	イクオル	キック	ハーミー
25日	ナチュール	エイト	ロミー	フィック	ナチュール	エイト	ガンバーニ	イクオル	キック	ハーミー	ピオニー	ロミー
26日	ガンバーニ	イクオル	ナチュール	エイト	ガンバーニ	イクオル	オーリー	ハーミー	ロミー	ピオニー	ロミー	ピオニー
27日	オーリー	ハーミー	ガンバーニ	イクオル	オーリー	ハーミー	キック	ロミー	ロミー	ピオニー	ナチュール	フィック
28日	キック	ロミー	オーリー	ハーミー	キック	ロミー	ピオニー	ピオニー	ナチュール	フィック	ガンバーニ	エイト
29日	ピオニー		キック	ロミー	ピオニー	ピオニー	ロミー	フィック	フィック	エイト	オーリー	イクオル
30日	ロミー		ピオニー	ピオニー	ロミー	フィック	ナチュール	エイト	オーリー	イクオル	キック	ハーミー
31日	ナチュール		ロミー		ナチュール		ガンバーニ	イクオル		ハーミー		パフェキ

1988　昭和63年

	1月	2月	3月	4月	5月	6月	7月	8月	9月	10月	11月	12月
1日	パフェキ	キック	パフェキ	キック	ハーミー	オーリー	イクオル	オーリー	ハーミー	キック	パフェキ	キラメール
2日	ハーミー	オーリー	ハーミー	オーリー	イクオル	オーリー	キック	イクオル	キック	パフェキ	キラメール	キラメール
3日	イクオル	オーリー	イクオル	オーリー	イクオル	キック	ハーミー	キラメール	パフェキ	キラメール	ハーミー	キック
4日	エイト	イクオル	イクオル	ハーミー	ハーミー	キラメール	パフェキ	キラメール	ハーミー	キック	イクオル	オーリー
5日	ハーミー	キラメール	ハーミー	キラメール	パフェキ	キラメール	パフェキ	キック	イクオル	オーリー	エイト	ガンバーニ
6日	パフェキ	キラメール	パフェキ	キラメール	パフェキ	キック	ハーミー	オーリー	エイト	ガンバーニ	フィック	ナチュール
7日	パフェキ	キック	パフェキ	キック	ハーミー	オーリー	ガンバーニ	フィック	ナチュール	フィック	ピオニー	ロミー
8日	ハーミー	オーリー	ハーミー	オーリー	イクオル	ガンバーニ	エイト	ナチュール	ピオニー	ロミー	ロミー	ピオニー
9日	イクオル	ガンバーニ	イクオル	ガンバーニ	エイト	ナチュール	フィック	ロミー	ロミー	ピオニー	ハーミー	キック
10日	エイト	ナチュール	エイト	ナチュール	フィック	ロミー	ピオニー	ピオニー	ハーミー	キック	イクオル	オーリー
11日	フィック	ロミー	フィック	ロミー	ピオニー	ピオニー	ロミー	キック	イクオル	オーリー	エイト	ガンバーニ
12日	ピオニー	ピオニー	ピオニー	ピオニー	ロミー	キック	ハーミー	オーリー	エイト	ガンバーニ	フィック	ナチュール
13日	ロミー	キック	ロミー	キック	ハーミー	オーリー	イクオル	ガンバーニ	フィック	ナチュール	ピオニー	ロミー
14日	ハーミー	オーリー	ハーミー	オーリー	イクオル	ガンバーニ	エイト	ナチュール	ピオニー	ロミー	ロミー	ピオニー
15日	イクオル	ガンバーニ	イクオル	ガンバーニ	エイト	ナチュール	フィック	ロミー	ロミー	ピオニー	ナチュール	フィック
16日	エイト	ナチュール	エイト	ナチュール	フィック	ロミー	ピオニー	ピオニー	ナチュール	フィック	ガンバーニ	エイト
17日	フィック	ロミー	フィック	ロミー	ピオニー	ピオニー	ロミー	フィック	ガンバーニ	エイト	オーリー	イクオル
18日	ピオニー	ピオニー	ピオニー	ピオニー	ロミー	フィック	ナチュール	エイト	オーリー	イクオル	キック	ハーミー
19日	ロミー	フィック	ロミー	フィック	ナチュール	エイト	ガンバーニ	イクオル	キック	ハーミー	ハーミー	キック
20日	ナチュール	エイト	ナチュール	エイト	ガンバーニ	イクオル	オーリー	ハーミー	ピオニー	ロミー	ロミー	ピオニー
21日	ガンバーニ	イクオル	ガンバーニ	イクオル	オーリー	ハーミー	キック	ロミー	ロミー	ピオニー	ナチュール	フィック
22日	オーリー	ハーミー	オーリー	ハーミー	キック	ロミー	ピオニー	ピオニー	ナチュール	フィック	ガンバーニ	エイト
23日	キック	ロミー	キック	ロミー	ピオニー	ピオニー	ロミー	フィック	ガンバーニ	エイト	オーリー	イクオル
24日	ピオニー	ピオニー	ピオニー	ピオニー	ロミー	フィック	ナチュール	エイト	オーリー	イクオル	キック	ハーミー
25日	ロミー	フィック	ロミー	フィック	ナチュール	エイト	ガンバーニ	イクオル	キック	ハーミー	キラメール	パフェキ
26日	ナチュール	エイト	ナチュール	エイト	ガンバーニ	イクオル	オーリー	ハーミー	キラメール	パフェキ	キラメール	パフェキ
27日	ガンバーニ	イクオル	ガンバーニ	イクオル	オーリー	ハーミー	キック	パフェキ	キラメール	パフェキ	キック	イクオル
28日	オーリー	ハーミー	オーリー	ハーミー	キック	パフェキ	キラメール	パフェキ	ハーミー	キック	オーリー	イクオル
29日	キック	パフェキ	キック	パフェキ	パフェキ	キラメール	パフェキ	ハーミー	オーリー	イクオル	オーリー	ハーミー
30日	キラメール		キラメール	パフェキ	キラメール	ハーミー	キック	イクオル	オーリー	イクオル	キック	ハーミー
31日	キラメール		キラメール		キック		オーリー	イクオル		ハーミー		パフェキ

1989　昭和64年（平成1年）

	1月	2月	3月	4月	5月	6月	7月	8月	9月	10月	11月	12月
1日	パフェキ	キック	パフェキ	キラメール	パフェキ	キック	ハーミー	オーリー	エイト	ガンバーニ	フィック	ナチュール
2日	ハーミー	オーリー	パフェキ	キック	ハーミー	オーリー	イクオル	ガンバーニ	フィック	ナチュール	ピオニー	ロミー
3日	イクオル	ガンバーニ	ハーミー	オーリー	イクオル	ガンバーニ	エイト	ナチュール	ピオニー	ロミー	ロミー	ピオニー
4日	エイト	ナチュール	イクオル	ガンバーニ	エイト	ナチュール	フィック	ロミー	ロミー	ピオニー	ハーミー	キック
5日	フィック	ロミー	エイト	ナチュール	フィック	ロミー	ピオニー	ピオニー	ハーミー	キック	イクオル	オーリー
6日	ピオニー	ピオニー	フィック	ロミー	ピオニー	ピオニー	ロミー	キック	イクオル	オーリー	エイト	ガンバーニ
7日	ロミー	キック	ピオニー	ピオニー	ロミー	キック	ハーミー	オーリー	エイト	ガンバーニ	フィック	ナチュール
8日	ハーミー	オーリー	ロミー	キック	ハーミー	オーリー	イクオル	ガンバーニ	フィック	ナチュール	ピオニー	ロミー
9日	イクオル	ガンバーニ	ハーミー	オーリー	イクオル	ガンバーニ	エイト	ナチュール	ピオニー	ロミー	ロミー	ピオニー
10日	エイト	ナチュール	イクオル	ガンバーニ	エイト	ナチュール	フィック	ロミー	ロミー	ピオニー	ナチュール	フィック
11日	フィック	ロミー	エイト	ナチュール	フィック	ロミー	ピオニー	ピオニー	ナチュール	フィック	ガンバーニ	エイト
12日	ピオニー	ピオニー	フィック	ロミー	ピオニー	ピオニー	ロミー	フィック	ガンバーニ	エイト	オーリー	イクオル
13日	ロミー	フィック	ピオニー	ピオニー	ロミー	フィック	ナチュール	エイト	オーリー	イクオル	キック	ハーミー
14日	ナチュール	エイト	ロミー	フィック	ナチュール	エイト	ガンバーニ	イクオル	キック	ハーミー	ピオニー	ロミー
15日	ガンバーニ	イクオル	ナチュール	エイト	ガンバーニ	イクオル	オーリー	ハーミー	ピオニー	ロミー	ロミー	ピオニー
16日	オーリー	ハーミー	ガンバーニ	イクオル	オーリー	ハーミー	キック	ロミー	ロミー	ピオニー	ナチュール	フィック
17日	キック	ロミー	オーリー	ハーミー	キック	ロミー	ピオニー	ピオニー	ナチュール	フィック	ガンバーニ	エイト
18日	ピオニー	ピオニー	キック	ロミー	ピオニー	ピオニー	ロミー	フィック	ガンバーニ	エイト	オーリー	イクオル
19日	ロミー	フィック	ピオニー	ピオニー	ロミー	フィック	ナチュール	エイト	オーリー	イクオル	キック	ハーミー
20日	ナチュール	エイト	ロミー	フィック	ナチュール	エイト	ガンバーニ	イクオル	キック	ハーミー	キラメール	パフェキ
21日	ガンバーニ	イクオル	ナチュール	エイト	ガンバーニ	イクオル	オーリー	ハーミー	キラメール	パフェキ	キラメール	パフェキ
22日	オーリー	ハーミー	ガンバーニ	イクオル	オーリー	ハーミー	キック	パフェキ	キラメール	パフェキ	キック	イクオル
23日	キック	パフェキ	オーリー	ハーミー	キック	パフェキ	キラメール	ハーミー	ハーミー	キック	オーリー	イクオル
24日	キラメール	パフェキ	キック	パフェキ	キラメール	パフェキ	キラメール	ハーミー	オーリー	イクオル	オーリー	イクオル
25日	キラメール	ハーミー	キラメール	パフェキ	キラメール	キック	イクオル	オーリー	イクオル	オーリー	ハーミー	パフェキ
26日	ハーミー	イクオル	キラメール	ハーミー	キック	イクオル	オーリー	イクオル	キック	ハーミー	キラメール	パフェキ
27日	オーリー	イクオル	キック	イクオル	オーリー	イクオル	オーリー	ハーミー	キラメール	パフェキ	キラメール	パフェキ
28日	オーリー	ハーミー	オーリー	イクオル	ハーミー	キック	キック	パフェキ	キラメール	パフェキ	キック	ハーミー
29日	キック		オーリー	ハーミー	キック	パフェキ	パフェキ	ハーミー	オーリー	イクオル	オーリー	イクオル
30日	キラメール		キック	パフェキ	キラメール	パフェキ	キラメール	ハーミー	オーリー	イクオル	ガンバーニ	エイト
31日	キラメール		キラメール		キラメール		キック	イクオル		エイト		フィック

1990　平成2年

	1月	2月	3月	4月	5月	6月	7月	8月	9月	10月	11月	12月
1日	ビオニー	ビオニー	フィック	ロミー	ビオニー	ロミー	キック	イクオル	オーリー	ガンバーニ	フィック	ガンバーニ
2日	ロミー	キック	ビオニー	ビオニー	ロミー	キック	ハーミー	オーリー	エイト	ガンバーニ	フィック	ナチュール
3日	ハーミー	オーリー	ロミー	キック	ハーミー	オーリー	イクオル	ガンバーニ	フィック	ナチュール	ビオニー	ロミー
4日	イクオル	ガンバーニ	ハーミー	ロミー	イクオル	ガンバーニ	エイト	ナチュール	ロミー	ビオニー	ロミー	ビオニー
5日	エイト	ナチュール	イクオル	ガンバーニ	エイト	ナチュール	フィック	ロミー	ロミー	ビオニー	ナチュール	フィック
6日	フィック	ロミー	エイト	ナチュール	フィック	ロミー	ビオニー	ビオニー	ナチュール	フィック	ガンバーニ	エイト
7日	ビオニー	ビオニー	フィック	ロミー	ビオニー	ビオニー	ロミー	フィック	ガンバーニ	エイト	オーリー	イクオル
8日	ロミー	フィック	ビオニー	ビオニー	ロミー	フィック	ナチュール	エイト	オーリー	イクオル	キック	ハーミー
9日	ナチュール	エイト	ロミー	フィック	ナチュール	エイト	ガンバーニ	イクオル	キック	ハーミー	ビオニー	ロミー
10日	ガンバーニ	イクオル	ナチュール	エイト	ガンバーニ	イクオル	オーリー	ハーミー	ビオニー	ロミー	ロミー	ビオニー
11日	オーリー	ハーミー	ガンバーニ	イクオル	オーリー	ハーミー	キック	ロミー	ロミー	ビオニー	ナチュール	フィック
12日	キック	ロミー	オーリー	ハーミー	キック	ロミー	ビオニー	ビオニー	ナチュール	フィック	ガンバーニ	エイト
13日	ビオニー	ビオニー	キック	ロミー	ビオニー	ビオニー	ロミー	フィック	ガンバーニ	エイト	オーリー	イクオル
14日	ロミー	フィック	ビオニー	ビオニー	ロミー	フィック	ナチュール	エイト	オーリー	イクオル	キック	ハーミー
15日	ナチュール	エイト	ロミー	フィック	ナチュール	エイト	ガンバーニ	イクオル	キック	ハーミー	キラメール	パフェキ
16日	ガンバーニ	イクオル	ナチュール	エイト	ガンバーニ	イクオル	オーリー	ハーミー	キラメール	パフェキ	キラメール	パフェキ
17日	オーリー	ハーミー	ガンバーニ	イクオル	オーリー	ハーミー	キック	パフェキ	キラメール	パフェキ	キック	ハーミー
18日	キック	パフェキ	オーリー	ハーミー	キック	パフェキ	キラメール	パフェキ	キック	ハーミー	オーリー	イクオル
19日	キラメール	パフェキ	キック	パフェキ	キラメール	パフェキ	キラメール	ハーミー	オーリー	イクオル	オーリー	ハーミー
20日	キラメール	ハーミー	キラメール	パフェキ	キラメール	ハーミー	キック	イクオル	オーリー	ハーミー	キック	ハーミー
21日	キック	イクオル	キラメール	ハーミー	キック	イクオル	オーリー	イクオル	キック	ハーミー	キラメール	パフェキ
22日	オーリー	イクオル	キック	イクオル	オーリー	イクオル	オーリー	ハーミー	キラメール	パフェキ	キラメール	パフェキ
23日	オーリー	ハーミー	オーリー	イクオル	オーリー	ハーミー	キック	パフェキ	キラメール	パフェキ	キック	ハーミー
24日	キック	パフェキ	オーリー	ハーミー	キック	パフェキ	キラメール	パフェキ	キック	ハーミー	オーリー	イクオル
25日	キラメール	パフェキ	キック	パフェキ	キラメール	パフェキ	キラメール	ハーミー	オーリー	イクオル	ガンバーニ	エイト
26日	キラメール	ハーミー	キラメール	パフェキ	キラメール	ハーミー	キック	イクオル	ガンバーニ	エイト	ナチュール	フィック
27日	キック	イクオル	キラメール	ハーミー	キック	イクオル	オーリー	エイト	ナチュール	フィック	ロミー	ビオニー
28日	オーリー	エイト	キック	イクオル	オーリー	エイト	ガンバーニ	フィック	ロミー	ビオニー	ビオニー	ロミー
29日	ガンバーニ		オーリー	エイト	ガンバーニ	フィック	ナチュール	ビオニー	ビオニー	ロミー	ロミー	ビオニー
30日	ナチュール		ガンバーニ	フィック	ナチュール	ビオニー	ロミー	ロミー	キック	ハーミー	オーリー	イクオル
31日	ロミー		ナチュール		ロミー		ビオニー	ハーミー		イクオル		エイト

1991　平成3年

	1月	2月	3月	4月	5月	6月	7月	8月	9月	10月	11月	12月
1日	フィック	ナチュール	エイト	ナチュール	フィック	ロミー	ビオニー	ビオニー	ナチュール	フィック	ガンバーニ	エイト
2日	ビオニー	ビオニー	フィック	ロミー	ビオニー	ビオニー	ロミー	フィック	ガンバーニ	エイト	オーリー	イクオル
3日	ロミー	フィック	ビオニー	ビオニー	ロミー	フィック	ナチュール	エイト	オーリー	イクオル	キック	ハーミー
4日	ナチュール	エイト	ロミー	フィック	ナチュール	エイト	ガンバーニ	イクオル	キック	ハーミー	ビオニー	ロミー
5日	ガンバーニ	イクオル	ナチュール	エイト	ガンバーニ	イクオル	オーリー	ハーミー	ビオニー	ロミー	ロミー	ビオニー
6日	オーリー	ハーミー	ガンバーニ	イクオル	オーリー	ハーミー	キック	ロミー	ロミー	ビオニー	ナチュール	フィック
7日	キック	ロミー	オーリー	ハーミー	キック	ロミー	ビオニー	ビオニー	ナチュール	フィック	ガンバーニ	エイト
8日	ビオニー	ビオニー	キック	ロミー	ビオニー	ビオニー	ロミー	フィック	ガンバーニ	エイト	オーリー	イクオル
9日	ロミー	フィック	ビオニー	ビオニー	ロミー	フィック	ナチュール	エイト	オーリー	イクオル	キック	ハーミー
10日	ナチュール	エイト	ロミー	フィック	ナチュール	エイト	ガンバーニ	イクオル	キック	ハーミー	キラメール	パフェキ
11日	ガンバーニ	イクオル	ナチュール	エイト	ガンバーニ	イクオル	オーリー	ハーミー	キラメール	パフェキ	キラメール	パフェキ
12日	オーリー	ハーミー	ガンバーニ	イクオル	オーリー	ハーミー	キック	パフェキ	キラメール	パフェキ	キック	ハーミー
13日	キック	パフェキ	オーリー	ハーミー	キック	パフェキ	キラメール	パフェキ	キック	ハーミー	オーリー	イクオル
14日	キラメール	パフェキ	キック	パフェキ	キラメール	パフェキ	キラメール	ハーミー	オーリー	イクオル	オーリー	ハーミー
15日	キラメール	ハーミー	キラメール	パフェキ	キラメール	ハーミー	キック	イクオル	オーリー	イクオル	キック	ハーミー
16日	キック	イクオル	キラメール	ハーミー	キック	イクオル	オーリー	イクオル	キック	ハーミー	キラメール	パフェキ
17日	オーリー	イクオル	キック	イクオル	オーリー	イクオル	オーリー	ハーミー	キラメール	パフェキ	キラメール	パフェキ
18日	オーリー	ハーミー	オーリー	イクオル	オーリー	ハーミー	キック	パフェキ	キラメール	パフェキ	キック	ハーミー
19日	キック	パフェキ	オーリー	ハーミー	キック	パフェキ	キラメール	パフェキ	キック	ハーミー	オーリー	イクオル
20日	キラメール	パフェキ	キック	パフェキ	キラメール	パフェキ	キラメール	ハーミー	オーリー	イクオル	ガンバーニ	エイト
21日	キラメール	ハーミー	キラメール	パフェキ	キラメール	ハーミー	キック	イクオル	ガンバーニ	エイト	ナチュール	フィック
22日	オーリー	イクオル	キラメール	ハーミー	キック	イクオル	オーリー	ハーミー	ナチュール	フィック	ロミー	ビオニー
23日	オーリー	エイト	キック	イクオル	オーリー	エイト	ガンバーニ	フィック	ロミー	ビオニー	ビオニー	ロミー
24日	ガンバーニ	フィック	オーリー	エイト	ガンバーニ	フィック	ナチュール	ビオニー	ビオニー	ロミー	キック	ハーミー
25日	ナチュール	ビオニー	ガンバーニ	フィック	ナチュール	ビオニー	ロミー	ロミー	キック	ハーミー	オーリー	イクオル
26日	ロミー		ナチュール	ビオニー	ロミー	ロミー	ビオニー	ハーミー	オーリー	イクオル	ガンバーニ	エイト
27日	ビオニー	ハーミー	ロミー	ロミー	ビオニー	ハーミー	キック	イクオル	ガンバーニ	エイト	ナチュール	フィック
28日	キック	イクオル	ビオニー	ハーミー	キック	イクオル	オーリー	エイト	ナチュール	フィック	ロミー	ビオニー
29日	オーリー		キック	イクオル	オーリー	エイト	ガンバーニ	フィック	ロミー	ビオニー	ビオニー	ロミー
30日	ガンバーニ		オーリー	エイト	ガンバーニ	フィック	ナチュール	ビオニー	ビオニー	ロミー	フィック	ナチュール
31日	ナチュール		ガンバーニ		ナチュール		ロミー	ロミー		ナチュール		ガンバーニ

1992　平成4年

	1月	2月	3月	4月	5月	6月	7月	8月	9月	10月	11月	12月
1日	オーリー	ハーミー	オーリー	ハーミー	キック	ロミー	ピオニー	ピオニー	ナチュール	フィック	ガンバーニ	エイト
2日	キック	ロミー	キック	ロミー	ピオニー	ピオニー	ロミー	フィック	ガンバーニ	エイト	オーリー	イクオル
3日	ピオニー	ピオニー	ピオニー	ピオニー	ロミー	フィック	ナチュール	エイト	オーリー	イクオル	キック	ハーミー
4日	ロミー	フィック	ロミー	フィック	ナチュール	エイト	ガンバーニ	イクオル	キック	ハーミー	オーリー	パフェキ
5日	ナチュール	エイト	ナチュール	エイト	ガンバーニ	イクオル	オーリー	ハーミー	キラメール	パフェキ	キラメール	パフェキ
6日	ガンバーニ	イクオル	ガンバーニ	イクオル	オーリー	ハーミー	キック	パフェキ	キラメール	パフェキ	キック	ハーミー
7日	オーリー	ハーミー	オーリー	ハーミー	キック	パフェキ	キラメール	パフェキ	キック	ハーミー	オーリー	イクオル
8日	キック	パフェキ	キック	パフェキ	キラメール	パフェキ	キラメール	ハーミー	オーリー	イクオル	オーリー	イクオル
9日	キラメール	パフェキ	キラメール	パフェキ	キラメール	ハーミー	キック	イクオル	オーリー	イクオル	キック	ハーミー
10日	キラメール	ハーミー	キラメール	ハーミー	キック	イクオル	オーリー	イクオル	キック	ハーミー	オーリー	パフェキ
11日	キック	イクオル	キック	イクオル	オーリー	イクオル	オーリー	ハーミー	キラメール	パフェキ	キラメール	パフェキ
12日	オーリー	イクオル	オーリー	イクオル	オーリー	ハーミー	キック	パフェキ	キラメール	パフェキ	キック	ハーミー
13日	オーリー	ハーミー	オーリー	ハーミー	キック	パフェキ	キラメール	パフェキ	キック	ハーミー	オーリー	イクオル
14日	キック	パフェキ	キック	パフェキ	キラメール	パフェキ	キラメール	ハーミー	オーリー	イクオル	ガンバーニ	エイト
15日	キラメール	パフェキ	キラメール	パフェキ	キラメール	ハーミー	キック	イクオル	ガンバーニ	エイト	ナチュール	フィック
16日	キラメール	ハーミー	キラメール	ハーミー	キック	イクオル	オーリー	エイト	ナチュール	フィック	ロミー	ピオニー
17日	キック	イクオル	キック	イクオル	オーリー	エイト	ガンバーニ	フィック	ロミー	ピオニー	ピオニー	ロミー
18日	オーリー	エイト	オーリー	エイト	ガンバーニ	フィック	ナチュール	ピオニー	ピオニー	ロミー	キック	ハーミー
19日	ガンバーニ	フィック	ガンバーニ	フィック	ナチュール	ピオニー	ロミー	ロミー	キック	ハーミー	オーリー	イクオル
20日	ナチュール	ピオニー	ナチュール	ピオニー	ロミー	ロミー	ピオニー	ハーミー	オーリー	イクオル	ガンバーニ	エイト
21日	ロミー	ロミー	ロミー	ロミー	ピオニー	ハーミー	キック	イクオル	ガンバーニ	エイト	ナチュール	フィック
22日	ピオニー	ハーミー	ピオニー	ハーミー	キック	イクオル	オーリー	エイト	ナチュール	フィック	ロミー	ピオニー
23日	キック	イクオル	キック	イクオル	オーリー	エイト	ガンバーニ	フィック	ロミー	ピオニー	ピオニー	ロミー
24日	オーリー	エイト	オーリー	エイト	ガンバーニ	フィック	ナチュール	ピオニー	ピオニー	ロミー	フィック	ナチュール
25日	ガンバーニ	フィック	ガンバーニ	フィック	ナチュール	ピオニー	ロミー	ロミー	フィック	ナチュール	エイト	ガンバーニ
26日	ナチュール	ピオニー	ナチュール	ピオニー	ロミー	ロミー	ピオニー	ナチュール	エイト	ガンバーニ	イクオル	オーリー
27日	ロミー	ロミー	ロミー	ロミー	ピオニー	ナチュール	フィック	ガンバーニ	イクオル	オーリー	ハーミー	キック
28日	ピオニー	ナチュール	ピオニー	ナチュール	フィック	ガンバーニ	エイト	オーリー	ハーミー	キック	ロミー	ピオニー
29日	フィック	ガンバーニ	フィック	ガンバーニ	エイト	オーリー	イクオル	キック	ロミー	ピオニー	ピオニー	ロミー
30日	エイト		エイト	オーリー	イクオル	キック	ハーミー	ピオニー	ピオニー	ロミー	フィック	ナチュール
31日	イクオル		イクオル		ハーミー		ロミー	ロミー		ナチュール		ガンバーニ

1993　平成5年

	1月	2月	3月	4月	5月	6月	7月	8月	9月	10月	11月	12月
1日	オーリー	ハーミー	ガンバーニ	イクオル	オーリー	ハーミー	キック	パフェキ	キラメール	パフェキ	キック	ハーミー
2日	キック	パフェキ	オーリー	ハーミー	キック	パフェキ	キラメール	パフェキ	キック	ハーミー	オーリー	イクオル
3日	キラメール	パフェキ	キック	パフェキ	キラメール	パフェキ	キラメール	ハーミー	オーリー	イクオル	オーリー	イクオル
4日	キラメール	ハーミー	キラメール	パフェキ	キラメール	ハーミー	キック	イクオル	オーリー	イクオル	キック	ハーミー
5日	キック	イクオル	キラメール	ハーミー	キック	イクオル	オーリー	イクオル	キック	ハーミー	キラメール	パフェキ
6日	オーリー	イクオル	キック	イクオル	オーリー	イクオル	オーリー	ハーミー	キラメール	パフェキ	キラメール	パフェキ
7日	オーリー	ハーミー	オーリー	イクオル	オーリー	ハーミー	キック	パフェキ	キラメール	パフェキ	キック	ハーミー
8日	キック	パフェキ	オーリー	ハーミー	キック	パフェキ	キラメール	パフェキ	キック	ハーミー	オーリー	イクオル
9日	キラメール	パフェキ	キック	パフェキ	キラメール	パフェキ	キラメール	ハーミー	オーリー	イクオル	ガンバーニ	エイト
10日	キラメール	ハーミー	キラメール	パフェキ	キラメール	ハーミー	キック	イクオル	ガンバーニ	エイト	ナチュール	フィック
11日	キック	イクオル	キラメール	ハーミー	キック	イクオル	オーリー	エイト	ナチュール	フィック	ロミー	ピオニー
12日	オーリー	エイト	キック	イクオル	オーリー	エイト	ガンバーニ	フィック	ロミー	ピオニー	ピオニー	ロミー
13日	ガンバーニ	フィック	オーリー	エイト	ガンバーニ	フィック	ナチュール	ピオニー	ピオニー	ロミー	キック	ハーミー
14日	ナチュール	ピオニー	ガンバーニ	フィック	ナチュール	ピオニー	ロミー	ロミー	キック	ハーミー	オーリー	イクオル
15日	ロミー	ロミー	ナチュール	ピオニー	ロミー	ロミー	ピオニー	ハーミー	オーリー	イクオル	ガンバーニ	エイト
16日	ピオニー	ハーミー	ロミー	ロミー	ピオニー	ハーミー	キック	イクオル	ガンバーニ	エイト	ナチュール	フィック
17日	キック	イクオル	ピオニー	ハーミー	キック	イクオル	オーリー	エイト	ナチュール	フィック	ロミー	ピオニー
18日	オーリー	エイト	キック	イクオル	オーリー	エイト	ガンバーニ	フィック	ロミー	ピオニー	ピオニー	ロミー
19日	ガンバーニ	フィック	オーリー	エイト	ガンバーニ	フィック	ナチュール	ピオニー	ロミー	フィック	ナチュール	ナチュール
20日	ナチュール	ピオニー	ガンバーニ	フィック	ナチュール	ピオニー	ロミー	ロミー	フィック	ナチュール	エイト	ガンバーニ
21日	ロミー	ロミー	ナチュール	ピオニー	ロミー	ロミー	ピオニー	ナチュール	エイト	ガンバーニ	イクオル	オーリー
22日	ピオニー	ハーミー	ロミー	ロミー	ピオニー	ナチュール	フィック	ガンバーニ	イクオル	オーリー	ハーミー	キック
23日	フィック	ガンバーニ	ピオニー	ナチュール	フィック	ガンバーニ	エイト	オーリー	ハーミー	キック	ロミー	ピオニー
24日	エイト	オーリー	フィック	ガンバーニ	エイト	オーリー	イクオル	キック	ハーミー	ピオニー	ピオニー	ロミー
25日	ハーミー	ピオニー	イクオル	オーリー	イクオル	キック	ハーミー	ピオニー	ピオニー	ロミー	フィック	ナチュール
26日	ハーミー	ピオニー	イクオル	キック	ハーミー	ピオニー	ロミー	ロミー	フィック	ナチュール	エイト	ガンバーニ
27日	ロミー	ロミー	ハーミー	ピオニー	ロミー	ロミー	ピオニー	ナチュール	エイト	ガンバーニ	イクオル	オーリー
28日	ピオニー	ナチュール	ロミー	ロミー	ピオニー	ナチュール	フィック	ガンバーニ	イクオル	オーリー	ハーミー	キック
29日	フィック		ピオニー	ナチュール	フィック	ガンバーニ	エイト	オーリー	ハーミー	キック	パフェキ	キラメール
30日	エイト		フィック	ガンバーニ	エイト	オーリー	イクオル	キック	パフェキ	キラメール	パフェキ	キラメール
31日	イクオル		エイト		イクオル		ハーミー	キラメール		キラメール		キック

1994　平成6年

	1月	2月	3月	4月	5月	6月	7月	8月	9月	10月	11月	12月
1日	オーリー	イクオル	キック	イクオル	オーリー	イクオル	オーリー	ハーミー	キラメール	パフェキ	キラメール	パフェキ
2日	オーリー	ハーミー	オーリー	イクオル	オーリー	ハーミー	キック	パフェキ	キラメール	パフェキ	キック	ハーミー
3日	キック	パフェキ	オーリー	ハーミー	キック	パフェキ	キラメール	パフェキ	キック	ハーミー	オーリー	イクオル
4日	キラメール	パフェキ	キック	キラメール	キラメール	キラメール	キラメール	キック	オーリー	イクオル	ガンバーニ	エイト
5日	キラメール	ハーミー	キラメール	パフェキ	キラメール	ハーミー	キック	イクオル	ガンバーニ	エイト	ナチュール	フィック
6日	キック	イクオル	キラメール	ハーミー	キック	イクオル	オーリー	エイト	ナチュール	フィック	ロミー	ピオニー
7日	キック	イクオル	イクオル	イクオル	キック	イクオル	ガンバーニ	フィック	ロミー	ピオニー	ピオニー	ロミー
8日	ガンバーニ	フィック	オーリー	エイト	ガンバーニ	フィック	ナチュール	ピオニー	ピオニー	ロミー	キック	ハーミー
9日	ナチュール	ピオニー	ガンバーニ	フィック	ナチュール	ピオニー	ロミー	ロミー	キック	ハーミー	オーリー	イクオル
10日	ロミー	ロミー	ナチュール	ピオニー	ロミー	ロミー	ピオニー	ロミー	ハーミー	イクオル	ガンバーニ	エイト
11日	ピオニー	ハーミー	ロミー	ロミー	ピオニー	ハーミー	キック	イクオル	ガンバーニ	エイト	ナチュール	フィック
12日	キック	イクオル	ピオニー	ハーミー	キック	イクオル	オーリー	エイト	ナチュール	フィック	ロミー	ピオニー
13日	オーリー	エイト	キック	イクオル	オーリー	エイト	ガンバーニ	フィック	ロミー	ピオニー	ピオニー	ロミー
14日	ガンバーニ	フィック	オーリー	エイト	ガンバーニ	フィック	ナチュール	ピオニー	ピオニー	ロミー	フィック	ナチュール
15日	ナチュール	ピオニー	ガンバーニ	フィック	ナチュール	ピオニー	ロミー	ロミー	フィック	ナチュール	エイト	ガンバーニ
16日	ロミー	ロミー	ナチュール	ピオニー	ロミー	ロミー	ナチュール	エイト	ロミー	ガンバーニ	オーリー	オーリー
17日	ピオニー	ナチュール	ロミー	ロミー	ピオニー	ナチュール	フィック	ガンバーニ	イクオル	オーリー	ハーミー	キック
18日	フィック	ガンバーニ	ピオニー	ナチュール	フィック	ガンバーニ	エイト	オーリー	ハーミー	キック	ロミー	ピオニー
19日	エイト	オーリー	フィック	ガンバーニ	エイト	オーリー	イクオル	キック	ロミー	ピオニー	ピオニー	ロミー
20日	イクオル	キック	エイト	オーリー	イクオル	キック	ハーミー	ピオニー	ピオニー	ロミー	フィック	ナチュール
21日	ハーミー	ピオニー	イクオル	キック	ハーミー	ピオニー	ロミー	ロミー	フィック	ナチュール	エイト	ガンバーニ
22日	ロミー	ロミー	ハーミー	ピオニー	ロミー	ロミー	ピオニー	ナチュール	エイト	ガンバーニ	イクオル	オーリー
23日	ピオニー	ナチュール	ロミー	ロミー	ピオニー	ナチュール	フィック	ガンバーニ	イクオル	オーリー	ハーミー	キック
24日	フィック	ガンバーニ	ピオニー	ナチュール	フィック	ガンバーニ	エイト	オーリー	ハーミー	キック	パフェキ	キラメール
25日	エイト	オーリー	フィック	ガンバーニ	エイト	オーリー	イクオル	キック	パフェキ	キラメール	パフェキ	キラメール
26日	イクオル	キック	エイト	オーリー	イクオル	キック	ハーミー	キラメール	パフェキ	キラメール	ハーミー	キック
27日	ハーミー	キラメール	イクオル	キック	ハーミー	キラメール	パフェキ	キラメール	キック	イクオル	オーリー	オーリー
28日	パフェキ	キラメール	ハーミー	キラメール	パフェキ	キラメール	パフェキ	キック	イクオル	オーリー	イクオル	オーリー
29日	パフェキ		パフェキ	キラメール	パフェキ	キック	ハーミー	オーリー	イクオル	オーリー	ハーミー	キック
30日	ハーミー		パフェキ	キック	ハーミー	オーリー	イクオル	オーリー	ハーミー	キック	パフェキ	キラメール
31日	イクオル		ハーミー		イクオル		イクオル	キック		キラメール		キラメール

1995　平成7年

	1月	2月	3月	4月	5月	6月	7月	8月	9月	10月	11月	12月
1日	キック	イクオル	キラメール	ハーミー	キック	イクオル	オーリー	エイト	ナチュール	フィック	ロミー	ピオニー
2日	オーリー	エイト	キック	イクオル	オーリー	エイト	ガンバーニ	フィック	ロミー	ピオニー	ピオニー	ロミー
3日	ガンバーニ	フィック	オーリー	エイト	ガンバーニ	フィック	ナチュール	ピオニー	ピオニー	ロミー	キック	ハーミー
4日	ナチュール	ピオニー	ガンバーニ	フィック	ナチュール	ピオニー	ロミー	ロミー	キック	ハーミー	オーリー	イクオル
5日	ロミー	ロミー	ナチュール	ピオニー	ロミー	ロミー	ピオニー	ハーミー	オーリー	イクオル	ガンバーニ	エイト
6日	ピオニー	ハーミー	ロミー	ロミー	ピオニー	ハーミー	キック	イクオル	ガンバーニ	エイト	ナチュール	フィック
7日	キック	イクオル	ピオニー	ハーミー	キック	イクオル	オーリー	エイト	ナチュール	フィック	ロミー	ピオニー
8日	オーリー	エイト	キック	イクオル	オーリー	エイト	ガンバーニ	フィック	ロミー	ピオニー	ピオニー	ロミー
9日	ガンバーニ	フィック	オーリー	エイト	ガンバーニ	フィック	ナチュール	ピオニー	ピオニー	ロミー	フィック	ナチュール
10日	ナチュール	ピオニー	ガンバーニ	フィック	ナチュール	ピオニー	ロミー	ロミー	フィック	ナチュール	エイト	ガンバーニ
11日	ロミー	ロミー	ナチュール	ピオニー	ロミー	ロミー	ピオニー	ナチュール	エイト	ガンバーニ	イクオル	オーリー
12日	ピオニー	ナチュール	ロミー	ロミー	ピオニー	ナチュール	フィック	ガンバーニ	イクオル	オーリー	ハーミー	キック
13日	フィック	ガンバーニ	ピオニー	ナチュール	フィック	ガンバーニ	エイト	オーリー	ハーミー	キック	ロミー	ピオニー
14日	エイト	オーリー	フィック	ガンバーニ	エイト	オーリー	イクオル	キック	ロミー	ピオニー	ピオニー	ロミー
15日	イクオル	キック	エイト	オーリー	イクオル	キック	ハーミー	ピオニー	ピオニー	ロミー	フィック	ナチュール
16日	ハーミー	ピオニー	イクオル	キック	ハーミー	ピオニー	ロミー	ロミー	フィック	ナチュール	エイト	ガンバーニ
17日	ロミー	ロミー	ハーミー	ピオニー	ロミー	ロミー	ピオニー	ナチュール	エイト	ガンバーニ	イクオル	オーリー
18日	ピオニー	ナチュール	ロミー	ロミー	ピオニー	ナチュール	フィック	ガンバーニ	イクオル	オーリー	ハーミー	キック
19日	フィック	ガンバーニ	ピオニー	ナチュール	フィック	ガンバーニ	エイト	オーリー	ハーミー	キック	パフェキ	キラメール
20日	エイト	オーリー	フィック	ガンバーニ	エイト	オーリー	イクオル	キック	パフェキ	キラメール	パフェキ	キラメール
21日	イクオル	キック	エイト	オーリー	イクオル	キック	ハーミー	キラメール	パフェキ	キラメール	ハーミー	キック
22日	ハーミー	キラメール	イクオル	キック	ハーミー	キラメール	パフェキ	キラメール	キック	イクオル	オーリー	オーリー
23日	パフェキ	キラメール	ハーミー	キラメール	パフェキ	キラメール	パフェキ	キック	イクオル	オーリー	イクオル	オーリー
24日	パフェキ	キック	パフェキ	キラメール	パフェキ	キック	ハーミー	オーリー	イクオル	オーリー	ハーミー	キック
25日	パフェキ	キック	パフェキ	キック	パフェキ	キック	イクオル	オーリー	ハーミー	キック	パフェキ	キラメール
26日	イクオル	オーリー	ハーミー	オーリー	イクオル	オーリー	イクオル	キック	パフェキ	キラメール	パフェキ	キラメール
27日	イクオル	キック	イクオル	オーリー	イクオル	キック	ハーミー	キラメール	パフェキ	キラメール	ハーミー	キック
28日	ハーミー	キラメール	イクオル	キック	ハーミー	キラメール	パフェキ	キラメール	キック	イクオル	オーリー	オーリー
29日	パフェキ		ハーミー	キラメール	パフェキ	キラメール	パフェキ	キック	イクオル	オーリー	エイト	ガンバーニ
30日	パフェキ		パフェキ	キラメール	パフェキ	キック	ハーミー	オーリー	エイト	ガンバーニ	フィック	ナチュール
31日	ハーミー		パフェキ		ハーミー		イクオル	ガンバーニ		ナチュール		ロミー

1996　平成8年

	1月	2月	3月	4月	5月	6月	7月	8月	9月	10月	11月	12月
1日	ピオニー	ハーミー	ピオニー	ハーミー	キック	イクオル	オーリー	エイト	ナチュール	フィック	ロミー	ピオニー
2日	キック	イクオル	キック	イクオル	オーリー	エイト	ガンバーニ	フィック	ロミー	ピオニー	ピオニー	ロミー
3日	オーリー	エイト	オーリー	エイト	ガンバーニ	フィック	ナチュール	ピオニー	ピオニー	ロミー	フィック	ナチュール
4日	ガンバーニ	フィック	ガンバーニ	フィック	ナチュール	ピオニー	ロミー	ロミー	フィック	ナチュール	エイト	ガンバーニ
5日	ナチュール	ピオニー	ナチュール	ピオニー	ロミー	ロミー	ピオニー	ナチュール	エイト	ガンバーニ	イクオル	オーリー
6日	ロミー	ロミー	ロミー	ロミー	ピオニー	ナチュール	フィック	ガンバーニ	イクオル	オーリー	ハーミー	キック
7日	ピオニー	ナチュール	ピオニー	ナチュール	フィック	ガンバーニ	エイト	オーリー	ハーミー	キック	ロミー	ピオニー
8日	フィック	ガンバーニ	フィック	ガンバーニ	エイト	オーリー	イクオル	キック	ロミー	ピオニー	ピオニー	ロミー
9日	エイト	オーリー	エイト	オーリー	イクオル	キック	ハーミー	ピオニー	ピオニー	ロミー	フィック	ナチュール
10日	イクオル	キック	イクオル	キック	ハーミー	ピオニー	ロミー	ロミー	フィック	ナチュール	エイト	ガンバーニ
11日	ハーミー	ピオニー	ハーミー	ピオニー	ロミー	ロミー	ピオニー	ナチュール	エイト	ガンバーニ	イクオル	オーリー
12日	ロミー	ロミー	ロミー	ロミー	ピオニー	ナチュール	フィック	ガンバーニ	イクオル	オーリー	ハーミー	キック
13日	ピオニー	ナチュール	ピオニー	ナチュール	フィック	ガンバーニ	エイト	オーリー	ハーミー	キック	パフェキ	キラメール
14日	フィック	ガンバーニ	フィック	ガンバーニ	エイト	オーリー	イクオル	キック	パフェキ	キラメール	パフェキ	キラメール
15日	エイト	オーリー	エイト	オーリー	イクオル	キック	ハーミー	キラメール	パフェキ	キラメール	ハーミー	キック
16日	イクオル	キック	イクオル	キック	ハーミー	キラメール	パフェキ	キラメール	ハーミー	キック	イクオル	オーリー
17日	ハーミー	キラメール	ハーミー	キラメール	パフェキ	キラメール	パフェキ	キック	イクオル	オーリー	イクオル	オーリー
18日	パフェキ	キラメール	パフェキ	キラメール	パフェキ	キック	ハーミー	オーリー	イクオル	オーリー	ハーミー	キック
19日	パフェキ	キック	パフェキ	キック	ハーミー	オーリー	イクオル	キック	ハーミー	キック	イクオル	オーリー
20日	ハーミー	オーリー	ハーミー	オーリー	イクオル	オーリー	イクオル	キック	パフェキ	キラメール	パフェキ	キラメール
21日	イクオル	オーリー	イクオル	オーリー	イクオル	キック	ハーミー	キラメール	パフェキ	キラメール	ハーミー	キック
22日	イクオル	キック	イクオル	キック	ハーミー	キラメール	パフェキ	キラメール	ハーミー	キック	イクオル	オーリー
23日	ハーミー	キラメール	ハーミー	キラメール	パフェキ	キラメール	パフェキ	キック	イクオル	オーリー	エイト	ガンバーニ
24日	パフェキ	キラメール	パフェキ	キラメール	パフェキ	キック	ハーミー	オーリー	エイト	ガンバーニ	フィック	ナチュール
25日	パフェキ	キック	パフェキ	キック	ハーミー	オーリー	イクオル	ガンバーニ	フィック	ナチュール	ピオニー	ロミー
26日	ハーミー	オーリー	ハーミー	オーリー	イクオル	ガンバーニ	エイト	ナチュール	ピオニー	ロミー	ロミー	ピオニー
27日	イクオル	ガンバーニ	イクオル	ガンバーニ	エイト	ナチュール	フィック	ロミー	ロミー	ピオニー	ハーミー	キック
28日	エイト	ナチュール	エイト	ナチュール	フィック	ロミー	ピオニー	ピオニー	ハーミー	キック	イクオル	オーリー
29日	フィック	ロミー	フィック	ロミー	ピオニー	ピオニー	ロミー	キック	イクオル	オーリー	エイト	ガンバーニ
30日	ピオニー		ピオニー	ピオニー	ロミー	キック	ハーミー	オーリー	エイト	ガンバーニ	フィック	ナチュール
31日	ロミー		ロミー		ハーミー		イクオル	ガンバーニ		ナチュール		ロミー

1997　平成9年

	1月	2月	3月	4月	5月	6月	7月	8月	9月	10月	11月	12月
1日	ピオニー	ナチュール	ロミー	ピオニー	ピオニー	ナチュール	フィック	ガンバーニ	イクオル	オーリー	ハーミー	キック
2日	フィック	ガンバーニ	ピオニー	ナチュール	フィック	ガンバーニ	エイト	オーリー	ハーミー	キック	ロミー	ピオニー
3日	エイト	オーリー	フィック	ガンバーニ	エイト	オーリー	イクオル	キック	ロミー	ピオニー	ピオニー	ロミー
4日	イクオル	キック	エイト	オーリー	イクオル	キック	ハーミー	ピオニー	ピオニー	ロミー	フィック	ナチュール
5日	ハーミー	ピオニー	イクオル	キック	ハーミー	ピオニー	ロミー	ロミー	フィック	ナチュール	エイト	ガンバーニ
6日	ロミー	ロミー	ハーミー	ピオニー	ロミー	ロミー	ピオニー	ナチュール	エイト	ガンバーニ	イクオル	オーリー
7日	ピオニー	ナチュール	ロミー	ロミー	ピオニー	ナチュール	フィック	ガンバーニ	イクオル	オーリー	ハーミー	キック
8日	フィック	ガンバーニ	ピオニー	ナチュール	フィック	ガンバーニ	エイト	オーリー	ハーミー	キック	パフェキ	キラメール
9日	エイト	オーリー	フィック	ガンバーニ	エイト	オーリー	イクオル	キック	パフェキ	キラメール	パフェキ	キラメール
10日	イクオル	キック	エイト	オーリー	イクオル	キック	ハーミー	キラメール	パフェキ	キラメール	ハーミー	キック
11日	ハーミー	キラメール	イクオル	キック	ハーミー	キラメール	パフェキ	キラメール	ハーミー	キック	イクオル	オーリー
12日	パフェキ	キラメール	ハーミー	キラメール	パフェキ	キラメール	パフェキ	キック	イクオル	オーリー	イクオル	オーリー
13日	パフェキ	キック	パフェキ	キラメール	パフェキ	キック	ハーミー	オーリー	イクオル	オーリー	ハーミー	キック
14日	ハーミー	オーリー	パフェキ	キック	ハーミー	オーリー	イクオル	オーリー	ハーミー	キック	パフェキ	キラメール
15日	イクオル	オーリー	ハーミー	オーリー	イクオル	オーリー	イクオル	キック	パフェキ	キラメール	パフェキ	キラメール
16日	イクオル	キック	イクオル	オーリー	イクオル	キック	ハーミー	キラメール	パフェキ	キラメール	ハーミー	キック
17日	ハーミー	キラメール	イクオル	キック	ハーミー	キラメール	パフェキ	キラメール	ハーミー	キック	イクオル	オーリー
18日	パフェキ	キラメール	ハーミー	キラメール	パフェキ	キラメール	パフェキ	キック	イクオル	オーリー	エイト	ガンバーニ
19日	パフェキ	キック	パフェキ	キラメール	パフェキ	キック	ハーミー	オーリー	エイト	ガンバーニ	フィック	ナチュール
20日	ハーミー	オーリー	パフェキ	キック	ハーミー	オーリー	イクオル	ガンバーニ	フィック	ナチュール	ピオニー	ロミー
21日	イクオル	ガンバーニ	ハーミー	オーリー	イクオル	ガンバーニ	エイト	ナチュール	ピオニー	ロミー	ロミー	ピオニー
22日	エイト	ナチュール	イクオル	ガンバーニ	エイト	ナチュール	フィック	ロミー	ロミー	ピオニー	ハーミー	キック
23日	フィック	ロミー	エイト	ナチュール	フィック	ロミー	ピオニー	ピオニー	ハーミー	キック	イクオル	オーリー
24日	ピオニー	ピオニー	フィック	ロミー	ピオニー	ピオニー	ロミー	キック	イクオル	オーリー	エイト	ガンバーニ
25日	ロミー	キック	ピオニー	ピオニー	ロミー	キック	ハーミー	オーリー	エイト	ガンバーニ	フィック	ナチュール
26日	ハーミー	オーリー	ロミー	キック	ハーミー	オーリー	イクオル	ガンバーニ	フィック	ナチュール	ピオニー	ロミー
27日	イクオル	ガンバーニ	ハーミー	オーリー	イクオル	ガンバーニ	エイト	ナチュール	ピオニー	ロミー	ロミー	ピオニー
28日	エイト	ナチュール	イクオル	ガンバーニ	エイト	ナチュール	フィック	ロミー	ロミー	ピオニー	ハーミー	キック
29日	フィック		エイト	ナチュール	フィック	ロミー	ピオニー	ピオニー	ハーミー	キック	イクオル	オーリー
30日	ピオニー		フィック	ロミー	ピオニー	ピオニー	ロミー	フィック	ガンバーニ	エイト	オーリー	イクオル
31日	ロミー		ピオニー		ロミー		ナチュール	エイト		イクオル		ハーミー

1998　平成10年

	1月	2月	3月	4月	5月	6月	7月	8月	9月	10月	11月	12月
1日	ロミー	ナミュー	ハーミー	ピオニ	ロミ	ロミー	ピオニー	ナチュール	エイト	ガンバーニ	イクオル	オーリー
2日	ピオニー	ナチュール	ロミー	ロミー	ピオニー	ナチュール	フィック	ガンバーニ	イクオル	オーリー	ハーミー	キック
3日	フィック	ガンバーニ	ピオニー	ナチュール	フィック	ガンバーニ	エイト	オーリー	ハーミー	キック	パフェキ	キラメール
4日	エイト	オーリー	フィック	ガンバーニ	エイト	オーリー	イクオル	キック	パフェキ	キラメール	キラメール	キラメール
5日	イクオル	キック	エイト	オーリー	イクオル	キック	ハーミー	キラメール	パフェキ	キラメール	ハーミー	キック
6日	ハーミー	キラメール	イクオル	キック	ハーミー	キラメール	パフェキ	キラメール	ハーミー	キック	イクオル	オーリー
7日	パフェキ	キラメール	ハーミー	キラメール	パフェキ	キラメール	キック	イクオル	オーリー	イクオル	オーリー	オーリー
8日	パフェキ	キック	パフェキ	キラメール	パフェキ	キック	ハーミー	オーリー	イクオル	オーリー	ハーミー	キック
9日	ハーミー	オーリー	パフェキ	キック	ハーミー	オーリー	イクオル	オーリー	ハーミー	キック	パフェキ	キラメール
10日	イクオル	オーリー	ハーミー	オーリー	イクオル	オーリー	イクオル	ハーミー	パフェキ	キラメール	キラメール	キラメール
11日	イクオル	キック	イクオル	オーリー	イクオル	キック	ハーミー	キラメール	パフェキ	キラメール	ハーミー	キック
12日	ハーミー	キラメール	イクオル	キック	ハーミー	キラメール	パフェキ	キラメール	ハーミー	キック	イクオル	オーリー
13日	パフェキ	キラメール	ハーミー	キラメール	パフェキ	キラメール	パフェキ	イクオル	オーリー	イクオル	エイト	ナチュール
14日	パフェキ	キック	パフェキ	キラメール	パフェキ	キック	ハーミー	オーリー	エイト	ガンバーニ	フィック	ナチュール
15日	ハーミー	オーリー	パフェキ	キック	ハーミー	オーリー	イクオル	ガンバーニ	フィック	ナチュール	ピオニー	ロミー
16日	イクオル	ガンバーニ	ハーミー	オーリー	イクオル	ガンバーニ	ナチュール	ピオニー	ロミー	ロミー	ピオニー	ピオニー
17日	エイト	ナチュール	イクオル	ガンバーニ	エイト	ナチュール	フィック	ロミー	ロミー	ピオニー	ハーミー	キック
18日	フィック	ロミー	エイト	ナチュール	フィック	ロミー	ピオニー	ハーミー	キック	イクオル	オーリー	オーリー
19日	ピオニー	ピオニー	フィック	ロミー	ピオニー	ピオニー	キック	イクオル	オーリー	エイト	ガンバーニ	フィック
20日	ロミー	キック	ピオニー	ピオニー	ロミー	キック	ハーミー	オーリー	エイト	ガンバーニ	フィック	ナチュール
21日	ハーミー	オーリー	ロミー	キック	ハーミー	オーリー	イクオル	ガンバーニ	フィック	ナチュール	ピオニー	ロミー
22日	イクオル	ガンバーニ	ハーミー	オーリー	イクオル	ガンバーニ	エイト	ナチュール	ピオニー	ロミー	ピオニー	ロミー
23日	エイト	ナチュール	イクオル	ガンバーニ	エイト	ナチュール	フィック	ロミー	ロミー	ピオニー	ナチュール	フィック
24日	フィック	ロミー	エイト	ナチュール	フィック	ロミー	ピオニー	ピオニー	ナチュール	フィック	ガンバーニ	エイト
25日	ピオニー	ピオニー	フィック	ロミー	ピオニー	ピオニー	ロミー	フィック	ガンバーニ	エイト	オーリー	イクオル
26日	ロミー	フィック	ピオニー	ピオニー	ロミー	フィック	ナチュール	エイト	オーリー	イクオル	キック	ハーミー
27日	ナチュール	エイト	ロミー	フィック	ナチュール	エイト	ガンバーニ	イクオル	キック	ハーミー	ピオニー	ロミー
28日	ガンバーニ	イクオル	ナチュール	エイト	ガンバーニ	イクオル	オーリー	ハーミー	ピオニー	ロミー	ピオニー	ピオニー
29日	オーリー		ガンバーニ	イクオル	オーリー	ハーミー	キック	ロミー	ロミー	ピオニー	ナチュール	フィック
30日	キック		オーリー	ハーミー	キック	ロミー	ピオニー	ピオニー	ナチュール	フィック	ガンバーニ	エイト
31日	ピオニー		キック		ピオニー		ピオニー	フィック		エイト		イクオル

1999　平成11年

	1月	2月	3月	4月	5月	6月	7月	8月	9月	10月	11月	12月
1日	ハーミー	キラメール	イクオル	キック	ハーミー	キラメール	パフェキ	キラメール	ハーミー	キック	イクオル	オーリー
2日	パフェキ	キラメール	ハーミー	キラメール	パフェキ	キラメール	パフェキ	キック	イクオル	オーリー	イクオル	オーリー
3日	パフェキ	キック	パフェキ	キラメール	パフェキ	キック	ハーミー	オーリー	イクオル	オーリー	ハーミー	キック
4日	ハーミー	オーリー	パフェキ	キック	ハーミー	オーリー	イクオル	オーリー	ハーミー	キック	パフェキ	キラメール
5日	イクオル	オーリー	ハーミー	オーリー	イクオル	オーリー	イクオル	キック	パフェキ	キラメール	パフェキ	キラメール
6日	イクオル	キック	イクオル	オーリー	イクオル	キック	ハーミー	キラメール	パフェキ	キラメール	ハーミー	キック
7日	ハーミー	キラメール	イクオル	キック	ハーミー	キラメール	パフェキ	キラメール	ハーミー	キック	イクオル	オーリー
8日	パフェキ	キラメール	ハーミー	キラメール	パフェキ	キラメール	パフェキ	キック	イクオル	オーリー	エイト	ガンバーニ
9日	パフェキ	キック	パフェキ	キラメール	パフェキ	キック	ハーミー	オーリー	エイト	ガンバーニ	フィック	ナチュール
10日	ハーミー	オーリー	パフェキ	キック	ハーミー	オーリー	イクオル	ガンバーニ	フィック	ナチュール	ピオニー	ロミー
11日	イクオル	ガンバーニ	ハーミー	オーリー	イクオル	ガンバーニ	エイト	ナチュール	ピオニー	ロミー	ロミー	ピオニー
12日	エイト	ナチュール	イクオル	ガンバーニ	エイト	ナチュール	フィック	ロミー	ロミー	ピオニー	ハーミー	キック
13日	フィック	ロミー	エイト	ナチュール	フィック	ロミー	ピオニー	ピオニー	ロミー	ピオニー	イクオル	オーリー
14日	ピオニー	ピオニー	フィック	ロミー	ピオニー	ピオニー	ロミー	キック	イクオル	オーリー	エイト	ガンバーニ
15日	ロミー	キック	ピオニー	ピオニー	ロミー	キック	ハーミー	オーリー	エイト	ガンバーニ	フィック	ナチュール
16日	ハーミー	オーリー	ロミー	キック	ハーミー	オーリー	イクオル	ガンバーニ	フィック	ナチュール	ピオニー	ロミー
17日	イクオル	ガンバーニ	ハーミー	オーリー	イクオル	ガンバーニ	エイト	ナチュール	ピオニー	ロミー	ロミー	ピオニー
18日	エイト	ナチュール	イクオル	ガンバーニ	エイト	ナチュール	フィック	ロミー	ロミー	ピオニー	ナチュール	フィック
19日	フィック	ロミー	エイト	ナチュール	フィック	ロミー	ピオニー	ピオニー	ナチュール	フィック	ガンバーニ	エイト
20日	ピオニー	ピオニー	フィック	ロミー	ピオニー	ピオニー	ロミー	フィック	ガンバーニ	エイト	オーリー	イクオル
21日	ロミー	フィック	ピオニー	ピオニー	ロミー	フィック	ナチュール	エイト	オーリー	イクオル	キック	ハーミー
22日	ナチュール	エイト	ロミー	フィック	ナチュール	エイト	ガンバーニ	イクオル	キック	ハーミー	ピオニー	ロミー
23日	ガンバーニ	イクオル	ナチュール	エイト	ガンバーニ	イクオル	オーリー	ハーミー	ピオニー	ロミー	ロミー	ピオニー
24日	オーリー	ハーミー	ガンバーニ	イクオル	オーリー	ハーミー	キック	ロミー	ロミー	ピオニー	ナチュール	フィック
25日	キック	ロミー	オーリー	ハーミー	キック	ロミー	ピオニー	ピオニー	ナチュール	フィック	ガンバーニ	エイト
26日	ピオニー	ピオニー	キック	ロミー	ピオニー	ピオニー	ロミー	フィック	ガンバーニ	エイト	オーリー	イクオル
27日	ロミー	フィック	ピオニー	ピオニー	ロミー	フィック	ナチュール	エイト	オーリー	イクオル	キック	ハーミー
28日	ナチュール	エイト	ロミー	フィック	ナチュール	エイト	ガンバーニ	イクオル	キック	キック	キラメール	パフェキ
29日	ガンバーニ		ナチュール	エイト	ガンバーニ	イクオル	オーリー	ハーミー	キラメール	パフェキ	キラメール	パフェキ
30日	オーリー		ガンバーニ	イクオル	オーリー	ハーミー	キック	パフェキ	キラメール	パフェキ	キック	ハーミー
31日	キック		オーリー		キック		キラメール	パフェキ		ハーミー		イクオル

160

2000　平成12年

	1月	2月	3月	4月	5月	6月	7月	8月	9月	10月	11月	12月
1日	イクオル	キック	イクオル	キック	ハーミー	キラメール	パフェキ	キラメール	ハーミー	キック	イクオル	オーリー
2日	ハーミー	キラメール	ハーミー	キラメール	パフェキ	キラメール	パフェキ	キック	イクオル	オーリー	エイト	ガンバーニ
3日	パフェキ	キラメール	パフェキ	キラメール	パフェキ	キック	ハーミー	オーリー	エイト	ガンバーニ	フィック	ナチュール
4日	パフェキ	キック	パフェキ	キック	ハーミー	オーリー	イクオル	ガンバーニ	フィック	ナチュール	ピオニー	ロミー
5日	ハーミー	オーリー	ハーミー	オーリー	イクオル	ガンバーニ	エイト	ナチュール	ピオニー	ロミー	ロミー	ピオニー
6日	イクオル	ガンバーニ	イクオル	ガンバーニ	エイト	ナチュール	フィック	ロミー	ロミー	ピオニー	ハーミー	キック
7日	エイト	ナチュール	エイト	ナチュール	フィック	ロミー	ピオニー	ピオニー	ハーミー	キック	イクオル	オーリー
8日	フィック	ロミー	フィック	ロミー	ピオニー	ピオニー	ロミー	キック	イクオル	オーリー	エイト	ガンバーニ
9日	ピオニー	ピオニー	ピオニー	ピオニー	ロミー	キック	ハーミー	オーリー	エイト	ガンバーニ	フィック	ナチュール
10日	ロミー	キック	ロミー	キック	ハーミー	オーリー	イクオル	ガンバーニ	フィック	ナチュール	ピオニー	ロミー
11日	ハーミー	オーリー	ハーミー	オーリー	イクオル	ガンバーニ	エイト	ナチュール	ピオニー	ロミー	ロミー	ピオニー
12日	イクオル	ガンバーニ	イクオル	ガンバーニ	エイト	ナチュール	フィック	ロミー	ロミー	ピオニー	ナチュール	フィック
13日	エイト	ナチュール	エイト	ナチュール	フィック	ロミー	ピオニー	ピオニー	ナチュール	フィック	ガンバーニ	エイト
14日	フィック	ロミー	フィック	ロミー	ピオニー	ピオニー	ロミー	フィック	ガンバーニ	エイト	オーリー	イクオル
15日	ピオニー	ピオニー	ピオニー	ピオニー	ロミー	フィック	ナチュール	エイト	オーリー	イクオル	キック	ハーミー
16日	ロミー	フィック	ロミー	フィック	ナチュール	エイト	ガンバーニ	イクオル	キック	ハーミー	ピオニー	ロミー
17日	ナチュール	エイト	ナチュール	エイト	ガンバーニ	イクオル	オーリー	ハーミー	ピオニー	ロミー	ロミー	ピオニー
18日	ガンバーニ	イクオル	ガンバーニ	イクオル	オーリー	ハーミー	キック	ロミー	ロミー	ピオニー	ナチュール	フィック
19日	オーリー	ハーミー	オーリー	ハーミー	キック	ロミー	ピオニー	ピオニー	ナチュール	ロミー	ガンバーニ	エイト
20日	キック	ロミー	キック	ロミー	ピオニー	ピオニー	ロミー	フィック	ガンバーニ	エイト	オーリー	イクオル
21日	ピオニー	ピオニー	ピオニー	ピオニー	ロミー	フィック	ナチュール	エイト	オーリー	イクオル	キック	ハーミー
22日	ロミー	フィック	ロミー	フィック	ナチュール	エイト	ガンバーニ	イクオル	キック	ハーミー	キラメール	パフェキ
23日	ナチュール	エイト	ナチュール	エイト	ガンバーニ	イクオル	オーリー	ハーミー	キラメール	パフェキ	キラメール	パフェキ
24日	ガンバーニ	イクオル	ガンバーニ	イクオル	オーリー	ハーミー	キック	パフェキ	キラメール	パフェキ	キック	ハーミー
25日	オーリー	ハーミー	オーリー	ハーミー	キック	パフェキ	キラメール	パフェキ	キック	ハーミー	オーリー	イクオル
26日	キック	パフェキ	キック	パフェキ	キラメール	パフェキ	キラメール	ハーミー	オーリー	イクオル	オーリー	イクオル
27日	キラメール	パフェキ	キラメール	パフェキ	キラメール	ハーミー	キック	イクオル	オーリー	イクオル	キック	ハーミー
28日	キラメール	ハーミー	キラメール	ハーミー	キック	イクオル	オーリー	イクオル	キック	ハーミー	オーリー	パフェキ
29日	キック	イクオル	キック	イクオル	オーリー	イクオル	オーリー	ハーミー	ハーミー	パフェキ	キラメール	パフェキ
30日	オーリー		オーリー	イクオル	オーリー	ハーミー	キック	パフェキ	キラメール	パフェキ	キック	ハーミー
31日	オーリー		オーリー		キック		キラメール	パフェキ		ハーミー		イクオル

2001　平成13年

	1月	2月	3月	4月	5月	6月	7月	8月	9月	10月	11月	12月
1日	エイト	ナチュール	イクオル	ガンバーニ	エイト	ナチュール	フィック	ロミー	ロミー	ピオニー	ハーミー	ロミー
2日	フィック	ロミー	エイト	ナチュール	フィック	ロミー	ピオニー	ピオニー	ハーミー	キック	イクオル	オーリー
3日	ピオニー	ピオニー	フィック	ロミー	ピオニー	ピオニー	ロミー	キック	イクオル	オーリー	エイト	ガンバーニ
4日	ロミー	キック	ピオニー	ピオニー	ロミー	キック	ハーミー	オーリー	エイト	ガンバーニ	フィック	ナチュール
5日	ハーミー	オーリー	ロミー	キック	ハーミー	オーリー	イクオル	ガンバーニ	フィック	ナチュール	ピオニー	ロミー
6日	イクオル	ガンバーニ	ハーミー	オーリー	イクオル	ガンバーニ	エイト	ナチュール	ピオニー	ロミー	ロミー	ピオニー
7日	エイト	ナチュール	イクオル	ガンバーニ	エイト	ナチュール	フィック	ロミー	ロミー	ピオニー	ナチュール	ロミー
8日	フィック	ロミー	エイト	ナチュール	フィック	ロミー	ピオニー	ピオニー	ナチュール	フィック	ガンバーニ	エイト
9日	ピオニー	ピオニー	フィック	ロミー	ピオニー	ピオニー	ロミー	フィック	ガンバーニ	エイト	オーリー	イクオル
10日	ロミー	フィック	ピオニー	ピオニー	ロミー	フィック	ナチュール	エイト	オーリー	イクオル	キック	ハーミー
11日	ナチュール	エイト	ロミー	フィック	ナチュール	エイト	ガンバーニ	イクオル	キック	ハーミー	ピオニー	ロミー
12日	ガンバーニ	イクオル	ナチュール	エイト	ガンバーニ	イクオル	オーリー	ハーミー	ピオニー	ロミー	ロミー	ピオニー
13日	オーリー	ハーミー	ガンバーニ	イクオル	オーリー	ハーミー	キック	ロミー	ロミー	ピオニー	ナチュール	フィック
14日	キック	ロミー	オーリー	ハーミー	キック	ロミー	ピオニー	ピオニー	ナチュール	フィック	ガンバーニ	エイト
15日	ピオニー	ピオニー	キック	ハーミー	ピオニー	ピオニー	ロミー	フィック	ガンバーニ	エイト	オーリー	イクオル
16日	ロミー	フィック	ピオニー	ピオニー	ロミー	フィック	ナチュール	エイト	オーリー	イクオル	キック	ハーミー
17日	ナチュール	エイト	ロミー	フィック	ナチュール	エイト	ガンバーニ	イクオル	キック	ハーミー	キラメール	パフェキ
18日	ガンバーニ	イクオル	ナチュール	エイト	ガンバーニ	イクオル	オーリー	ハーミー	キラメール	パフェキ	キラメール	パフェキ
19日	オーリー	ハーミー	ガンバーニ	イクオル	オーリー	ハーミー	キック	パフェキ	キラメール	パフェキ	キック	ハーミー
20日	キック	パフェキ	オーリー	ハーミー	キック	パフェキ	キラメール	パフェキ	キック	ハーミー	オーリー	イクオル
21日	キラメール	パフェキ	キック	パフェキ	キラメール	パフェキ	キラメール	ハーミー	オーリー	イクオル	オーリー	イクオル
22日	キラメール	ハーミー	キラメール	パフェキ	キラメール	ハーミー	キック	イクオル	オーリー	イクオル	キック	ハーミー
23日	キック	イクオル	キラメール	ハーミー	キック	イクオル	オーリー	イクオル	キック	ハーミー	キラメール	パフェキ
24日	オーリー	イクオル	キック	イクオル	オーリー	イクオル	オーリー	ハーミー	キラメール	パフェキ	キラメール	パフェキ
25日	オーリー	ハーミー	オーリー	イクオル	オーリー	ハーミー	キック	ハーミー	キラメール	パフェキ	キック	ハーミー
26日	キック	パフェキ	オーリー	ハーミー	キック	パフェキ	キラメール	パフェキ	オーリー	イクオル	オーリー	イクオル
27日	キラメール	パフェキ	キック	パフェキ	キラメール	パフェキ	キラメール	ハーミー	オーリー	イクオル	ガンバーニ	エイト
28日	キラメール	ハーミー	キラメール	パフェキ	キラメール	ハーミー	キック	イクオル	ガンバーニ	エイト	ナチュール	フィック
29日	キック		キラメール	ハーミー	キック	イクオル	オーリー	エイト	ナチュール	フィック	ロミー	ピオニー
30日	オーリー		キック	イクオル	オーリー	エイト	ガンバーニ	フィック	ロミー	ピオニー	ピオニー	ロミー
31日	ガンバーニ		オーリー		ガンバーニ		ナチュール	ピオニー		ロミー		ハーミー

2002　平成14年

	1月	2月	3月	4月	5月	6月	7月	8月	9月	10月	11月	12月
1日	イクオル	ガンバーニ	ハ ミ	オ リー	イクオル	ガンバーニ	エイト	ナチュール	ピオニー	ロミー	ロミー	ピオニー
2日	エイト	ナチュール	イクオル	ガンバーニ	エイト	ナチュール	フィック	ロミー	ロミー	ピオニー	ナチュール	フィック
3日	フィック	ロミー	エイト	ナチュール	フィック	ロミー	ピオニー	ピオニー	ナチュール	フィック	ガンバーニ	エイト
4日	ピオニー	ピオニー	フィック	ロミー	ピオニー	ピオニー	ロミー	フィック	ガンバーニ	エイト	オーリー	イクオル
5日	ロミー	フィック	ピオニー	ピオニー	ロミー	フィック	ナチュール	エイト	オーリー	イクオル	キック	ハーミー
6日	ナチュール	エイト	ロミー	フィック	ナチュール	エイト	ガンバーニ	イクオル	キック	ハーミー	ピオニー	ロミー
7日	ガンバーニ	イクオル	ナチュール	エイト	ガンバーニ	イクオル	オーリー	ハーミー	ハーミー	ロミー	ロミー	フィック
8日	オーリー	ハーミー	ガンバーニ	イクオル	オーリー	ハーミー	キック	ロミー	ロミー	ピオニー	ナチュール	フィック
9日	キック	ロミー	オーリー	ハーミー	キック	ロミー	ピオニー	ピオニー	ナチュール	フィック	ガンバーニ	エイト
10日	キック	フィック	キック	ロミー	ピオニー	ピオニー	ロミー	フィック	ガンバーニ	エイト	オーリー	イクオル
11日	ロミー	フィック	ピオニー	ピオニー	ロミー	フィック	ナチュール	エイト	オーリー	イクオル	キック	ハーミー
12日	ナチュール	エイト	ロミー	フィック	ナチュール	エイト	ガンバーニ	イクオル	キック	ハーミー	キラメール	パフェキ
13日	ガンバーニ	イクオル	ナチュール	エイト	ガンバーニ	イクオル	オーリー	ハーミー	キラメール	パフェキ	キラメール	パフェキ
14日	オーリー	ハーミー	ガンバーニ	イクオル	オーリー	ハーミー	キック	パフェキ	キラメール	パフェキ	キック	ハーミー
15日	キック	パフェキ	オーリー	ハーミー	キック	パフェキ	パフェキ	キック	ハーミー	オーリー	オーリー	イクオル
16日	キラメール	パフェキ	キック	パフェキ	キラメール	パフェキ	キラメール	ハーミー	オーリー	イクオル	オーリー	イクオル
17日	キラメール	ハーミー	キラメール	パフェキ	キラメール	ハーミー	キック	イクオル	オーリー	イクオル	キック	ハーミー
18日	キック	イクオル	キラメール	ハーミー	キック	イクオル	オーリー	イクオル	キック	ハーミー	キラメール	パフェキ
19日	オーリー	イクオル	キック	イクオル	オーリー	イクオル	オーリー	ハーミー	キラメール	パフェキ	キラメール	パフェキ
20日	オーリー	ハーミー	オーリー	イクオル	オーリー	ハーミー	キック	パフェキ	キラメール	パフェキ	キック	ハーミー
21日	キック	パフェキ	オーリー	ハーミー	キック	パフェキ	キラメール	パフェキ	キック	オーリー	オーリー	イクオル
22日	キラメール	パフェキ	キック	パフェキ	キラメール	パフェキ	キラメール	パフェキ	オーリー	イクオル	ガンバーニ	エイト
23日	キラメール	ハーミー	キラメール	パフェキ	キラメール	ハーミー	キック	イクオル	ガンバーニ	エイト	ナチュール	フィック
24日	キック	イクオル	キラメール	ハーミー	キック	イクオル	オーリー	エイト	ナチュール	フィック	ロミー	ピオニー
25日	オーリー	エイト	キック	イクオル	オーリー	エイト	ガンバーニ	フィック	ピオニー	ピオニー	ピオニー	ロミー
26日	ガンバーニ	フィック	オーリー	エイト	ガンバーニ	フィック	ナチュール	ピオニー	ピオニー	ロミー	キック	ハーミー
27日	ナチュール	ピオニー	ガンバーニ	フィック	ナチュール	ピオニー	ロミー	ロミー	キック	ハーミー	オーリー	イクオル
28日	ロミー	ロミー	ナチュール	ピオニー	ロミー	ロミー	ピオニー	ロミー	キック	イクオル	ガンバーニ	エイト
29日	ピオニー		ロミー	ロミー	ロミー	ハーミー	キック	イクオル	ガンバーニ	エイト	ナチュール	フィック
30日	キック		ピオニー	ハーミー	キック	イクオル	オーリー	エイト	ナチュール	フィック	ロミー	ピオニー
31日	オーリー		キック		オーリー		ガンバーニ	フィック		ピオニー		ロミー

2003　平成15年

	1月	2月	3月	4月	5月	6月	7月	8月	9月	10月	11月	12月
1日	ナチュール	エイト	ロミー	フィック	ナチュール	エイト	ガンバーニ	イクオル	キック	ハーミー	ピオニー	ロミー
2日	ガンバーニ	イクオル	ナチュール	エイト	ガンバーニ	イクオル	オーリー	ハーミー	ピオニー	ロミー	ロミー	フィック
3日	オーリー	ハーミー	ガンバーニ	イクオル	オーリー	ハーミー	キック	ロミー	ロミー	ナチュール	ナチュール	フィック
4日	キック	ロミー	オーリー	ハーミー	キック	ロミー	ピオニー	ピオニー	ナチュール	フィック	ガンバーニ	エイト
5日	ピオニー	ピオニー	キック	ロミー	ピオニー	ピオニー	ロミー	フィック	ガンバーニ	エイト	オーリー	イクオル
6日	ロミー	フィック	ピオニー	ピオニー	ロミー	フィック	ナチュール	エイト	オーリー	イクオル	キック	ハーミー
7日	ナチュール	エイト	ロミー	フィック	ナチュール	エイト	ガンバーニ	イクオル	キラメール	パフェキ	キラメール	パフェキ
8日	ガンバーニ	イクオル	ナチュール	エイト	ガンバーニ	イクオル	オーリー	ハーミー	キラメール	パフェキ	キラメール	パフェキ
9日	オーリー	ハーミー	ガンバーニ	イクオル	オーリー	ハーミー	キック	パフェキ	キラメール	パフェキ	キック	ハーミー
10日	キック	パフェキ	オーリー	ハーミー	キック	パフェキ	キラメール	キック	ハーミー	オーリー	オーリー	イクオル
11日	キラメール	パフェキ	キック	パフェキ	キラメール	パフェキ	キラメール	ハーミー	オーリー	イクオル	オーリー	イクオル
12日	キラメール	ハーミー	キラメール	パフェキ	キラメール	ハーミー	キック	イクオル	オーリー	イクオル	キック	ハーミー
13日	キック	イクオル	キラメール	ハーミー	キック	イクオル	オーリー	イクオル	キック	ハーミー	キラメール	パフェキ
14日	オーリー	イクオル	キック	イクオル	オーリー	イクオル	オーリー	ハーミー	キラメール	パフェキ	キラメール	パフェキ
15日	オーリー	ハーミー	オーリー	イクオル	オーリー	ハーミー	キック	パフェキ	キラメール	パフェキ	キック	ハーミー
16日	キック	パフェキ	オーリー	ハーミー	キック	パフェキ	キラメール	パフェキ	キック	オーリー	オーリー	イクオル
17日	キラメール	パフェキ	キック	パフェキ	キラメール	パフェキ	キラメール	ハーミー	オーリー	イクオル	ガンバーニ	エイト
18日	キラメール	ハーミー	キラメール	パフェキ	キラメール	ハーミー	キック	イクオル	ガンバーニ	エイト	ナチュール	フィック
19日	キック	イクオル	キラメール	ハーミー	キック	イクオル	オーリー	ナチュール	ナチュール	フィック	ロミー	ピオニー
20日	オーリー	エイト	キック	イクオル	オーリー	エイト	ガンバーニ	フィック	ロミー	ロミー	ピオニー	ロミー
21日	ガンバーニ	フィック	オーリー	エイト	ガンバーニ	フィック	ナチュール	ピオニー	ロミー	キック	キック	ハーミー
22日	ナチュール	ピオニー	ガンバーニ	フィック	ナチュール	ピオニー	ロミー	ロミー	キック	ハーミー	オーリー	イクオル
23日	ロミー	ロミー	ナチュール	ピオニー	ロミー	ロミー	ピオニー	イクオル	ガンバーニ	エイト	ガンバーニ	エイト
24日	ピオニー	ハーミー	ロミー	ロミー	ピオニー	ハーミー	キック	イクオル	ガンバーニ	エイト	ナチュール	フィック
25日	キック	イクオル	ピオニー	ハーミー	キック	イクオル	オーリー	ナチュール	ナチュール	フィック	ロミー	ピオニー
26日	オーリー	エイト	キック	イクオル	オーリー	エイト	ガンバーニ	フィック	ピオニー	ピオニー	ピオニー	ロミー
27日	ガンバーニ	フィック	オーリー	エイト	ガンバーニ	フィック	ナチュール	ピオニー	ピオニー	ロミー	フィック	ナチュール
28日	ナチュール	ピオニー	ガンバーニ	フィック	ナチュール	ピオニー	ロミー	ロミー	フィック	ナチュール	エイト	ガンバーニ
29日	ロミー		ナチュール	ピオニー	ロミー	ピオニー	ピオニー	ナチュール	ガンバーニ	イクオル	イクオル	オーリー
30日	ピオニー		ロミー	ロミー	ピオニー	ナチュール	フィック	ガンバーニ	イクオル	オーリー	ハーミー	キック
31日	フィック		ピオニー		フィック		エイト	オーリー		キック		ピオニー

2004　平成16年

	1月	2月	3月	4月	5月	6月	7月	8月	9月	10月	11月	12月
1日	ロミー	フィック	ロミー	フィック	ナチュール	エイト	ガンバーニ	イクオル	キック	ハーミー	キラメール	パフェキ
2日	ナチュール	エイト	ナチュール	エイト	ガンバーニ	イクオル	オーリー	ハーミー	キラメール	パフェキ	キラメール	パフェキ
3日	ガンバーニ	イクオル	ガンバーニ	イクオル	オーリー	ハーミー	キック	パフェキ	キラメール	パフェキ	キック	ハーミー
4日	オーリー	ハーミー	オーリー	ハーミー	キック	パフェキ	キラメール	ハーミー	フィック	ハーミー	イクオル	オーリー
5日	キック	パフェキ	キック	パフェキ	キラメール	パフェキ	キラメール	ハーミー	オーリー	イクオル	オーリー	イクオル
6日	キラメール	パフェキ	キラメール	パフェキ	キラメール	ハーミー	キック	イクオル	オーリー	イクオル	キック	ハーミー
7日	キラメール	ハーミー	キラメール	ハーミー	キック	イクオル	オーリー	イクオル	ハーミー	オーリー	キラメール	パフェキ
8日	キック	イクオル	キック	イクオル	オーリー	イクオル	オーリー	ハーミー	キラメール	パフェキ	キラメール	パフェキ
9日	オーリー	イクオル	オーリー	イクオル	オーリー	ハーミー	キック	パフェキ	キラメール	パフェキ	キック	ハーミー
10日	オーリー	ハーミー	オーリー	ハーミー	キック	パフェキ	キラメール	ハーミー	フィック	ハーミー	イクオル	オーリー
11日	キック	パフェキ	キック	パフェキ	キラメール	パフェキ	キラメール	ハーミー	オーリー	イクオル	ガンバーニ	エイト
12日	キラメール	パフェキ	キラメール	パフェキ	キラメール	ハーミー	キック	イクオル	ガンバーニ	エイト	ナチュール	フィック
13日	キラメール	ハーミー	キラメール	ハーミー	キック	イクオル	オーリー	エイト	ナチュール	フィック	ロミー	ピオニー
14日	キック	イクオル	キック	イクオル	オーリー	エイト	ガンバーニ	フィック	ロミー	ピオニー	ピオニー	ロミー
15日	オーリー	エイト	オーリー	エイト	ガンバーニ	フィック	ナチュール	ピオニー	ピオニー	ロミー	キック	ハーミー
16日	ガンバーニ	フィック	ガンバーニ	フィック	ナチュール	ピオニー	ロミー	ロミー	ハーミー	ハーミー	オーリー	イクオル
17日	ナチュール	ピオニー	ナチュール	ピオニー	ロミー	ロミー	ピオニー	ハーミー	オーリー	イクオル	ガンバーニ	エイト
18日	ロミー	ロミー	ロミー	ロミー	ピオニー	ハーミー	キック	イクオル	ガンバーニ	エイト	ナチュール	フィック
19日	ピオニー	ハーミー	ピオニー	ハーミー	キック	イクオル	オーリー	エイト	ナチュール	フィック	ロミー	ピオニー
20日	キック	イクオル	キック	イクオル	オーリー	エイト	ガンバーニ	フィック	ロミー	ピオニー	ピオニー	ロミー
21日	オーリー	エイト	オーリー	エイト	ガンバーニ	フィック	ナチュール	ピオニー	ピオニー	ロミー	フィック	ナチュール
22日	ガンバーニ	フィック	ガンバーニ	フィック	ナチュール	ピオニー	ロミー	ロミー	フィック	ナチュール	エイト	ガンバーニ
23日	ナチュール	ピオニー	ナチュール	ピオニー	ロミー	ロミー	ピオニー	ナチュール	エイト	ガンバーニ	イクオル	オーリー
24日	ロミー	ロミー	ロミー	ロミー	ピオニー	ナチュール	フィック	ガンバーニ	イクオル	オーリー	ハーミー	キック
25日	ピオニー	ナチュール	ピオニー	ナチュール	フィック	ガンバーニ	エイト	オーリー	ハーミー	キック	ロミー	ピオニー
26日	フィック	ガンバーニ	フィック	ガンバーニ	エイト	オーリー	イクオル	キック	ロミー	ピオニー	ピオニー	ロミー
27日	エイト	オーリー	エイト	オーリー	イクオル	キック	ハーミー	ピオニー	ピオニー	ロミー	フィック	ナチュール
28日	イクオル	キック	イクオル	キック	ハーミー	ピオニー	ロミー	ロミー	フィック	エイト	エイト	ガンバーニ
29日	ハーミー	ピオニー	ハーミー	ピオニー	ロミー	ロミー	ピオニー	ナチュール	エイト	ガンバーニ	イクオル	オーリー
30日	ロミー		ロミー	ロミー	ピオニー	ナチュール	フィック	ガンバーニ	イクオル	オーリー	ハーミー	キック
31日	ピオニー		ピオニー		フィック		エイト	オーリー		キック		キラメール

2005　平成17年

	1月	2月	3月	4月	5月	6月	7月	8月	9月	10月	11月	12月
1日	キラメール	ハーミー	キラメール	パフェキ	キラメール	ハーミー	キック	イクオル	オーリー	イクオル	キック	ハーミー
2日	キック	イクオル	キラメール	ハーミー	キック	イクオル	オーリー	イクオル	キック	ハーミー	キラメール	パフェキ
3日	オーリー	イクオル	キック	イクオル	オーリー	イクオル	オーリー	ハーミー	キラメール	パフェキ	キラメール	パフェキ
4日	オーリー	ハーミー	オーリー	イクオル	オーリー	ハーミー	キック	パフェキ	キラメール	パフェキ	キック	ハーミー
5日	キック	パフェキ	オーリー	ハーミー	キック	パフェキ	キラメール	パフェキ	キック	ハーミー	オーリー	イクオル
6日	キラメール	パフェキ	キック	パフェキ	キラメール	パフェキ	キラメール	ハーミー	オーリー	イクオル	ガンバーニ	エイト
7日	キラメール	ハーミー	キラメール	パフェキ	キラメール	ハーミー	キック	イクオル	ガンバーニ	エイト	ナチュール	フィック
8日	キック	イクオル	キラメール	ハーミー	キック	イクオル	オーリー	エイト	ナチュール	フィック	ロミー	ピオニー
9日	オーリー	エイト	キック	イクオル	オーリー	エイト	ガンバーニ	フィック	ロミー	ピオニー	ピオニー	ロミー
10日	ガンバーニ	フィック	オーリー	エイト	ガンバーニ	フィック	ナチュール	ピオニー	ピオニー	ロミー	ロミー	ハーミー
11日	ナチュール	ピオニー	ガンバーニ	フィック	ナチュール	ピオニー	ロミー	ロミー	キック	ハーミー	オーリー	イクオル
12日	ロミー	ロミー	ナチュール	ピオニー	ロミー	ロミー	ピオニー	ハーミー	オーリー	イクオル	ガンバーニ	エイト
13日	ピオニー	ハーミー	ロミー	ロミー	ピオニー	ハーミー	キック	イクオル	ガンバーニ	エイト	ナチュール	フィック
14日	キック	イクオル	ピオニー	ハーミー	キック	イクオル	オーリー	エイト	ナチュール	フィック	ロミー	ピオニー
15日	オーリー	エイト	キック	イクオル	オーリー	エイト	ガンバーニ	フィック	ロミー	ピオニー	ピオニー	ロミー
16日	ガンバーニ	フィック	オーリー	エイト	ガンバーニ	フィック	ナチュール	ピオニー	ピオニー	ロミー	フィック	ナチュール
17日	ナチュール	ピオニー	ガンバーニ	フィック	ナチュール	ピオニー	ロミー	ロミー	フィック	ナチュール	エイト	ガンバーニ
18日	ロミー	ロミー	ナチュール	ピオニー	ロミー	ロミー	ピオニー	ナチュール	エイト	ガンバーニ	イクオル	オーリー
19日	ピオニー	ナチュール	ロミー	ロミー	ピオニー	ナチュール	フィック	ガンバーニ	イクオル	オーリー	ハーミー	キック
20日	フィック	ガンバーニ	ピオニー	ナチュール	フィック	ガンバーニ	エイト	オーリー	ハーミー	キック	ロミー	ピオニー
21日	エイト	オーリー	フィック	ガンバーニ	エイト	オーリー	イクオル	キック	ロミー	ピオニー	ピオニー	ロミー
22日	イクオル	キック	エイト	オーリー	イクオル	キック	ハーミー	ピオニー	ピオニー	ロミー	フィック	ナチュール
23日	ハーミー	ピオニー	イクオル	キック	ハーミー	ピオニー	ロミー	ロミー	フィック	ナチュール	エイト	ガンバーニ
24日	ロミー	ロミー	ハーミー	ピオニー	ロミー	ロミー	ピオニー	ナチュール	エイト	ガンバーニ	イクオル	オーリー
25日	ピオニー	ナチュール	ロミー	ロミー	ピオニー	ナチュール	フィック	ガンバーニ	イクオル	オーリー	ハーミー	キック
26日	フィック	ガンバーニ	ピオニー	ナチュール	フィック	ガンバーニ	エイト	オーリー	ハーミー	キック	パフェキ	キラメール
27日	エイト	オーリー	フィック	ガンバーニ	エイト	オーリー	イクオル	キック	パフェキ	キラメール	パフェキ	キラメール
28日	イクオル	キック	エイト	オーリー	イクオル	キック	ハーミー	キラメール	パフェキ	キラメール	ハーミー	キック
29日	ハーミー		イクオル	キック	ハーミー	キラメール	パフェキ	キラメール	キック	ハーミー	キック	オーリー
30日	パフェキ		ハーミー	キラメール	パフェキ	キラメール	パフェキ	キック	イクオル	オーリー	イクオル	オーリー
31日	パフェキ		パフェキ		パフェキ		ハーミー	オーリー		オーリー		キック

163

2006　平成18年

	1月	2月	3月	4月	5月	6月	7月	8月	9月	10月	11月	12月
1日	キラメール	パフェキ	キック	パフェキ	キラメール	パフェキ	キラメール	ハーミー	オーリー	イクオル	ガンバーニ	エイト
2日	キラメール	ハーミー	キラメール	パフェキ	キラメール	ハーミー	キック	イクオル	ガンバーニ	エイト	ナチュール	フィック
3日	キック	イクオル	キラメール	ハーミー	キック	イクオル	オーリー	エイト	ナチュール	フィック	ロミー	ピオニー
4日	オーリー	エイト	キック	イクオル	オーリー	エイト	ガンバーニ	フィック	ロミー	ピオニー	ピオニー	ロミー
5日	ガンバーニ	フィック	オーリー	エイト	ガンバーニ	フィック	ナチュール	ピオニー	ピオニー	ロミー	キック	ハーミー
6日	ナチュール	ピオニー	ガンバーニ	フィック	ナチュール	ピオニー	ロミー	ロミー	キック	ハーミー	オーリー	イクオル
7日	ロミー	ロミー	ナチュール	ピオニー	ロミー	ロミー	ピオニー	ハーミー	オーリー	イクオル	ガンバーニ	エイト
8日	ピオニー	ハーミー	ロミー	ロミー	ピオニー	ハーミー	キック	イクオル	ガンバーニ	エイト	ナチュール	フィック
9日	キック	イクオル	ピオニー	ハーミー	キック	イクオル	オーリー	エイト	ナチュール	フィック	ロミー	ピオニー
10日	オーリー	エイト	キック	イクオル	オーリー	エイト	ガンバーニ	フィック	ロミー	ピオニー	ピオニー	ロミー
11日	ガンバーニ	フィック	オーリー	エイト	ガンバーニ	フィック	ナチュール	ピオニー	ピオニー	ロミー	フィック	ナチュール
12日	ナチュール	ピオニー	ガンバーニ	フィック	ナチュール	ピオニー	ロミー	ロミー	フィック	ナチュール	エイト	ガンバーニ
13日	ロミー	ロミー	ナチュール	ピオニー	ロミー	ロミー	ピオニー	ナチュール	エイト	ガンバーニ	イクオル	オーリー
14日	ピオニー	ナチュール	ロミー	ロミー	ピオニー	ナチュール	フィック	ガンバーニ	イクオル	オーリー	ハーミー	キック
15日	フィック	ガンバーニ	ピオニー	ナチュール	フィック	ガンバーニ	エイト	オーリー	ハーミー	キック	ロミー	ピオニー
16日	エイト	オーリー	フィック	ガンバーニ	エイト	オーリー	イクオル	キック	ロミー	ピオニー	ピオニー	ロミー
17日	イクオル	キック	エイト	オーリー	イクオル	キック	ハーミー	ピオニー	ピオニー	ロミー	フィック	ナチュール
18日	ハーミー	ピオニー	イクオル	キック	ハーミー	ピオニー	ロミー	ロミー	フィック	ナチュール	エイト	ガンバーニ
19日	ロミー	ロミー	ハーミー	ピオニー	ロミー	ロミー	ピオニー	ナチュール	エイト	ガンバーニ	イクオル	オーリー
20日	ピオニー	ナチュール	ロミー	ロミー	ピオニー	ナチュール	フィック	ガンバーニ	イクオル	オーリー	ハーミー	キック
21日	フィック	ガンバーニ	ピオニー	ナチュール	フィック	ガンバーニ	エイト	オーリー	ハーミー	キック	パフェキ	キラメール
22日	エイト	オーリー	フィック	ガンバーニ	エイト	オーリー	イクオル	キック	パフェキ	パフェキ	パフェキ	キラメール
23日	イクオル	キック	エイト	オーリー	イクオル	キック	ハーミー	キラメール	パフェキ	キラメール	パフェキ	キック
24日	ハーミー	キラメール	イクオル	キック	ハーミー	キラメール	パフェキ	キラメール	ハーミー	キック	イクオル	オーリー
25日	パフェキ	キラメール	ハーミー	キラメール	パフェキ	キラメール	パフェキ	キック	オーリー	オーリー	オーリー	オーリー
26日	パフェキ	キック	パフェキ	キラメール	パフェキ	キック	ハーミー	オーリー	イクオル	オーリー	ハーミー	キック
27日	ハーミー	オーリー	パフェキ	キック	ハーミー	オーリー	イクオル	オーリー	ハーミー	キック	パフェキ	キラメール
28日	イクオル	オーリー	ハーミー	オーリー	イクオル	オーリー	イクオル	キック	パフェキ	パフェキ	パフェキ	キラメール
29日	イクオル		イクオル	オーリー	イクオル	キック	ハーミー	キラメール	パフェキ	キラメール	パフェキ	キック
30日	ハーミー		イクオル	キック	ハーミー	キラメール	パフェキ	キラメール	ハーミー	キック	イクオル	オーリー
31日	パフェキ		ハーミー		パフェキ		パフェキ	キック		オーリー		ガンバーニ

2007　平成19年

	1月	2月	3月	4月	5月	6月	7月	8月	9月	10月	11月	12月
1日	ナチュール	ピオニー	ガンバーニ	フィック	ナチュール	ピオニー	ロミー	ロミー	キック	ハーミー	オーリー	イクオル
2日	ロミー	ロミー	ナチュール	ピオニー	ロミー	ロミー	ピオニー	ハーミー	オーリー	イクオル	ガンバーニ	エイト
3日	ピオニー	ハーミー	ロミー	ロミー	ピオニー	ハーミー	キック	イクオル	ガンバーニ	エイト	ナチュール	フィック
4日	キック	イクオル	ピオニー	ハーミー	キック	イクオル	オーリー	エイト	ナチュール	フィック	ピオニー	ピオニー
5日	オーリー	エイト	キック	イクオル	オーリー	エイト	ガンバーニ	フィック	ロミー	ピオニー	ピオニー	ロミー
6日	ガンバーニ	フィック	オーリー	エイト	ガンバーニ	フィック	ナチュール	ピオニー	ピオニー	ロミー	フィック	ナチュール
7日	ナチュール	ピオニー	ガンバーニ	フィック	ナチュール	ピオニー	ロミー	ロミー	フィック	ナチュール	エイト	ガンバーニ
8日	ロミー	ロミー	ナチュール	ピオニー	ロミー	ロミー	ピオニー	ナチュール	エイト	ガンバーニ	イクオル	オーリー
9日	ピオニー	ナチュール	ロミー	ロミー	ピオニー	ナチュール	フィック	ガンバーニ	イクオル	オーリー	ハーミー	キック
10日	フィック	ガンバーニ	ピオニー	ナチュール	フィック	ガンバーニ	エイト	オーリー	ハーミー	キック	ロミー	ピオニー
11日	エイト	オーリー	フィック	ガンバーニ	エイト	オーリー	イクオル	キック	ロミー	ピオニー	ピオニー	ロミー
12日	イクオル	キック	エイト	オーリー	イクオル	キック	ハーミー	ピオニー	ピオニー	ロミー	フィック	ナチュール
13日	ハーミー	ピオニー	イクオル	キック	ハーミー	ピオニー	ロミー	ロミー	フィック	ナチュール	エイト	ガンバーニ
14日	ロミー	ロミー	ハーミー	ピオニー	ロミー	ロミー	ピオニー	ナチュール	エイト	ガンバーニ	イクオル	オーリー
15日	ピオニー	ナチュール	ロミー	ロミー	ピオニー	ナチュール	フィック	ガンバーニ	イクオル	オーリー	ハーミー	キック
16日	フィック	ガンバーニ	ピオニー	ナチュール	フィック	ガンバーニ	エイト	オーリー	イクオル	キック	パフェキ	キラメール
17日	エイト	オーリー	フィック	ガンバーニ	エイト	オーリー	イクオル	キック	パフェキ	キラメール	パフェキ	キラメール
18日	イクオル	キック	エイト	オーリー	イクオル	キック	ハーミー	キラメール	パフェキ	キラメール	ハーミー	キック
19日	ハーミー	キラメール	イクオル	キック	ハーミー	キラメール	パフェキ	キラメール	ハーミー	キック	イクオル	オーリー
20日	パフェキ	キラメール	ハーミー	キラメール	パフェキ	キラメール	パフェキ	キック	イクオル	オーリー	イクオル	オーリー
21日	パフェキ	キック	パフェキ	キラメール	パフェキ	キック	ハーミー	オーリー	イクオル	オーリー	ハーミー	キック
22日	ハーミー	オーリー	パフェキ	キック	ハーミー	オーリー	イクオル	オーリー	ハーミー	キック	パフェキ	キラメール
23日	イクオル	オーリー	ハーミー	オーリー	イクオル	オーリー	イクオル	キック	パフェキ	キラメール	パフェキ	キラメール
24日	イクオル	キック	イクオル	オーリー	イクオル	キック	ハーミー	キラメール	パフェキ	キラメール	ハーミー	キック
25日	ハーミー	キラメール	イクオル	キック	ハーミー	キラメール	パフェキ	キラメール	ハーミー	キック	イクオル	オーリー
26日	パフェキ	キラメール	ハーミー	キラメール	パフェキ	キラメール	パフェキ	キック	イクオル	オーリー	エイト	ガンバーニ
27日	パフェキ	キック	パフェキ	キラメール	パフェキ	キック	ハーミー	オーリー	エイト	ガンバーニ	フィック	ナチュール
28日	ハーミー	オーリー	パフェキ	キック	ハーミー	オーリー	イクオル	オーリー	フィック	ナチュール	ピオニー	ロミー
29日	イクオル		ハーミー	オーリー	イクオル	ガンバーニ	エイト	ナチュール	ナチュール	ピオニー	ハーミー	ピオニー
30日	エイト		イクオル	ガンバーニ	エイト	ナチュール	フィック	ロミー	ロミー	ピオニー	ハーミー	キック
31日	フィック		エイト		フィック		ピオニー	ピオニー		キック		オーリー

164

2008　平成20年

	1月	2月	3月	4月	5月	6月	7月	8月	9月	10月	11月	12月
1日	ガンバーニ	フィック	ガンバーニ	フィック	ナチュール	ピオニー	ロミー	ロミー	フィック	ナチュール	エイト	ガンバーニ
2日	ナチュール	ピオニー	ナチュール	ピオニー	ロミー	ロミー	ピオニー	ナチュール	エイト	ガンバーニ	イクオル	オーリー
3日	ロミー	ロミー	ロミー	ロミー	ピオニー	ナチュール	フィック	ガンバーニ	イクオル	オーリー	ハーミー	キック
4日	ピオニー	ナチュール	ピオニー	ナチュール	フィック	ガンバーニ	エイト	オーリー	ハーミー	キック	ロミー	ピオニー
5日	フィック	ガンバーニ	フィック	ガンバーニ	エイト	オーリー	イクオル	キック	ロミー	ピオニー	ピオニー	ロミー
6日	エイト	オーリー	エイト	オーリー	イクオル	キック	ハーミー	ピオニー	ピオニー	ロミー	フィック	ナチュール
7日	イクオル	キック	イクオル	キック	ハーミー	ピオニー	ロミー	フィック	ナチュール	エイト	ガンバーニ	ガンバーニ
8日	ハーミー	ピオニー	ハーミー	ピオニー	ロミー	ロミー	ピオニー	ナチュール	エイト	ガンバーニ	ガンバーニ	オーリー
9日	ロミー	ロミー	ロミー	ロミー	ピオニー	ナチュール	フィック	ガンバーニ	イクオル	オーリー	ハーミー	キック
10日	ピオニー	ナチュール	ピオニー	ナチュール	フィック	ガンバーニ	エイト	オーリー	ハーミー	キック	パフェキ	キラメール
11日	フィック	ガンバーニ	フィック	ガンバーニ	エイト	オーリー	イクオル	キック	パフェキ	キラメール	パフェキ	キラメール
12日	エイト	オーリー	エイト	オーリー	イクオル	キック	ハーミー	キラメール	パフェキ	キラメール	ハーミー	オーリー
13日	イクオル	キック	イクオル	キック	ハーミー	キラメール	パフェキ	キラメール	ハーミー	キック	イクオル	オーリー
14日	パフェキ	キラメール	ハーミー	キラメール	パフェキ	キラメール	パフェキ	キック	イクオル	オーリー	イクオル	オーリー
15日	パフェキ	キラメール	パフェキ	キラメール	パフェキ	キック	ハーミー	オーリー	イクオル	オーリー	ハーミー	キック
16日	パフェキ	キック	パフェキ	キック	ハーミー	オーリー	イクオル	オーリー	ハーミー	キック	パフェキ	キラメール
17日	ハーミー	オーリー	ハーミー	オーリー	イクオル	オーリー	イクオル	キック	パフェキ	キラメール	パフェキ	キラメール
18日	イクオル	オーリー	イクオル	オーリー	イクオル	キック	ハーミー	キラメール	パフェキ	キラメール	ハーミー	キック
19日	イクオル	キック	イクオル	キック	ハーミー	キラメール	パフェキ	キラメール	ハーミー	キック	イクオル	オーリー
20日	ハーミー	キラメール	ハーミー	キラメール	パフェキ	キラメール	パフェキ	キック	イクオル	オーリー	エイト	ガンバーニ
21日	パフェキ	キラメール	パフェキ	キラメール	パフェキ	キック	ハーミー	オーリー	エイト	ガンバーニ	フィック	ナチュール
22日	パフェキ	キック	パフェキ	キック	ハーミー	オーリー	イクオル	ガンバーニ	フィック	ナチュール	ピオニー	ロミー
23日	パフェキ	オーリー	イクオル	オーリー	イクオル	ガンバーニ	エイト	ナチュール	ピオニー	ロミー	ロミー	ピオニー
24日	イクオル	ガンバーニ	イクオル	ガンバーニ	エイト	ナチュール	フィック	ロミー	ロミー	ピオニー	ハーミー	キック
25日	エイト	ナチュール	エイト	ナチュール	フィック	ロミー	ピオニー	ピオニー	ハーミー	キック	イクオル	オーリー
26日	フィック	ロミー	フィック	ロミー	ピオニー	ピオニー	ロミー	キック	イクオル	オーリー	エイト	ガンバーニ
27日	ピオニー	ピオニー	ピオニー	ピオニー	ロミー	キック	ハーミー	オーリー	エイト	ガンバーニ	フィック	ナチュール
28日	ロミー	キック	ロミー	キック	ハーミー	オーリー	イクオル	ガンバーニ	フィック	ナチュール	ピオニー	ロミー
29日	ナチュール	オーリー	ハーミー	オーリー	イクオル	ガンバーニ	エイト	ナチュール	ピオニー	ロミー	ロミー	ピオニー
30日	イクオル		イクオル	ガンバーニ	エイト	ナチュール	フィック	ロミー	ロミー	ピオニー	ナチュール	フィック
31日	エイト		エイト		フィック		ピオニー	ピオニー		フィック		エイト

2009　平成21年

	1月	2月	3月	4月	5月	6月	7月	8月	9月	10月	11月	12月
1日	イクオル	キック	エイト	オーリー	イクオル	キック	ハーミー	ピオニー	ピオニー	ロミー	フィック	ナチュール
2日	ハーミー	ピオニー	ピオニー	キック	ハーミー	ピオニー	ロミー	ロミー	フィック	ナチュール	エイト	ガンバーニ
3日	ロミー	ロミー	ハーミー	ピオニー	ロミー	ロミー	ピオニー	ナチュール	エイト	ガンバーニ	イクオル	オーリー
4日	ピオニー	ナチュール	ロミー	ロミー	ピオニー	ナチュール	フィック	ガンバーニ	イクオル	オーリー	ハーミー	キック
5日	フィック	ガンバーニ	ピオニー	ナチュール	フィック	ガンバーニ	エイト	オーリー	ハーミー	キック	パフェキ	キラメール
6日	エイト	オーリー	フィック	ガンバーニ	エイト	オーリー	イクオル	キック	パフェキ	キラメール	パフェキ	キラメール
7日	イクオル	キック	エイト	オーリー	イクオル	キック	ハーミー	キラメール	パフェキ	キラメール	ハーミー	キック
8日	ハーミー	ピオニー	イクオル	オーリー	ハーミー	キラメール	パフェキ	キラメール	ハーミー	キック	イクオル	オーリー
9日	パフェキ	キラメール	ハーミー	キラメール	パフェキ	キラメール	パフェキ	キック	イクオル	オーリー	イクオル	オーリー
10日	パフェキ	キック	パフェキ	キラメール	パフェキ	キック	ハーミー	オーリー	イクオル	オーリー	ハーミー	キック
11日	ハーミー	オーリー	パフェキ	キック	ハーミー	オーリー	イクオル	オーリー	ハーミー	キック	パフェキ	キラメール
12日	イクオル	オーリー	ハーミー	オーリー	イクオル	オーリー	イクオル	キック	パフェキ	キラメール	パフェキ	キラメール
13日	イクオル	キック	イクオル	オーリー	イクオル	キック	ハーミー	キラメール	パフェキ	キラメール	ハーミー	キック
14日	ハーミー	キラメール	イクオル	オーリー	ハーミー	キラメール	パフェキ	キラメール	ハーミー	キック	イクオル	オーリー
15日	パフェキ	キラメール	ハーミー	キラメール	パフェキ	キラメール	パフェキ	キック	イクオル	オーリー	エイト	ガンバーニ
16日	パフェキ	キック	パフェキ	キラメール	パフェキ	キック	ハーミー	オーリー	エイト	ガンバーニ	フィック	ナチュール
17日	ハーミー	オーリー	パフェキ	キック	ハーミー	オーリー	イクオル	ガンバーニ	フィック	ナチュール	ピオニー	ロミー
18日	イクオル	ガンバーニ	ハーミー	オーリー	イクオル	ガンバーニ	エイト	ナチュール	ピオニー	ロミー	ロミー	ピオニー
19日	エイト	ナチュール	イクオル	ガンバーニ	エイト	ナチュール	フィック	ロミー	ロミー	ピオニー	ハーミー	キック
20日	フィック	ガンバーニ	エイト	ナチュール	フィック	ロミー	ピオニー	ピオニー	ハーミー	キック	イクオル	オーリー
21日	ピオニー	ピオニー	フィック	ロミー	ピオニー	ピオニー	ロミー	キック	イクオル	オーリー	エイト	ガンバーニ
22日	ロミー	キック	ピオニー	ピオニー	ロミー	キック	ハーミー	オーリー	エイト	ガンバーニ	フィック	ナチュール
23日	ロミー	オーリー	ロミー	キック	ハーミー	オーリー	イクオル	ガンバーニ	フィック	ナチュール	ピオニー	ロミー
24日	イクオル	ガンバーニ	ハーミー	オーリー	イクオル	ガンバーニ	エイト	ナチュール	ピオニー	ロミー	ロミー	ピオニー
25日	エイト	ナチュール	イクオル	ガンバーニ	エイト	ナチュール	フィック	ロミー	ロミー	ピオニー	ナチュール	フィック
26日	フィック	ロミー	エイト	ナチュール	フィック	ロミー	ピオニー	ピオニー	ナチュール	フィック	ガンバーニ	ナチュール
27日	ピオニー	ピオニー	フィック	ロミー	ピオニー	ピオニー	ロミー	フィック	ガンバーニ	エイト	オーリー	イクオル
28日	ロミー	フィック	ピオニー	ピオニー	ロミー	フィック	ナチュール	エイト	オーリー	イクオル	キック	ハーミー
29日	ナチュール		ロミー	フィック	ナチュール	エイト	ガンバーニ	イクオル	キック	ハーミー	ピオニー	ピオニー
30日	ガンバーニ		ナチュール	エイト	ガンバーニ	イクオル	オーリー	ハーミー	ピオニー	ピオニー	ピオニー	ピオニー
31日	オーリー		ガンバーニ		オーリー		キック	ロミー		ピオニー		フィック

2010　平成22年

	1月	2月	3月	4月	5月	6月	7月	8月	9月	10月	11月	12月
1日	エイト	オーリー	フィック	ガンバーニ	エイト	オーリー	イクオル	キック	パフェキ	キラメール	パフェキ	キラメール
2日	イクオル	キック	エイト	オーリー	イクオル	キック	ハーミー	キラメール	パフェキ	キラメール	ハーミー	キック
3日	ハーミー	キラメール	イクオル	キック	ハーミー	キラメール	パフェキ	キラメール	ハーミー	キック	イクオル	オーリー
4日	パフェキ	キラメール	ハーミー	キラメール	パフェキ	キラメール	パフェキ	キック	イクオル	オーリー	イクオル	オーリー
5日	パフェキ	キック	パフェキ	キラメール	パフェキ	キック	ハーミー	オーリー	イクオル	キック	ハーミー	キック
6日	ハーミー	オーリー	パフェキ	キック	ハーミー	オーリー	イクオル	オーリー	ハーミー	キック	パフェキ	キラメール
7日	イクオル	オーリー	ハーミー	オーリー	イクオル	キック	イクオル	キック	パフェキ	キラメール	パフェキ	キラメール
8日	イクオル	キック	イクオル	オーリー	イクオル	キック	ハーミー	キラメール	パフェキ	ハーミー	ハーミー	キック
9日	ハーミー	キラメール	イクオル	キック	ハーミー	キラメール	パフェキ	キラメール	ハーミー	キック	イクオル	オーリー
10日	パフェキ	キラメール	ハーミー	キラメール	パフェキ	キラメール	パフェキ	キック	イクオル	オーリー	エイト	ガンバーニ
11日	パフェキ	キック	パフェキ	キラメール	パフェキ	キック	ハーミー	オーリー	イクオル	エイト	フィック	ナチュール
12日	ハーミー	オーリー	パフェキ	キック	ハーミー	オーリー	イクオル	ガンバーニ	フィック	ナチュール	ピオニー	ロミー
13日	イクオル	ガンバーニ	ハーミー	オーリー	イクオル	ガンバーニ	エイト	ナチュール	ピオニー	ロミー	ロミー	ピオニー
14日	エイト	ナチュール	イクオル	ガンバーニ	エイト	ナチュール	フィック	ロミー	ロミー	ピオニー	ハーミー	キック
15日	フィック	ロミー	エイト	ナチュール	フィック	ロミー	ピオニー	ピオニー	ハーミー	キック	イクオル	オーリー
16日	ピオニー	ピオニー	フィック	ロミー	ピオニー	ピオニー	ロミー	キック	イクオル	オーリー	エイト	ガンバーニ
17日	ロミー	キック	ピオニー	ピオニー	ロミー	キック	ハーミー	オーリー	イクオル	ガンバーニ	フィック	ナチュール
18日	ハーミー	オーリー	ロミー	キック	ハーミー	オーリー	イクオル	ガンバーニ	フィック	ナチュール	ピオニー	ロミー
19日	イクオル	ガンバーニ	ハーミー	オーリー	イクオル	ガンバーニ	エイト	ナチュール	ピオニー	ロミー	ロミー	ピオニー
20日	エイト	ナチュール	イクオル	ガンバーニ	エイト	ナチュール	フィック	ロミー	ロミー	ピオニー	ナチュール	フィック
21日	フィック	ロミー	エイト	ナチュール	フィック	ロミー	ピオニー	ピオニー	ナチュール	フィック	ガンバーニ	エイト
22日	ピオニー	ピオニー	フィック	ロミー	ピオニー	ピオニー	ロミー	フィック	ガンバーニ	エイト	オーリー	イクオル
23日	ロミー	フィック	ピオニー	ピオニー	ロミー	フィック	ナチュール	エイト	オーリー	イクオル	キック	ハーミー
24日	ナチュール	エイト	ロミー	フィック	ナチュール	エイト	ガンバーニ	イクオル	キック	ハーミー	ピオニー	ロミー
25日	ガンバーニ	イクオル	ナチュール	エイト	ガンバーニ	イクオル	オーリー	ハーミー	ピオニー	ロミー	ロミー	ピオニー
26日	オーリー	ハーミー	ガンバーニ	イクオル	オーリー	ハーミー	キック	ロミー	ロミー	ピオニー	ナチュール	フィック
27日	キック	ロミー	オーリー	ハーミー	キック	ロミー	ピオニー	ピオニー	ナチュール	フィック	ガンバーニ	エイト
28日	ピオニー	ピオニー	キック	ロミー	ピオニー	ピオニー	ロミー	フィック	ガンバーニ	エイト	オーリー	イクオル
29日	ロミー		ピオニー	ピオニー	ロミー	フィック	ナチュール	エイト	オーリー	イクオル	キック	ハーミー
30日	ナチュール		ロミー	フィック	ナチュール	エイト	ガンバーニ	イクオル	キック	ハーミー	キラメール	パフェキ
31日	ガンバーニ		ナチュール		ガンバーニ		オーリー	ハーミー		パフェキ		パフェキ

2011　平成23年

	1月	2月	3月	4月	5月	6月	7月	8月	9月	10月	11月	12月
1日	ハーミー	オーリー	パフェキ	キック	ハーミー	オーリー	イクオル	オーリー	ハーミー	キック	パフェキ	キラメール
2日	イクオル	オーリー	ハーミー	オーリー	イクオル	オーリー	イクオル	キック	パフェキ	キラメール	パフェキ	キラメール
3日	イクオル	キック	イクオル	オーリー	イクオル	キック	ハーミー	キラメール	パフェキ	キラメール	ハーミー	キック
4日	ハーミー	キラメール	イクオル	キック	ハーミー	キラメール	パフェキ	キラメール	ハーミー	キック	イクオル	オーリー
5日	パフェキ	キラメール	ハーミー	キラメール	パフェキ	キラメール	パフェキ	キック	イクオル	オーリー	エイト	ガンバーニ
6日	パフェキ	キック	パフェキ	キラメール	パフェキ	キック	ハーミー	オーリー	エイト	ガンバーニ	フィック	ナチュール
7日	ハーミー	オーリー	パフェキ	キック	ハーミー	オーリー	イクオル	ガンバーニ	フィック	ナチュール	ピオニー	ロミー
8日	イクオル	ガンバーニ	ハーミー	オーリー	イクオル	ガンバーニ	エイト	ナチュール	ピオニー	ロミー	ロミー	ピオニー
9日	エイト	ナチュール	イクオル	ガンバーニ	エイト	ナチュール	フィック	ロミー	ロミー	ピオニー	ハーミー	キック
10日	フィック	ロミー	エイト	ナチュール	フィック	ロミー	ピオニー	ピオニー	ハーミー	キック	イクオル	オーリー
11日	ピオニー	ピオニー	フィック	ロミー	ピオニー	ピオニー	ロミー	キック	イクオル	オーリー	エイト	ガンバーニ
12日	ロミー	キック	ピオニー	ピオニー	ロミー	キック	ハーミー	オーリー	エイト	ガンバーニ	フィック	ナチュール
13日	ハーミー	オーリー	ロミー	キック	ハーミー	オーリー	イクオル	ガンバーニ	フィック	ナチュール	ピオニー	ロミー
14日	イクオル	ガンバーニ	ハーミー	オーリー	イクオル	ガンバーニ	エイト	ナチュール	ピオニー	ロミー	ロミー	ピオニー
15日	エイト	ナチュール	イクオル	ガンバーニ	エイト	ナチュール	フィック	ロミー	ロミー	ピオニー	ナチュール	フィック
16日	フィック	ロミー	エイト	ナチュール	フィック	ロミー	ピオニー	ピオニー	ナチュール	フィック	ガンバーニ	エイト
17日	ピオニー	ピオニー	フィック	ロミー	ピオニー	ピオニー	ロミー	フィック	ガンバーニ	エイト	オーリー	イクオル
18日	ロミー	フィック	ピオニー	ピオニー	ロミー	フィック	ナチュール	エイト	オーリー	イクオル	キック	ハーミー
19日	ナチュール	エイト	ロミー	フィック	ナチュール	エイト	ガンバーニ	イクオル	キック	ハーミー	ピオニー	ロミー
20日	ガンバーニ	イクオル	ナチュール	エイト	ガンバーニ	イクオル	オーリー	ハーミー	ピオニー	ロミー	ロミー	ピオニー
21日	オーリー	ハーミー	ガンバーニ	イクオル	オーリー	ハーミー	キック	ロミー	ロミー	ピオニー	ナチュール	フィック
22日	キック	ロミー	オーリー	ハーミー	キック	ロミー	ピオニー	ピオニー	ナチュール	フィック	ガンバーニ	エイト
23日	ピオニー	ピオニー	キック	ロミー	ピオニー	ピオニー	ロミー	フィック	ガンバーニ	エイト	オーリー	イクオル
24日	ロミー	フィック	ピオニー	ピオニー	ロミー	フィック	ナチュール	エイト	オーリー	イクオル	キック	ハーミー
25日	ナチュール	エイト	ロミー	フィック	ナチュール	エイト	ガンバーニ	イクオル	キック	ハーミー	キラメール	パフェキ
26日	ガンバーニ	イクオル	ナチュール	エイト	ガンバーニ	イクオル	オーリー	ハーミー	キラメール	パフェキ	キラメール	パフェキ
27日	オーリー	ハーミー	ガンバーニ	イクオル	オーリー	ハーミー	キック	パフェキ	キラメール	パフェキ	キック	イクオル
28日	キック	パフェキ	オーリー	ハーミー	キック	パフェキ	キラメール	パフェキ	キック	ハーミー	オーリー	イクオル
29日	キラメール		キック	パフェキ	キラメール	パフェキ	キラメール	キック	ハーミー	オーリー	イクオル	オーリー
30日	キラメール		パフェキ	キック	キラメール	パフェキ	キック	イクオル	オーリー	イクオル	キック	ハーミー
31日	キック		キラメール		キック		オーリー	イクオル		ハーミー		パフェキ

2012　平成24年

	1月	2月	3月	4月	5月	6月	7月	8月	9月	10月	11月	12月
1日	バフェキ	キック	バフェキ	キック	ハーミー	オーリー	イクオル	ガンバーニ	フィック	ナチュール	ピオニー	ピオニー
2日	ハーミー	オーリー	ハーミー	オーリー	イクオル	ガンバーニ	エイト	ナチュール	ピオニー	ロミー	ロミー	ピオニー
3日	イクオル	ガンバーニ	イクオル	ガンバーニ	エイト	ナチュール	フィック	ロミー	ロミー	ピオニー	ハーミー	キック
4日	エイト	ナチュール	エイト	ナチュール	フィック	ロミー	ピオニー	ピオニー	ハーミー	キック	イクオル	オーリー
5日	フィック	ロミー	フィック	ロミー	ピオニー	ピオニー	ロミー	キック	イクオル	オーリー	エイト	ガンバーニ
6日	ピオニー	ピオニー	ピオニー	ピオニー	ロミー	キック	ハーミー	オーリー	エイト	ガンバーニ	ロミー	ナチュール
7日	ロミー	キック	ロミー	キック	ハーミー	オーリー	イクオル	ガンバーニ	ロミー	ナチュール	ピオニー	ロミー
8日	ハーミー	オーリー	ハーミー	オーリー	イクオル	ガンバーニ	エイト	ナチュール	ピオニー	ロミー	ロミー	ピオニー
9日	イクオル	ガンバーニ	イクオル	ガンバーニ	エイト	ナチュール	ロミー	ロミー	ロミー	ピオニー	ナチュール	フィック
10日	エイト	ナチュール	エイト	ナチュール	ロミー	ロミー	ピオニー	ピオニー	ナチュール	フィック	ガンバーニ	フィック
11日	フィック	ロミー	フィック	ロミー	ピオニー	ピオニー	ロミー	フィック	ガンバーニ	エイト	オーリー	イクオル
12日	ピオニー	ピオニー	ピオニー	ピオニー	ロミー	フィック	ナチュール	エイト	オーリー	イクオル	キック	ハーミー
13日	ロミー	フィック	ロミー	フィック	ナチュール	エイト	ガンバーニ	イクオル	キック	ハーミー	ピオニー	ロミー
14日	ナチュール	エイト	ナチュール	エイト	ガンバーニ	イクオル	オーリー	ハーミー	ピオニー	ロミー	ロミー	ピオニー
15日	ガンバーニ	イクオル	ガンバーニ	イクオル	オーリー	ハーミー	キック	ロミー	ロミー	ピオニー	ナチュール	フィック
16日	オーリー	ハーミー	オーリー	ハーミー	キック	ロミー	ピオニー	ピオニー	ナチュール	フィック	ガンバーニ	エイト
17日	キック	ロミー	キック	ロミー	ピオニー	ピオニー	ロミー	フィック	ガンバーニ	エイト	オーリー	イクオル
18日	ピオニー	ピオニー	ピオニー	ピオニー	ロミー	フィック	ナチュール	エイト	オーリー	イクオル	キック	ハーミー
19日	ロミー	フィック	ロミー	フィック	ナチュール	エイト	ガンバーニ	イクオル	キック	ハーミー	キラメール	エイト
20日	ナチュール	エイト	ナチュール	エイト	ガンバーニ	イクオル	オーリー	ハーミー	キラメール	ピオニー	キラメール	フィック
21日	ガンバーニ	イクオル	ガンバーニ	イクオル	オーリー	ハーミー	キック	ピオニー	キラメール	フィック	キック	エイト
22日	ハーミー	オーリー	ハーミー	オーリー	キック	ピオニー	キラメール	フィック	キック	エイト	オーリー	イクオル
23日	キック	バフェキ	キック	バフェキ	キラメール	フィック	キラメール	エイト	オーリー	イクオル	オーリー	イクオル
24日	キラメール	バフェキ	キラメール	バフェキ	キラメール	エイト	キック	イクオル	オーリー	イクオル	キック	ハーミー
25日	キラメール	ハーミー	キラメール	ハーミー	キック	イクオル	オーリー	イクオル	キック	ハーミー	ピオニー	バフェキ
26日	キック	イクオル	キック	イクオル	オーリー	ハーミー	キック	ハーミー	キラメール	バフェキ	キラメール	バフェキ
27日	オーリー	イクオル	オーリー	イクオル	オーリー	ハーミー	キック	バフェキ	キラメール	バフェキ	キック	ハーミー
28日	オーリー	ハーミー	オーリー	ハーミー	キック	バフェキ	キラメール	バフェキ	キック	ハーミー	オーリー	イクオル
29日	キック	バフェキ	キック	バフェキ	キラメール	バフェキ	キラメール	エイト	オーリー	イクオル	ガンバーニ	エイト
30日	キラメール		キラメール	バフェキ	キラメール	ハーミー	キック	イクオル	ガンバーニ	エイト	ナチュール	フィック
31日	キラメール		キラメール		キック		オーリー	エイト		フィック		ピオニー

2013　平成25年

	1月	2月	3月	4月	5月	6月	7月	8月	9月	10月	11月	12月
1日	ロミー	キック	ピオニー	ピオニー	ロミー	キック	ハーミー	オーリー	エイト	ガンバーニ	ロミー	ナチュール
2日	ハーミー	オーリー	ロミー	キック	ハーミー	オーリー	イクオル	ガンバーニ	ロミー	ナチュール	ピオニー	ロミー
3日	イクオル	ガンバーニ	ハーミー	オーリー	イクオル	ガンバーニ	エイト	ナチュール	ピオニー	ロミー	ロミー	ピオニー
4日	エイト	ナチュール	イクオル	ガンバーニ	エイト	ナチュール	ロミー	ロミー	ロミー	ピオニー	ナチュール	フィック
5日	ロミー	ロミー	エイト	ナチュール	ロミー	ロミー	ピオニー	ピオニー	ナチュール	フィック	ガンバーニ	エイト
6日	ピオニー	ピオニー	ロミー	ロミー	ピオニー	ピオニー	ロミー	フィック	ガンバーニ	エイト	オーリー	イクオル
7日	ロミー	フィック	ピオニー	ピオニー	ロミー	フィック	ナチュール	エイト	オーリー	イクオル	キック	ハーミー
8日	ナチュール	エイト	ロミー	フィック	ナチュール	エイト	ガンバーニ	イクオル	キック	ハーミー	ピオニー	ロミー
9日	ガンバーニ	イクオル	ナチュール	エイト	ガンバーニ	イクオル	オーリー	ハーミー	ロミー	ロミー	ロミー	ピオニー
10日	エイト	ハーミー	ガンバーニ	イクオル	オーリー	ハーミー	キック	ロミー	ロミー	ピオニー	ナチュール	フィック
11日	キック	ロミー	オーリー	ハーミー	キック	ロミー	ピオニー	ピオニー	ナチュール	フィック	ガンバーニ	エイト
12日	ピオニー	ピオニー	キック	ロミー	ピオニー	ピオニー	ロミー	フィック	ガンバーニ	エイト	オーリー	イクオル
13日	ロミー	フィック	ピオニー	ピオニー	ロミー	フィック	ナチュール	エイト	オーリー	イクオル	キック	ハーミー
14日	ナチュール	エイト	ロミー	フィック	ナチュール	エイト	ガンバーニ	イクオル	キック	ハーミー	キラメール	ピオニー
15日	ガンバーニ	イクオル	ナチュール	エイト	ガンバーニ	イクオル	オーリー	ハーミー	キラメール	ピオニー	キラメール	フィック
16日	オーリー	ハーミー	ガンバーニ	イクオル	オーリー	ハーミー	キック	ピオニー	キラメール	フィック	キック	エイト
17日	キック	ピオニー	オーリー	ハーミー	キック	ピオニー	キラメール	フィック	キック	エイト	オーリー	イクオル
18日	キラメール	フィック	キック	ピオニー	キラメール	フィック	キラメール	エイト	オーリー	イクオル	オーリー	イクオル
19日	キラメール	エイト	キラメール	フィック	キラメール	エイト	キック	イクオル	オーリー	イクオル	キック	ハーミー
20日	キック	イクオル	キラメール	エイト	キック	イクオル	オーリー	イクオル	キック	ハーミー	キラメール	バフェキ
21日	オーリー	イクオル	キック	イクオル	オーリー	イクオル	オーリー	ハーミー	キラメール	バフェキ	キラメール	バフェキ
22日	オーリー	オーリー	オーリー	イクオル	オーリー	ハーミー	キック	バフェキ	キラメール	バフェキ	キック	ハーミー
23日	キック	バフェキ	オーリー	ハーミー	キック	バフェキ	キラメール	バフェキ	キック	ハーミー	オーリー	イクオル
24日	キラメール	バフェキ	キック	バフェキ	キラメール	バフェキ	キラメール	エイト	オーリー	イクオル	ガンバーニ	エイト
25日	キラメール	ハーミー	キラメール	バフェキ	キラメール	ハーミー	キック	イクオル	ガンバーニ	エイト	ナチュール	フィック
26日	キック	イクオル	キラメール	ハーミー	キック	イクオル	オーリー	エイト	ナチュール	フィック	ロミー	ピオニー
27日	オーリー	エイト	キック	イクオル	オーリー	エイト	ガンバーニ	フィック	ロミー	ピオニー	ピオニー	ロミー
28日	ガンバーニ	フィック	オーリー	エイト	ガンバーニ	フィック	ナチュール	ピオニー	ピオニー	ロミー	キック	ハーミー
29日	ロミー		ガンバーニ	フィック	ナチュール	ピオニー	ロミー	ロミー	ロミー	ピオニー	ナチュール	イクオル
30日	ロミー		ナチュール	ピオニー	ロミー	ロミー	ピオニー	ハーミー	オーリー	イクオル	ガンバーニ	エイト
31日	ピオニー		ロミー		ピオニー		キック	イクオル		エイト		ロミー

2014　平成26年

	1月	2月	3月	4月	5月	6月	7月	8月	9月	10月	11月	12月
1日	ピオニー	ピオニー	ロミー	ロミー	ピオニー	ピオニー	ロミー	ピオニー	フィック	ガンバーニ	エイト	オーリー
2日	ロミー	フィック	ピオニー	ピオニー	ロミー	フィック	ナチュール	エイト	オーリー	イクオル	キック	ハーミー
3日	ナチュール	エイト	ロミー	フィック	ナチュール	エイト	ガンバーニ	イクオル	キック	ハーミー	ピオニー	ロミー
4日	ガンバーニ	イクオル	ナチュール	エイト	ガンバーニ	イクオル	オーリー	ハーミー	ピオニー	ロミー		フィック
5日	オーリー	ハーミー	ガンバーニ	イクオル	オーリー	ハーミー	キック	ロミー	ロミー	ピオニー	ナチュール	フィック
6日	キック	ロミー	オーリー	ハーミー	キック	ロミー	ピオニー	ピオニー	ナチュール	フィック	ガンバーニ	エイト
7日	ピオニー	ピオニー	キック	ロミー	ピオニー	ピオニー	ロミー	フィック	ガンバーニ	エイト	オーリー	イクオル
8日	ロミー	フィック	ピオニー	ピオニー	ロミー	フィック	ナチュール	エイト	オーリー	イクオル	キック	ハーミー
9日	ナチュール	エイト	ロミー	フィック	ナチュール	エイト	ガンバーニ	イクオル	キック	ハーミー	キラメール	ピオニー
10日	ガンバーニ	イクオル	ナチュール	エイト	ガンバーニ	イクオル	オーリー	ハーミー	キラメール	ピオニー	キラメール	フィック
11日	オーリー	ハーミー	ガンバーニ	イクオル	オーリー	ハーミー	キック	ピオニー	キラメール	フィック	キック	エイト
12日	キック	ピオニー	オーリー	ハーミー	キック	ピオニー	キラメール	フィック	キック	エイト	オーリー	イクオル
13日	キラメール	フィック	キック	ピオニー	キラメール	フィック	キック	キック	オーリー	イクオル	オーリー	ハーミー
14日	キラメール	エイト	キラメール	フィック	キラメール	エイト	キック	イクオル	オーリー	イクオル	キック	ハーミー
15日	キック	イクオル	キラメール	エイト	キック	イクオル	オーリー	イクオル	キック	ハーミー	キラメール	パフェキ
16日	オーリー	イクオル	キック	イクオル	オーリー	イクオル	オーリー	ハーミー	キラメール	パフェキ	キラメール	パフェキ
17日	オーリー	ハーミー	オーリー	イクオル	オーリー	ハーミー	キック	パフェキ	キラメール	パフェキ	キック	イクオル
18日	キック	パフェキ	オーリー	ハーミー	キック	パフェキ	キラメール	パフェキ	キック	オーリー	オーリー	イクオル
19日	キラメール	パフェキ	キック	パフェキ	キラメール	パフェキ	キラメール	ハーミー	オーリー	ガンバーニ	エイト	
20日	キラメール	ハーミー	キラメール	パフェキ	キラメール	ハーミー	キック	イクオル	ガンバーニ	エイト	ナチュール	フィック
21日	キック	イクオル	キラメール	キック	キック	イクオル	オーリー	エイト	ナチュール	フィック	ロミー	ピオニー
22日	オーリー	エイト	キック	イクオル	オーリー	エイト	ガンバーニ	フィック	ピオニー	ピオニー	ロミー	ロミー
23日	ガンバーニ	フィック	オーリー	エイト	ガンバーニ	フィック	ナチュール	ピオニー	ピオニー	ロミー	キック	ハーミー
24日	ナチュール	ピオニー	ガンバーニ	フィック	ナチュール	ピオニー	ロミー	ロミー	キック	ハーミー	オーリー	イクオル
25日	ロミー	ロミー	ナチュール	ピオニー	ロミー	ロミー	ピオニー	ハーミー	オーリー	イクオル	ガンバーニ	エイト
26日	ピオニー	ハーミー	ロミー	ロミー	ピオニー	ハーミー	キック	イクオル	ガンバーニ	エイト	ナチュール	ロミー
27日	キック	イクオル	ピオニー	ハーミー	キック	イクオル	オーリー	エイト	ナチュール	ロミー	ロミー	ピオニー
28日	オーリー	エイト	キック	イクオル	オーリー	エイト	ガンバーニ	ロミー	ロミー	ピオニー	ピオニー	ロミー
29日	ガンバーニ		オーリー	エイト	ガンバーニ	フィック	ナチュール	ピオニー	ピオニー	ロミー	フィック	ナチュール
30日	ナチュール		ガンバーニ	ロミー	ナチュール	ピオニー	ロミー	ロミー	フィック	ナチュール	エイト	ガンバーニ
31日	ロミー		ナチュール				ピオニー	ナチュール		ガンバーニ		オーリー

2015　平成27年

	1月	2月	3月	4月	5月	6月	7月	8月	9月	10月	11月	12月
1日	キック	ロミー	オーリー	ハーミー	キック	ロミー	ピオニー	ピオニー	ナチュール	フィック	ガンバーニ	エイト
2日	ピオニー	ピオニー	キック	ロミー	ピオニー	ピオニー	ロミー	フィック	ガンバーニ	エイト	オーリー	イクオル
3日	ロミー	フィック	ピオニー	ピオニー	ロミー	フィック	ナチュール	エイト	オーリー	イクオル	キック	ハーミー
4日	ナチュール	エイト	ロミー	フィック	ナチュール	エイト	ガンバーニ	イクオル	キック	ハーミー	ピオニー	ピオニー
5日	ガンバーニ	イクオル	ナチュール	エイト	ガンバーニ	イクオル	オーリー	ハーミー	キラメール	ピオニー	キラメール	フィック
6日	オーリー	ハーミー	ガンバーニ	イクオル	オーリー	ハーミー	キック	ピオニー	キラメール	フィック	キック	エイト
7日	キック	ピオニー	オーリー	ハーミー	キック	ピオニー	キラメール	フィック	キック	エイト	オーリー	イクオル
8日	キラメール	フィック	キック	ピオニー	キラメール	フィック	キラメール	エイト	オーリー	イクオル	キック	ハーミー
9日	キラメール	エイト	キラメール	フィック	キラメール	エイト	キック	イクオル	オーリー	イクオル	キック	ハーミー
10日	キック	イクオル	キラメール	エイト	キック	イクオル	オーリー	イクオル	キック	ハーミー	キラメール	パフェキ
11日	オーリー	イクオル	キック	イクオル	オーリー	イクオル	オーリー	ハーミー	キラメール	パフェキ	キラメール	パフェキ
12日	オーリー	ハーミー	オーリー	ハーミー	オーリー	ハーミー	キック	パフェキ	キラメール	パフェキ	キック	ハーミー
13日	キック	パフェキ	オーリー	ハーミー	キック	パフェキ	パフェキ	ハーミー	キック	オーリー	オーリー	イクオル
14日	キラメール	パフェキ	キック	パフェキ	キラメール	パフェキ	キラメール	ハーミー	オーリー	イクオル	ガンバーニ	エイト
15日	キラメール	ハーミー	キラメール	パフェキ	キラメール	ハーミー	キック	イクオル	ガンバーニ	エイト	ナチュール	フィック
16日	キック	イクオル	キラメール	ハーミー	キック	イクオル	オーリー	エイト	ナチュール	フィック	ロミー	ピオニー
17日	オーリー	エイト	キック	イクオル	オーリー	エイト	ガンバーニ	フィック	ピオニー	ピオニー	ロミー	ロミー
18日	ガンバーニ	フィック	オーリー	エイト	ガンバーニ	フィック	ナチュール	ピオニー	ピオニー	ロミー	キック	ハーミー
19日	ナチュール	ピオニー	ガンバーニ	フィック	ナチュール	ピオニー	ロミー	ロミー	キック	ハーミー	オーリー	イクオル
20日	ロミー	ロミー	ナチュール	ピオニー	ロミー	ロミー	ピオニー	ハーミー	オーリー	イクオル	ガンバーニ	エイト
21日	ピオニー	ハーミー	ロミー	ロミー	ピオニー	ハーミー	キック	イクオル	ガンバーニ	エイト	ナチュール	ロミー
22日	キック	イクオル	ピオニー	ハーミー	キック	イクオル	オーリー	エイト	ナチュール	ロミー	ロミー	ピオニー
23日	オーリー	エイト	キック	イクオル	オーリー	エイト	ガンバーニ	ロミー	ロミー	ピオニー	ピオニー	ロミー
24日	ガンバーニ	ロミー	オーリー	エイト	ガンバーニ	ロミー	ナチュール	ピオニー	ピオニー	ロミー	フィック	ナチュール
25日	ナチュール	ピオニー	ガンバーニ	ロミー	ナチュール	ピオニー	ロミー	ロミー	フィック	ナチュール	エイト	ガンバーニ
26日	ロミー	ロミー	ナチュール	ピオニー	ロミー	ロミー	ピオニー	ナチュール	ロミー	エイト	イクオル	オーリー
27日	ピオニー	ナチュール	ロミー	ロミー	ピオニー	ナチュール	フィック	ガンバーニ	イクオル	オーリー	ハーミー	キック
28日	フィック	ガンバーニ	ピオニー	ナチュール	フィック	ガンバーニ	エイト	オーリー	ハーミー	キック	ロミー	ピオニー
29日	エイト		フィック	ガンバーニ	エイト	オーリー	イクオル	キック	ロミー	ハーミー	ピオニー	ロミー
30日	イクオル		エイト	オーリー	イクオル	キック	ハーミー	ピオニー	ピオニー	ロミー	フィック	ナチュール
31日	ハーミー		イクオル		ハーミー		ロミー	ロミー		ナチュール		ガンバーニ

168

2016　平成28年

	1月	2月	3月	4月	5月	6月	7月	8月	9月	10月	11月	12月
1日	オーリー	ハーミー	オーリー	ハーミー	キック	ハーミー	キラメール	フィック	エイト	オーリー	オーリー	ハーミー
2日	キック	ピオニー	キック	ピオニー	キラメール	フィック	キラメール	エイト	オーリー	イクオル	オーリー	イクオル
3日	キラメール	フィック	キラメール	フィック	キラメール	エイト	キック	イクオル	オーリー	イクオル	キック	ハーミー
4日	キラメール	エイト	キラメール	エイト	キック	イクオル	オーリー	イクオル	キック	ハーミー	キラメール	パフェキ
5日	キック	イクオル	キック	イクオル	オーリー	イクオル	オーリー	ハーミー	キラメール	パフェキ	キラメール	パフェキ
6日	オーリー	イクオル	オーリー	イクオル	オーリー	ハーミー	キック	パフェキ	キラメール	パフェキ	キック	ハーミー
7日	オーリー	ハーミー	オーリー	ハーミー	キック	パフェキ	キラメール	パフェキ	キック	ハーミー	オーリー	イクオル
8日	キック	パフェキ	キック	パフェキ	キラメール	パフェキ	キラメール	ハーミー	オーリー	イクオル	ガンバーニ	エイト
9日	キラメール	パフェキ	キラメール	パフェキ	キラメール	ハーミー	キック	イクオル	ガンバーニ	エイト	ナチュール	フィック
10日	キラメール	ハーミー	キラメール	ハーミー	キック	イクオル	オーリー	エイト	ナチュール	フィック	ロミー	ピオニー
11日	キック	イクオル	キック	イクオル	オーリー	エイト	ガンバーニ	フィック	ロミー	ピオニー	ピオニー	ロミー
12日	オーリー	エイト	オーリー	エイト	ガンバーニ	フィック	ナチュール	ピオニー	ピオニー	ロミー	キック	ハーミー
13日	ガンバーニ	フィック	ガンバーニ	フィック	ナチュール	ピオニー	ロミー	ロミー	キック	ハーミー	オーリー	イクオル
14日	ナチュール	ピオニー	ナチュール	ピオニー	ロミー	ロミー	ピオニー	ハーミー	オーリー	イクオル	ガンバーニ	エイト
15日	ロミー	ロミー	ロミー	ロミー	ピオニー	ハーミー	キック	イクオル	ガンバーニ	エイト	ナチュール	ロミー
16日	ピオニー	ハーミー	ピオニー	ハーミー	キック	イクオル	オーリー	エイト	ナチュール	ロミー	ロミー	ピオニー
17日	キック	イクオル	キック	イクオル	オーリー	エイト	ガンバーニ	ロミー	ロミー	ピオニー	ピオニー	ロミー
18日	オーリー	エイト	オーリー	エイト	ガンバーニ	ロミー	ナチュール	ピオニー	ピオニー	ロミー	フィック	ナチュール
19日	ガンバーニ	ロミー	ガンバーニ	ロミー	ナチュール	ピオニー	ロミー	ロミー	ピオニー	ナチュール	エイト	ガンバーニ
20日	ナチュール	ピオニー	ナチュール	ピオニー	ロミー	ロミー	ピオニー	ナチュール	エイト	ガンバーニ	イクオル	オーリー
21日	ロミー	ロミー	ロミー	ロミー	ピオニー	ナチュール	フィック	ガンバーニ	イクオル	オーリー	ハーミー	キック
22日	ピオニー	ナチュール	ピオニー	ナチュール	フィック	ガンバーニ	エイト	オーリー	ハーミー	キック	ピオニー	ピオニー
23日	フィック	ガンバーニ	フィック	ガンバーニ	エイト	オーリー	イクオル	キック	ピオニー	ピオニー	ロミー	ロミー
24日	エイト	オーリー	エイト	オーリー	イクオル	キック	ハーミー	ピオニー	ピオニー	ロミー	フィック	ナチュール
25日	イクオル	キック	イクオル	キック	ハーミー	ピオニー	ロミー	ロミー	ピオニー	ナチュール	エイト	ガンバーニ
26日	ハーミー	ピオニー	ハーミー	ピオニー	ロミー	ロミー	ピオニー	ナチュール	エイト	ガンバーニ	イクオル	オーリー
27日	ロミー	ロミー	ロミー	ロミー	ピオニー	ナチュール	フィック	ガンバーニ	イクオル	オーリー	ハーミー	キック
28日	ピオニー	ナチュール	ピオニー	ナチュール	フィック	ガンバーニ	エイト	オーリー	ハーミー	キック	ピオニー	キラメール
29日	フィック	ガンバーニ	フィック	ガンバーニ	エイト	オーリー	イクオル	キック	ピオニー	キラメール	フィック	キラメール
30日	エイト		エイト	オーリー	イクオル	キック	ハーミー	キラメール	フィック	キラメール	エイト	キック
31日	イクオル		イクオル		ハーミー		ピオニー	キラメール		キック		オーリー

2017　平成29年

	1月	2月	3月	4月	5月	6月	7月	8月	9月	10月	11月	12月
1日	オーリー	ハーミー	オーリー	イクオル	オーリー	ハーミー	キック	パフェキ	キラメール	パフェキ	キック	ハーミー
2日	キック	パフェキ	オーリー	ハーミー	キック	パフェキ	キラメール	パフェキ	キック	ハーミー	オーリー	イクオル
3日	キラメール	パフェキ	キック	パフェキ	キラメール	パフェキ	キラメール	ハーミー	オーリー	イクオル	ガンバーニ	エイト
4日	キラメール	ハーミー	キラメール	パフェキ	キラメール	ハーミー	キック	イクオル	ガンバーニ	エイト	ナチュール	フィック
5日	キック	イクオル	キラメール	ハーミー	キック	イクオル	オーリー	エイト	ナチュール	フィック	ロミー	ピオニー
6日	オーリー	エイト	キック	イクオル	オーリー	エイト	ガンバーニ	フィック	ロミー	ピオニー	ピオニー	ロミー
7日	ガンバーニ	フィック	オーリー	エイト	ガンバーニ	フィック	ナチュール	ロミー	ピオニー	ロミー	キック	ハーミー
8日	ナチュール	ピオニー	ガンバーニ	フィック	ナチュール	ピオニー	ロミー	ロミー	キック	ハーミー	オーリー	イクオル
9日	ロミー	ロミー	ナチュール	ピオニー	ロミー	ロミー	ピオニー	ハーミー	オーリー	イクオル	ガンバーニ	エイト
10日	ピオニー	ハーミー	ロミー	ロミー	ピオニー	ハーミー	キック	イクオル	ガンバーニ	エイト	ナチュール	ロミー
11日	キック	イクオル	ピオニー	ハーミー	キック	イクオル	オーリー	エイト	ナチュール	ロミー	ロミー	ピオニー
12日	オーリー	エイト	キック	イクオル	オーリー	エイト	ガンバーニ	ロミー	ロミー	ピオニー	ピオニー	ロミー
13日	ガンバーニ	ロミー	オーリー	エイト	ガンバーニ	ロミー	ナチュール	ピオニー	ピオニー	ロミー	キック	ハーミー
14日	ナチュール	ピオニー	ガンバーニ	ロミー	ナチュール	ピオニー	ロミー	ロミー	フィック	ナチュール	エイト	ガンバーニ
15日	ロミー	ロミー	ナチュール	ピオニー	ロミー	ロミー	ピオニー	ナチュール	エイト	ガンバーニ	イクオル	オーリー
16日	ピオニー	ナチュール	ロミー	ロミー	ピオニー	ナチュール	フィック	ガンバーニ	イクオル	オーリー	ハーミー	キック
17日	フィック	ガンバーニ	ピオニー	ナチュール	フィック	ガンバーニ	エイト	オーリー	ハーミー	キック	ロミー	ピオニー
18日	エイト	オーリー	フィック	ガンバーニ	エイト	オーリー	イクオル	キック	ロミー	ピオニー	ピオニー	ロミー
19日	イクオル	キック	エイト	オーリー	イクオル	キック	ハーミー	ピオニー	ロミー	ロミー	フィック	ナチュール
20日	ハーミー	ピオニー	イクオル	キック	ハーミー	ピオニー	ロミー	ロミー	フィック	ナチュール	エイト	ガンバーニ
21日	ロミー	ロミー	ハーミー	ピオニー	ロミー	ロミー	ピオニー	ナチュール	ハーミー	ガンバーニ	イクオル	オーリー
22日	ピオニー	ナチュール	ロミー	ロミー	ピオニー	ナチュール	ロミー	ガンバーニ	イクオル	オーリー	ハーミー	キック
23日	フィック	ガンバーニ	ピオニー	ナチュール	フィック	ガンバーニ	ハーミー	オーリー	ハーミー	キック	パフェキ	キラメール
24日	エイト	オーリー	フィック	ガンバーニ	エイト	オーリー	エイト	キック	パフェキ	キラメール	パフェキ	キラメール
25日	イクオル	キック	エイト	オーリー	イクオル	キック	パフェキ	キラメール	パフェキ	キラメール	パフェキ	キラメール
26日	ハーミー	キラメール	イクオル	キック	ハーミー	キラメール	パフェキ	キラメール	エイト	キック	イクオル	オーリー
27日	ピオニー	キラメール	ハーミー	キラメール	パフェキ	キラメール	パフェキ	キック	イクオル	オーリー	イクオル	オーリー
28日	フィック	キック	ハーミー	キラメール	パフェキ	キック	ハーミー	オーリー	オーリー	イクオル	パフェキ	キラメール
29日	エイト		パフェキ	キック	ハーミー	キック	イクオル	オーリー	イクオル	ハーミー	パフェキ	キラメール
30日	イクオル		ハーミー	オーリー	イクオル	オーリー	イクオル	キック	パフェキ	キラメール	パフェキ	キラメール
31日	イクオル		イクオル		イクオル		ハーミー	キラメール		キラメール		キック

2018　平成30年

	1月	2月	3月	4月	5月	6月	7月	8月	9月	10月	11月	12月
1日	オーリー	エイト	キック	イクオル	オーリー	エイト	ガンバーニ	フィック	ロミー	ピオニー	ピオニー	ロミー
2日	ガンバーニ	フィック	オーリー	エイト	ガンバーニ	フィック	ナチュール	ピオニー	ピオニー	ロミー	キック	ハーミー
3日	ナチュール	ピオニー	ガンバーニ	フィック	ナチュール	ピオニー	ロミー	ロミー	キック	ハーミー	オーリー	イクオル
4日		ロミー	ナチュール	ピオニー	ロミー	ロミー	ピオニー	ハーミー	オーリー	イクオル	ガンバーニ	エイト
5日	ピオニー	ハーミー	ロミー	ロミー	ピオニー	ハーミー	キック	イクオル	ガンバーニ	エイト	ナチュール	フィック
6日	キック	イクオル	ピオニー	ハーミー	キック	イクオル	オーリー	エイト	ナチュール	フィック	ロミー	ピオニー
7日	オーリー	エイト	キック	イクオル	オーリー	エイト	ガンバーニ	フィック	ロミー	ピオニー	ピオニー	ロミー
8日	ガンバーニ	フィック	オーリー	エイト	ガンバーニ	フィック	ナチュール	ピオニー	ピオニー	ロミー	フィック	ナチュール
9日	ナチュール	ピオニー	ガンバーニ	フィック	ナチュール	ピオニー	ロミー	ロミー	フィック	ナチュール	エイト	ガンバーニ
10日		ロミー	ナチュール	ピオニー	ロミー	ロミー	ピオニー	ナチュール	エイト	ガンバーニ	イクオル	オーリー
11日	ピオニー	ナチュール	ロミー	ロミー	ピオニー	ナチュール	フィック	ガンバーニ	イクオル	オーリー	ハーミー	キック
12日	フィック	ガンバーニ	ピオニー	ナチュール	フィック	ガンバーニ	エイト	オーリー	ハーミー	キック	ロミー	ピオニー
13日	エイト	オーリー	フィック	ガンバーニ	エイト	オーリー	イクオル	キック	ロミー	ピオニー	ピオニー	ロミー
14日	イクオル	キック	エイト	オーリー	イクオル	キック	ハーミー	ピオニー	ピオニー	ロミー	フィック	ナチュール
15日	ハーミー	ピオニー	イクオル	キック	ハーミー	ピオニー	ロミー	ロミー	フィック	ナチュール	エイト	ガンバーニ
16日	ロミー	ロミー	ハーミー	ピオニー	ロミー	ロミー	ピオニー	ナチュール	エイト	ガンバーニ	イクオル	オーリー
17日	ピオニー	ナチュール	ロミー	ロミー	ピオニー	ナチュール	フィック	ガンバーニ	イクオル	オーリー	ハーミー	キック
18日	フィック	ガンバーニ	ピオニー	ナチュール	フィック	ガンバーニ	エイト	オーリー	ハーミー	キック	パフェキ	キラメール
19日	エイト	オーリー	フィック	ガンバーニ	エイト	オーリー	イクオル	キック	パフェキ	キラメール	パフェキ	キラメール
20日	イクオル	キック	エイト	オーリー	イクオル	キック	ハーミー	キラメール	パフェキ	キラメール	ハーミー	キック
21日	ハーミー	キラメール	イクオル	キック	ハーミー	キラメール	パフェキ	キラメール	ハーミー	キック	イクオル	オーリー
22日	パフェキ	キラメール	ハーミー	キラメール	パフェキ	キラメール	パフェキ	キック	イクオル	オーリー	イクオル	オーリー
23日	パフェキ	キック	パフェキ	キラメール	パフェキ	キック	ハーミー	オーリー	イクオル	オーリー	ハーミー	キック
24日	ハーミー	オーリー	パフェキ	キック	ハーミー	オーリー	イクオル	オーリー	ハーミー	キック	パフェキ	キラメール
25日	イクオル	オーリー	イクオル	オーリー	イクオル	オーリー	イクオル	キック	パフェキ	キラメール	パフェキ	キラメール
26日	イクオル	キック	イクオル	オーリー	イクオル	キック	ハーミー	キラメール	パフェキ	キラメール	ハーミー	キック
27日	ハーミー	キラメール	イクオル	キック	ハーミー	キラメール	パフェキ	キラメール	ハーミー	キック	イクオル	オーリー
28日	パフェキ	キラメール	ハーミー	キラメール	パフェキ	キラメール	パフェキ	キック	イクオル	オーリー	エイト	ガンバーニ
29日	パフェキ		パフェキ	キラメール	パフェキ	キック	ハーミー	オーリー	エイト	ガンバーニ	フィック	ナチュール
30日	ハーミー		パフェキ	キック	ハーミー	オーリー	イクオル	ガンバーニ	フィック	ナチュール	ピオニー	ロミー
31日	イクオル		ハーミー		イクオル		エイト	ナチュール		ロミー		ピオニー

2019　平成31年（令和1年）

	1月	2月	3月	4月	5月	6月	7月	8月	9月	10月	11月	12月
1日	キック	イクオル	ピオニー	ハーミー	キック	イクオル	オーリー	エイト	ナチュール	フィック	ロミー	ピオニー
2日	オーリー	エイト	キック	イクオル	オーリー	エイト	ガンバーニ	フィック	ロミー	ピオニー	ピオニー	ロミー
3日	ガンバーニ	フィック	オーリー	エイト	ガンバーニ	フィック	ナチュール	ピオニー	ピオニー	ロミー	フィック	ナチュール
4日	ナチュール	ピオニー	ガンバーニ	フィック	ナチュール	ピオニー	ロミー	ロミー	フィック	ナチュール	ガンバーニ	ガンバーニ
5日	ロミー	ロミー	ナチュール	ピオニー	ロミー	ロミー	ピオニー	ナチュール	エイト	ガンバーニ	イクオル	オーリー
6日	ピオニー	ナチュール	ロミー	ロミー	ピオニー	ナチュール	フィック	ガンバーニ	イクオル	オーリー	ハーミー	キック
7日	フィック	ガンバーニ	ピオニー	ナチュール	フィック	ガンバーニ	エイト	オーリー	ハーミー	キック	ロミー	ピオニー
8日	エイト	オーリー	フィック	ガンバーニ	エイト	オーリー	イクオル	キック	ロミー	ピオニー	ピオニー	ロミー
9日	イクオル	キック	エイト	オーリー	イクオル	キック	ハーミー	ピオニー	ピオニー	ロミー	フィック	ナチュール
10日	ハーミー	ピオニー	イクオル	キック	ハーミー	ピオニー	ロミー	ロミー	フィック	ナチュール	エイト	ガンバーニ
11日	ロミー	ロミー	ハーミー	ピオニー	ロミー	ロミー	ピオニー	ナチュール	エイト	ガンバーニ	イクオル	オーリー
12日	ピオニー	ナチュール	ロミー	ロミー	ピオニー	ナチュール	フィック	ガンバーニ	イクオル	オーリー	ハーミー	キック
13日	フィック	ガンバーニ	ピオニー	ナチュール	フィック	ガンバーニ	エイト	オーリー	ハーミー	キック	パフェキ	キラメール
14日	エイト	オーリー	フィック	ガンバーニ	エイト	オーリー	イクオル	キック	パフェキ	キラメール	パフェキ	キラメール
15日	イクオル	キック	エイト	オーリー	イクオル	キック	ハーミー	キラメール	パフェキ	キラメール	ハーミー	キック
16日	ハーミー	キラメール	イクオル	キック	ハーミー	キラメール	パフェキ	キラメール	ハーミー	キック	イクオル	オーリー
17日	パフェキ	キラメール	ハーミー	キラメール	パフェキ	キラメール	パフェキ	キック	イクオル	オーリー	イクオル	オーリー
18日	パフェキ	キック	パフェキ	キラメール	パフェキ	キック	ハーミー	オーリー	イクオル	オーリー	ハーミー	キック
19日	ハーミー	オーリー	パフェキ	キック	ハーミー	オーリー	イクオル	オーリー	ハーミー	キック	パフェキ	キラメール
20日	イクオル	オーリー	ハーミー	オーリー	イクオル	オーリー	イクオル	キック	パフェキ	キラメール	パフェキ	キラメール
21日	イクオル	キック	イクオル	オーリー	イクオル	キック	ハーミー	キラメール	パフェキ	キラメール	ハーミー	キック
22日	ハーミー	キラメール	イクオル	キック	ハーミー	キラメール	パフェキ	キラメール	ハーミー	キック	イクオル	オーリー
23日	パフェキ	キラメール	ハーミー	キラメール	パフェキ	キラメール	パフェキ	キック	イクオル	オーリー	エイト	ガンバーニ
24日	パフェキ	キック	パフェキ	キラメール	パフェキ	キック	ハーミー	オーリー	エイト	ガンバーニ	フィック	ナチュール
25日	ハーミー	オーリー	パフェキ	キック	ハーミー	オーリー	ガンバー	フィック	ナチュール	ピオニー	ロミー	
26日	イクオル	ガンバーニ	ハーミー	オーリー	イクオル	ガンバーニ	エイト	ナチュール	ピオニー	ロミー	ロミー	ピオニー
27日	エイト	ナチュール	イクオル	ガンバーニ	エイト	ナチュール	フィック	ロミー	ロミー	ピオニー	ハーミー	キック
28日	フィック	ロミー	エイト	ナチュール	フィック	ロミー	ピオニー	ピオニー	ハーミー	キック	イクオル	オーリー
29日	エイト		フィック	ロミー	ピオニー	ピオニー	ロミー	ロミー	キック	イクオル	ガンバーニ	ナチュール
30日	ロミー		ピオニー	ピオニー	ロミー	キック	ハーミー	オーリー	エイト	ガンバーニ	フィック	ナチュール
31日	ハーミー		ロミー		ハーミー		イクオル	ガンバーニ		ナチュール		ロミー

2020　令和2年

	1月	2月	3月	4月	5月	6月	7月	8月	9月	10月	11月	12月
1日	ピオニー	ナチュール	ピオニー	ナチュール	フィック	ガンバーニ	エイト	オーリー	ハーミー	キック	ロミー	キック
2日	フィック	ガンバーニ	フィック	ガンバーニ	エイト	オーリー	イクオル	キック	ロミー	ピオニー	ピオニー	ロミー
3日	エイト	オーリー	エイト	オーリー	イクオル	キック	ハーミー	ピオニー	ピオニー	ロミー	フィック	ナチュール
4日	イクオル	キック	イクオル	キック	ハーミー	ピオニー	ロミー	ロミー	フィック	ナチュール	エイト	オーリー
5日	ハーミー	ピオニー	ハーミー	ピオニー	ロミー	ロミー	ピオニー	ナチュール	エイト	ガンバーニ	イクオル	オーリー
6日	ロミー	ロミー	ロミー	ロミー	ピオニー	ナチュール	フィック	ガンバーニ	イクオル	オーリー	ハーミー	キック
7日	フィック	ナチュール	ピオニー	ナチュール	フィック	ガンバーニ	エイト	オーリー	ハーミー	キック	パフェキ	キラメール
8日	フィック	ガンバーニ	フィック	ガンバーニ	エイト	オーリー	イクオル	キック	パフェキ	キラメール	パフェキ	キラメール
9日	エイト	オーリー	エイト	オーリー	イクオル	キック	ハーミー	キラメール	パフェキ	キラメール	ハーミー	キック
10日	イクオル	キック	イクオル	キック	ハーミー	キラメール	パフェキ	キラメール	ハーミー	キック	イクオル	オーリー
11日	ハーミー	キラメール	ハーミー	キラメール	パフェキ	キラメール	パフェキ	キック	イクオル	オーリー	イクオル	オーリー
12日	パフェキ	キラメール	パフェキ	キラメール	パフェキ	キック	ハーミー	オーリー	イクオル	オーリー	ハーミー	キック
13日	パフェキ	キック	パフェキ	キック	ハーミー	オーリー	イクオル	オーリー	ハーミー	キック	パフェキ	キラメール
14日	ハーミー	オーリー	ハーミー	オーリー	イクオル	オーリー	イクオル	キック	パフェキ	キラメール	パフェキ	キラメール
15日	イクオル	オーリー	イクオル	オーリー	イクオル	キック	ハーミー	キラメール	パフェキ	キラメール	ハーミー	キック
16日	イクオル	キック	イクオル	キック	ハーミー	キラメール	パフェキ	キラメール	ハーミー	キック	ハーミー	キック
17日	ハーミー	キラメール	ハーミー	キラメール	パフェキ	キラメール	パフェキ	キック	イクオル	オーリー	エイト	ガンバーニ
18日	パフェキ	キラメール	パフェキ	キラメール	パフェキ	キック	ハーミー	オーリー	エイト	ガンバーニ	フィック	ナチュール
19日	パフェキ	キック	パフェキ	キック	ハーミー	オーリー	イクオル	ガンバーニ	フィック	ナチュール	ピオニー	ロミー
20日	ハーミー	オーリー	ハーミー	オーリー	イクオル	ガンバーニ	エイト	ナチュール	ピオニー	ロミー	ロミー	ピオニー
21日	イクオル	ガンバーニ	イクオル	ガンバーニ	エイト	ナチュール	フィック	ロミー	ロミー	ピオニー	ハーミー	キック
22日	エイト	ナチュール	エイト	ナチュール	フィック	ロミー	ピオニー	ピオニー	ハーミー	キック	イクオル	ガンバーニ
23日	フィック	ロミー	フィック	ロミー	ピオニー	ピオニー	ロミー	キック	イクオル	オーリー	エイト	ガンバーニ
24日	ピオニー	ピオニー	ピオニー	ピオニー	ロミー	キック	ハーミー	オーリー	エイト	ガンバーニ	フィック	ナチュール
25日	ロミー	キック	ロミー	キック	ハーミー	オーリー	イクオル	ガンバーニ	フィック	ナチュール	ピオニー	ロミー
26日	ハーミー	オーリー	ハーミー	オーリー	イクオル	ガンバーニ	エイト	ナチュール	ピオニー	ロミー	ロミー	ピオニー
27日	イクオル	ガンバーニ	イクオル	ガンバーニ	エイト	ナチュール	フィック	ロミー	ロミー	ピオニー	ナチュール	フィック
28日	エイト	ナチュール	エイト	ナチュール	フィック	ロミー	ピオニー	ピオニー	ナチュール	フィック	ガンバーニ	エイト
29日	エイト	ロミー	フィック	ロミー	ピオニー	ピオニー	ロミー	フィック	ガンバーニ	エイト	オーリー	イクオル
30日	ピオニー		ピオニー	ピオニー	ロミー	フィック	ナチュール	エイト	オーリー	イクオル	キック	ハーミー
31日	ロミー		ロミー		ナチュール		ガンバーニ	イクオル		ハーミー		ロミー

2021　令和3年

	1月	2月	3月	4月	5月	6月	7月	8月	9月	10月	11月	12月
1日	ピオニー	ナチュール	ロミー	ロミー	ピオニー	ナチュール	フィック	ガンバーニ	イクオル	オーリー	ハーミー	キック
2日	フィック	ガンバーニ	ピオニー	ナチュール	フィック	ガンバーニ	エイト	オーリー	ハーミー	キック	パフェキ	キラメール
3日	エイト	オーリー	フィック	ガンバーニ	エイト	オーリー	イクオル	キック	パフェキ	キラメール	パフェキ	キラメール
4日	イクオル	キック	エイト	オーリー	イクオル	キック	ハーミー	キラメール	パフェキ	キラメール	ハーミー	キック
5日	ハーミー	キラメール	イクオル	キック	ハーミー	キラメール	パフェキ	キラメール	ハーミー	キック	イクオル	オーリー
6日	パフェキ	キラメール	ハーミー	キラメール	パフェキ	キラメール	パフェキ	キック	イクオル	オーリー	イクオル	オーリー
7日	パフェキ	キック	パフェキ	キラメール	パフェキ	キック	ハーミー	オーリー	イクオル	オーリー	ハーミー	キック
8日	ハーミー	オーリー	パフェキ	キック	ハーミー	オーリー	イクオル	オーリー	ハーミー	キック	パフェキ	キラメール
9日	イクオル	オーリー	ハーミー	オーリー	イクオル	オーリー	イクオル	キック	パフェキ	キラメール	パフェキ	キラメール
10日	イクオル	キック	イクオル	オーリー	イクオル	キック	ハーミー	キラメール	パフェキ	キラメール	ハーミー	キック
11日	ハーミー	キラメール	イクオル	キック	ハーミー	キラメール	パフェキ	キラメール	ハーミー	キック	イクオル	オーリー
12日	パフェキ	キラメール	ハーミー	キラメール	パフェキ	キラメール	パフェキ	キック	イクオル	オーリー	エイト	ガンバーニ
13日	パフェキ	キック	パフェキ	キラメール	パフェキ	キック	ハーミー	オーリー	エイト	ガンバーニ	フィック	ナチュール
14日	ハーミー	オーリー	パフェキ	キック	ハーミー	オーリー	イクオル	ガンバーニ	フィック	ナチュール	ピオニー	ロミー
15日	イクオル	ガンバーニ	ハーミー	オーリー	イクオル	ガンバーニ	エイト	ナチュール	ピオニー	ロミー	ロミー	ピオニー
16日	エイト	ナチュール	イクオル	ガンバーニ	エイト	ナチュール	フィック	ロミー	ロミー	ピオニー	ピオニー	オーリー
17日	フィック	ロミー	エイト	ナチュール	フィック	ロミー	ピオニー	ピオニー	ハーミー	キック	イクオル	オーリー
18日	ピオニー	ピオニー	フィック	ロミー	ピオニー	ピオニー	ロミー	キック	イクオル	オーリー	エイト	ガンバーニ
19日	ロミー	キック	ピオニー	ピオニー	ロミー	キック	ハーミー	オーリー	エイト	ガンバーニ	フィック	ナチュール
20日	ハーミー	オーリー	ロミー	キック	ハーミー	オーリー	イクオル	ガンバーニ	フィック	ナチュール	ピオニー	ロミー
21日	イクオル	ガンバーニ	ハーミー	オーリー	イクオル	ガンバーニ	エイト	ナチュール	ピオニー	ロミー	ロミー	ピオニー
22日	エイト	ナチュール	イクオル	ガンバーニ	エイト	ナチュール	フィック	ロミー	ロミー	ピオニー	ナチュール	フィック
23日	フィック	ロミー	エイト	ナチュール	フィック	ロミー	ピオニー	ピオニー	ナチュール	フィック	ガンバーニ	エイト
24日	ピオニー	ピオニー	フィック	ロミー	ピオニー	ピオニー	ロミー	フィック	ガンバーニ	エイト	オーリー	イクオル
25日	ロミー	フィック	ピオニー	ピオニー	ロミー	フィック	ナチュール	エイト	オーリー	イクオル	キック	ハーミー
26日	ナチュール	エイト	ロミー	フィック	ナチュール	エイト	ガンバーニ	イクオル	キック	ハーミー	ピオニー	ロミー
27日	ガンバーニ	イクオル	ナチュール	エイト	ガンバーニ	イクオル	オーリー	ハーミー	ピオニー	ロミー	ロミー	ピオニー
28日	オーリー	ハーミー	ガンバーニ	イクオル	オーリー	ハーミー	キック	ロミー	ロミー	ピオニー	ナチュール	フィック
29日	ピオニー		オーリー	ハーミー	キック	ピオニー	ピオニー	ナチュール	フィック	ガンバーニ	エイト	オーリー
30日	ピオニー		オーリー	キック	ロミー	ピオニー	ロミー	フィック	ガンバーニ	エイト	オーリー	イクオル
31日	ロミー		ピオニー		ロミー		ナチュール	エイト		イクオル		ハーミー

2022　令和4年

	1月	2月	3月	4月	5月	6月	7月	8月	9月	10月	11月	12月
1日	パフェキ	キラメール	ハーミ	キックメール	パフェキ	キラメール	パフェキ	キック	イクオル	オーリー	イクオル	オーリー
2日	パフェキ	キック	パフェキ	キラメール	パフェキ	キック	ハーミー	オーリー	イクオル	オーリー	ハーミー	キック
3日	ハーミー	オーリー	パフェキ	キック	ハーミー	オーリー	イクオル	オーリー	ハーミー	キック	パフェキ	キラメール
4日	イクオル	オーリー	ハーミー	オーリー	イクオル	オーリー	イクオル	キック	パフェキ	キラメール	パフェキ	キラメール
5日	イクオル	キック	イクオル	オーリー	イクオル	キック	ハーミー	キラメール	パフェキ	キラメール	ハーミー	キック
6日	ハーミー	キラメール	イクオル	キック	ハーミー	キラメール	パフェキ	キラメール	ハーミー	キック	イクオル	オーリー
7日	ハーミー	キラメール	ハーミー	キラメール	パフェキ	キラメール	パフェキ	キック	イクオル	オーリー	ハーミー	キック
8日	パフェキ	キック	パフェキ	キラメール	パフェキ	キック	ハーミー	オーリー	エイト	ガンバーニ	フィック	ナチュール
9日	ハーミー	オーリー	パフェキ	キック	ハーミー	オーリー	イクオル	ガンバーニ	フィック	ナチュール	ピオニー	ロミー
10日	イクオル	ガンバーニ	ハーミー	オーリー	イクオル	ガンバーニ	エイト	ナチュール	ピオニー	ロミー	ロミー	ピオニー
11日	エイト	ナチュール	イクオル	ガンバーニ	エイト	ナチュール	フィック	ロミー	ロミー	ピオニー	ハーミー	キック
12日	フィック	ロミー	エイト	ナチュール	フィック	ロミー	ピオニー	ピオニー	ハーミー	キック	イクオル	オーリー
13日	ピオニー	ピオニー	フィック	ロミー	ピオニー	ピオニー	ロミー	キック	イクオル	オーリー	エイト	ガンバーニ
14日	ロミー	キック	ピオニー	ピオニー	ロミー	キック	ハーミー	オーリー	エイト	ガンバーニ	フィック	ナチュール
15日	ハーミー	オーリー	ロミー	キック	ハーミー	オーリー	イクオル	ガンバーニ	フィック	ナチュール	ピオニー	ロミー
16日	イクオル	ガンバーニ	ハーミー	オーリー	イクオル	ガンバーニ	エイト	ナチュール	ピオニー	ロミー	ロミー	ピオニー
17日	エイト	ナチュール	イクオル	ガンバーニ	エイト	ナチュール	フィック	ロミー	ピオニー	ナチュール	フィック
18日	フィック	ロミー	エイト	ナチュール	フィック	ロミー	ピオニー	ピオニー	ナチュール	フィック	ガンバーニ	エイト
19日	ピオニー	ピオニー	フィック	ロミー	ピオニー	ピオニー	ロミー	フィック	ガンバーニ	エイト	オーリー	イクオル
20日	ロミー	フィック	ピオニー	ピオニー	ロミー	フィック	ナチュール	エイト	オーリー	イクオル	キック	ハーミー
21日	ナチュール	エイト	ロミー	フィック	ナチュール	エイト	ガンバーニ	イクオル	キック	ハーミー	ピオニー	ロミー
22日	ガンバーニ	イクオル	ナチュール	エイト	ガンバーニ	イクオル	オーリー	ハーミー	ピオニー	ロミー	ロミー	ピオニー
23日	オーリー	ハーミー	ガンバーニ	イクオル	オーリー	ハーミー	キック	ロミー	ロミー	ピオニー	ナチュール	フィック
24日	キック	ロミー	オーリー	ハーミー	キック	ロミー	ピオニー	ピオニー	ナチュール	フィック	ガンバーニ	エイト
25日	ピオニー	ピオニー	キック	ロミー	ピオニー	ピオニー	ロミー	フィック	ガンバーニ	エイト	オーリー	イクオル
26日	ロミー	フィック	ピオニー	ピオニー	ロミー	フィック	ナチュール	エイト	オーリー	イクオル	キック	ハーミー
27日	ナチュール	エイト	ロミー	フィック	ナチュール	エイト	ガンバーニ	イクオル	キック	ハーミー	キラメール	パフェキ
28日	ガンバーニ	イクオル	ナチュール	エイト	ガンバーニ	イクオル	オーリー	ハーミー	キラメール	パフェキ	キラメール	パフェキ
29日	オーリー		ガンバーニ	イクオル	オーリー	キック	キック	パフェキ	パフェキ	キラメール	ハーミー	ハーミー
30日	キック		オーリー	ハーミー	キック	パフェキ	キラメール	パフェキ	キック	ハーミー	オーリー	イクオル
31日	キラメール		キック		キラメール		キラメール	ハーミー		イクオル		イクオル

2023　令和5年

	1月	2月	3月	4月	5月	6月	7月	8月	9月	10月	11月	12月
1日	ハーミー	キラメール	イクオル	キック	ハーミー	キラメール	パフェキ	キラメール	ハーミー	オーリー	イクオル	オーリー
2日	パフェキ	キラメール	ハーミー	キラメール	パフェキ	キラメール	パフェキ	キック	イクオル	オーリー	エイト	ガンバーニ
3日	パフェキ	キック	パフェキ	キラメール	パフェキ	キック	ハーミー	オーリー	エイト	ガンバーニ	フィック	ナチュール
4日	ハーミー	オーリー	パフェキ	キック	ハーミー	オーリー	イクオル	ガンバーニ	フィック	ナチュール	ピオニー	ロミー
5日	イクオル	ガンバーニ	ハーミー	オーリー	イクオル	ガンバーニ	エイト	ナチュール	ピオニー	ロミー	ロミー	ピオニー
6日	エイト	ナチュール	イクオル	ガンバーニ	エイト	ナチュール	フィック	ロミー	ロミー	ピオニー	ハーミー	キック
7日	フィック	ロミー	エイト	ナチュール	フィック	ロミー	ピオニー	ピオニー	ハーミー	キック	イクオル	オーリー
8日	ピオニー	ピオニー	フィック	ロミー	ピオニー	ピオニー	ロミー	キック	イクオル	オーリー	エイト	ガンバーニ
9日	ロミー	キック	ピオニー	ピオニー	ロミー	キック	ハーミー	オーリー	エイト	ガンバーニ	フィック	ナチュール
10日	ハーミー	オーリー	ロミー	キック	ハーミー	オーリー	イクオル	ガンバーニ	フィック	ナチュール	ピオニー	ロミー
11日	イクオル	ガンバーニ	ハーミー	オーリー	イクオル	ガンバーニ	エイト	ナチュール	ピオニー	ロミー	ロミー	ピオニー
12日	エイト	ナチュール	イクオル	ガンバーニ	エイト	ナチュール	フィック	ロミー	ロミー	ピオニー	ナチュール	フィック
13日	フィック	ロミー	エイト	ナチュール	フィック	ロミー	ピオニー	ピオニー	ナチュール	フィック	ガンバーニ	エイト
14日	ピオニー	ピオニー	フィック	ロミー	ピオニー	ピオニー	ロミー	フィック	ガンバーニ	エイト	オーリー	イクオル
15日	ロミー	フィック	ピオニー	ピオニー	ロミー	フィック	ナチュール	エイト	オーリー	イクオル	キック	ハーミー
16日	ナチュール	エイト	ロミー	フィック	ナチュール	エイト	ガンバーニ	イクオル	キック	ハーミー	ピオニー	ロミー
17日	ガンバーニ	イクオル	ナチュール	エイト	ガンバーニ	イクオル	オーリー	ハーミー	ピオニー	ロミー	ロミー	ピオニー
18日	オーリー	ハーミー	ガンバーニ	イクオル	オーリー	ハーミー	キック	ロミー	ロミー	ピオニー	ナチュール	フィック
19日	キック	ロミー	オーリー	ハーミー	キック	ロミー	ピオニー	ピオニー	ナチュール	フィック	ガンバーニ	エイト
20日	ピオニー	ピオニー	キック	ロミー	ピオニー	ピオニー	ロミー	フィック	ガンバーニ	エイト	オーリー	イクオル
21日	ロミー	フィック	ピオニー	ピオニー	ロミー	フィック	ナチュール	エイト	オーリー	イクオル	キック	ハーミー
22日	ナチュール	エイト	ロミー	フィック	ナチュール	エイト	ガンバーニ	イクオル	キック	ハーミー	キラメール	パフェキ
23日	ガンバーニ	イクオル	ナチュール	エイト	ガンバーニ	イクオル	オーリー	ハーミー	キラメール	パフェキ	キラメール	パフェキ
24日	オーリー	ハーミー	ガンバーニ	イクオル	オーリー	ハーミー	キック	パフェキ	キラメール	パフェキ	キック	ハーミー
25日	キック	パフェキ	オーリー	ハーミー	キック	パフェキ	キラメール	パフェキ	キック	ハーミー	オーリー	イクオル
26日	キラメール	パフェキ	キック	パフェキ	キラメール	パフェキ	キラメール	ハーミー	オーリー	イクオル	ハーミー	キック
27日	キラメール	ハーミー	キラメール	パフェキ	キラメール	ハーミー	キック	イクオル	オーリー	イクオル	キック	ハーミー
28日	キック	イクオル	キラメール	ハーミー	キック	イクオル	オーリー	イクオル	キック	ハーミー	キラメール	パフェキ
29日	オーリー		キック	イクオル	オーリー	イクオル	イクオル	キック	ハーミー	オーリー	パフェキ	パフェキ
30日	オーリー		オーリー	イクオル	オーリー	ハーミー	キック	パフェキ	キラメール	パフェキ	キック	ハーミー
31日	キック		オーリー		キック		キラメール	パフェキ		ハーミー		イクオル

2024　令和6年

	1月	2月	3月	4月	5月	6月	7月	8月	9月	10月	11月	12月
1日	エイト	ナチュール	エイト	ナチュール	フィック	ロミー	ピオニー	ピオニー	ハーミー	キック	イクオル	オーリー
2日	フィック	ロミー	フィック	ロミー	ピオニー	ピオニー	ロミー	キック	イクオル	オーリー	エイト	ガンバーニ
3日	ピオニー	ピオニー	ピオニー	ピオニー	ロミー	キック	ハーミー	オーリー	エイト	ガンバーニ	フィック	ナチュール
4日	ロミー	フィック	ロミー	キック	ハーミー	オーリー	イクオル	ガンバーニ	フィック	ナチュール	ピオニー	ロミー
5日	ハーミー	オーリー	ハーミー	オーリー	イクオル	ガンバーニ	エイト	ナチュール	ピオニー	ロミー	ロミー	ピオニー
6日	イクオル	ガンバーニ	イクオル	ガンバーニ	エイト	ナチュール	フィック	ロミー	ロミー	ピオニー	ナチュール	フィック
7日	エイト	ナチュール	エイト	ナチュール	フィック	ロミー	ピオニー	ピオニー	ナチュール	フィック	ガンバーニ	エイト
8日	フィック	ロミー	フィック	ロミー	ピオニー	ピオニー	ロミー	フィック	ガンバーニ	エイト	オーリー	イクオル
9日	ピオニー	ピオニー	ピオニー	ピオニー	ロミー	フィック	ナチュール	エイト	オーリー	イクオル	キック	ハーミー
10日	ロミー	フィック	ロミー	フィック	ナチュール	エイト	ガンバーニ	イクオル	キック	ハーミー	ハーミー	オーリー
11日	ナチュール	エイト	ナチュール	エイト	ガンバーニ	イクオル	オーリー	ハーミー	ピオニー	ロミー	ロミー	ピオニー
12日	ガンバーニ	イクオル	ガンバーニ	イクオル	オーリー	ハーミー	キック	ロミー	ロミー	ピオニー	ナチュール	フィック
13日	オーリー	ハーミー	オーリー	ハーミー	キック	ロミー	ピオニー	ピオニー	ナチュール	フィック	ガンバーニ	エイト
14日	キック	ロミー	キック	ロミー	ピオニー	ピオニー	ロミー	フィック	ガンバーニ	エイト	オーリー	イクオル
15日	ピオニー	ピオニー	ピオニー	ピオニー	ロミー	フィック	ナチュール	エイト	オーリー	イクオル	キック	ハーミー
16日	ロミー	フィック	ロミー	フィック	ナチュール	エイト	ガンバーニ	イクオル	キック	ハーミー	パフェキ	パフェキ
17日	ナチュール	エイト	ナチュール	エイト	ガンバーニ	イクオル	オーリー	ハーミー	キラメール	パフェキ	キラメール	パフェキ
18日	ガンバーニ	イクオル	ガンバーニ	イクオル	オーリー	ハーミー	キック	パフェキ	キラメール	パフェキ	キック	ハーミー
19日	オーリー	ハーミー	オーリー	ハーミー	キック	パフェキ	キラメール	パフェキ	ハーミー	オーリー	イクオル	オーリー
20日	キック	パフェキ	キック	パフェキ	キラメール	パフェキ	キラメール	ハーミー	オーリー	イクオル	オーリー	イクオル
21日	キラメール	パフェキ	キラメール	パフェキ	キラメール	パフェキ	キック	イクオル	オーリー	イクオル	キック	ハーミー
22日	キラメール	ハーミー	キラメール	ハーミー	キック	イクオル	オーリー	イクオル	キック	ハーミー	ハーミー	オーリー
23日	キック	イクオル	キック	イクオル	オーリー	イクオル	オーリー	ハーミー	キラメール	パフェキ	キラメール	パフェキ
24日	オーリー	イクオル	オーリー	イクオル	オーリー	ハーミー	キック	パフェキ	キラメール	パフェキ	キック	ハーミー
25日	オーリー	ハーミー	オーリー	ハーミー	キック	パフェキ	キラメール	パフェキ	ハーミー	オーリー	イクオル	オーリー
26日	キック	パフェキ	キック	パフェキ	キラメール	パフェキ	キラメール	ハーミー	オーリー	イクオル	ガンバーニ	エイト
27日	キラメール	パフェキ	キラメール	パフェキ	キラメール	パフェキ	キック	イクオル	ガンバーニ	エイト	ナチュール	フィック
28日	キラメール	ハーミー	キラメール	ハーミー	キック	イクオル	オーリー	エイト	ナチュール	フィック	ロミー	ピオニー
29日	キック	イクオル	キック	イクオル	オーリー	エイト	ガンバーニ	フィック	ロミー	ピオニー	ピオニー	ロミー
30日	オーリー		オーリー	エイト	ガンバーニ	フィック	ナチュール	ピオニー	ピオニー	ロミー	キック	ハーミー
31日	ガンバーニ		ガンバーニ		ナチュール		ロミー	ロミー		ハーミー		イクオル

2025　令和7年

	1月	2月	3月	4月	5月	6月	7月	8月	9月	10月	11月	12月
1日	エイト	ナチュール	イクオル	ガンバーニ	エイト	ナチュール	フィック	ロミー	ロミー	ピオニー	ナチュール	ロミー
2日	フィック	ロミー	エイト	ナチュール	フィック	ロミー	ピオニー	ピオニー	ナチュール	フィック	ガンバーニ	エイト
3日	ピオニー	ピオニー	フィック	ロミー	ピオニー	ピオニー	ロミー	フィック	ガンバーニ	エイト	オーリー	イクオル
4日	ロミー	フィック	ピオニー	ピオニー	ロミー	フィック	ナチュール	エイト	オーリー	イクオル	キック	ハーミー
5日	ナチュール	エイト	ロミー	フィック	ナチュール	エイト	ガンバーニ	イクオル	キック	ハーミー	ピオニー	ロミー
6日	ガンバーニ	イクオル	ナチュール	エイト	ガンバーニ	イクオル	オーリー	ハーミー	ピオニー	ロミー	ロミー	ピオニー
7日	オーリー	ハーミー	ガンバーニ	イクオル	オーリー	ハーミー	キック	ロミー	ロミー	ピオニー	ナチュール	フィック
8日	キック	ロミー	オーリー	ハーミー	キック	ロミー	ピオニー	ピオニー	ナチュール	フィック	ガンバーニ	エイト
9日	ピオニー	ピオニー	キック	ロミー	ピオニー	ピオニー	ロミー	フィック	ガンバーニ	エイト	オーリー	イクオル
10日	ロミー	フィック	ピオニー	ピオニー	ロミー	フィック	ナチュール	エイト	オーリー	イクオル	キック	ハーミー
11日	ナチュール	エイト	ロミー	フィック	ナチュール	エイト	ガンバーニ	イクオル	キック	ハーミー	キラメール	パフェキ
12日	ガンバーニ	イクオル	ナチュール	エイト	ガンバーニ	イクオル	オーリー	ハーミー	キラメール	パフェキ	キラメール	パフェキ
13日	オーリー	ハーミー	ガンバーニ	イクオル	オーリー	ハーミー	キック	パフェキ	キラメール	パフェキ	キック	ハーミー
14日	キック	パフェキ	オーリー	ハーミー	キック	パフェキ	キラメール	パフェキ	キック	ハーミー	オーリー	イクオル
15日	キラメール	パフェキ	キック	パフェキ	キラメール	パフェキ	キラメール	パフェキ	オーリー	イクオル	オーリー	イクオル
16日	キラメール	ハーミー	キラメール	パフェキ	キラメール	ハーミー	キック	イクオル	オーリー	イクオル	キック	ハーミー
17日	キック	イクオル	キラメール	ハーミー	キック	イクオル	オーリー	ハーミー	キック	ハーミー	キラメール	パフェキ
18日	オーリー	イクオル	キック	イクオル	オーリー	イクオル	オーリー	ハーミー	キラメール	パフェキ	キラメール	パフェキ
19日	オーリー	ハーミー	オーリー	イクオル	オーリー	ハーミー	キック	パフェキ	キラメール	パフェキ	キック	ハーミー
20日	キック	パフェキ	オーリー	ハーミー	キック	パフェキ	キラメール	パフェキ	キック	ハーミー	オーリー	イクオル
21日	キラメール	パフェキ	キック	パフェキ	キラメール	パフェキ	キラメール	ハーミー	オーリー	イクオル	ガンバーニ	エイト
22日	キラメール	ハーミー	キラメール	パフェキ	キラメール	ハーミー	キック	イクオル	ガンバーニ	エイト	ナチュール	フィック
23日	キック	イクオル	キラメール	ハーミー	キック	イクオル	オーリー	エイト	ナチュール	フィック	ロミー	ピオニー
24日	オーリー	エイト	キック	イクオル	オーリー	エイト	ガンバーニ	フィック	ロミー	ピオニー	ピオニー	ロミー
25日	オーリー	フィック	オーリー	エイト	ガンバーニ	フィック	ナチュール	ピオニー	ピオニー	ロミー	キック	ハーミー
26日	ナチュール	ピオニー	ガンバーニ	フィック	ナチュール	ピオニー	ロミー	ロミー	ハーミー	オーリー	イクオル	イクオル
27日	ロミー	ロミー	ナチュール	ピオニー	ロミー	ロミー	ピオニー	ハーミー	オーリー	イクオル	ガンバーニ	エイト
28日	ピオニー	ハーミー	ロミー	ロミー	ピオニー	ハーミー	キック	イクオル	ガンバーニ	エイト	ナチュール	フィック
29日	キック		ピオニー	ロミー	キック	イクオル	オーリー	ナチュール	フィック	ロミー	ロミー	ピオニー
30日	オーリー		キック	イクオル	オーリー	エイト	ガンバーニ	フィック	ロミー	ピオニー	ピオニー	ロミー
31日	ガンバーニ		オーリー		ガンバーニ		ナチュール	ピオニー		ロミー		ナチュール

Special Thanks ※敬称略

◆執筆協力＆魔法のスイッチ公式トレーナーのみなさん

渡邉 そのみ	うしざき みえ	山田 和子
西條 恵理子	加茂 明子	下河内 優子
髙根 珠緒	いとう じゅんこ	飯田 美弥
いぬかい みどり	藤井 靖子	山口 奈央
吉田 佐枝子	川満 圭子	柿沼 暁子
安藤 弓子	小林 光弘	柴田 晴子
山本 麻知代	大塚 美知子	青木 美穂
清川 香織	田川 千恵	塩野 貴美
生杉 知恵	倉科 直樹	小島 幸子
野崎 恵子	宮本 園え	水野 和枝
藤田 恵理	渡邉 裕司	鈴木 享
平山 淑子	真崎 結宮	高井 ちずこ
久保 暁子	二出川 真由美	野末 岳宏
中村 高広	新保 善也	葉山 莉江
辻田 佳織	平岩 由子	永尾 龍太郎
安井 佐一	寺本 美乃里	佐薙 啓太郎
井手口 恭宙子	寺本 理央	関本 篤子

◆魔法のスイッチ公式トレーナーのみなさん

杉本真佐子	高橋 千晴	中谷 結花
大門 美智子	こうさか みほ	平川 こずゑ
緒花 エリ	斎藤 早苗	福田 孝史
進 美保子	さなぎ けいたろう	金城 茜
橋本 紀美枝	杉田 春美	岩崎 尚巳
上杉 佳子	小室 ひろみ	植田 恵子
井野口 誠	戸谷 かえこ	森岡 啓治
井手 愛美	たなか かずみ	渡辺 由紀
小山 聡一朗	くろだ けん	福村 穣
青木 啓予	伊波 直哉	坂東 さとみ
赤瀬 香絵	佐々木 優	水田 恵子

他多数

著者プロフィール

マツダミヒロ（まつだ・みひろ）

質問家。「魔法のスイッチ」創設者。「魔法の質問」主宰。魔法の質問インストラクター5000名を輩出したコミュニティ構築の第一人者。自分自身と人に日々問いかけるプロセスを集約し、独自のメソッドを開発。2004年より日刊メルマガ「魔法の質問」を開始。5万人が読むメルマガとなる。質問を投げかけ、参加者が答えるスタイルの「魔法の質問ライブ」を軸に、日本全国・海外で講演をおこなう。
著書に『質問は人生を変える』『コミュニティをつくって、自由に生きるという提案』（きずな出版）、『こころのエンジンに火をつける　魔法の質問』(サンマーク出版)、『しつもん仕事術』(日経BP社)など多数。

監修者プロフィール

鈴木克彦（すずき・かつひこ）

「魔法のスイッチ」ができるきっかけとなった「態度類型学」継承の第一人者。元プロバスケットボール選手。(株)ヒューマンリソース 代表取締役。隠れた才能を見つけ出し最大の結果を生み出す専門家。
1991年、(株)熊谷組入社。バスケットボールにて天皇杯、日本リーグ優勝、2度の日本一の経験をもつ。才能を活かすことはスポーツでは当たり前だが、ビジネスの世界では個性や才能を活かす教育・指導がないことに驚きをもち、2000年から才能と長所を活かす組織づくりやセミナー、コンサルティングを始める。
現在は、独自の理論「生年月日による統計心理学」を中心に、世界No1マーケティングコンサルタントのジェイ・エイブラハム氏や、ザ・リッツ・カールトン・ホテルから学んだホスピタリティ、マネジメント理論、そしてプロスポーツ選手として現場で培ったノウハウを駆使して、中堅中小企業から起業家、タレントに対し、コンサルティングや教育・指導をおこなっている。

12のタイプから人の強みが一瞬でわかる
「魔法のスイッチ」

2020年10月1日　第1刷発行

著　者	マツダミヒロ
監修者	鈴木克彦

発行者	櫻井秀勲
発行所	きずな出版
	東京都新宿区白銀町1-13　〒162-0816
	電話03-3260-0391　振替00160-2-633551
	http://www.kizuna-pub.jp/

編集協力	加藤道子
ブックデザイン	池上幸一
キャラクターイラスト	hicograph
印刷・製本	モリモト印刷

 きずな出版